モンゴル人の物語

I チンギス・カン

百田尚樹

The Story of the Mongols

Naoki Hyakuta

新潮社

モンゴル人の物語―I―チンギス・カン／目次

モンゴル人の物語

第一巻　チンギス・カン

序章

中央ユーラシアの覇者

世界史の中では「奇跡」としか呼べないような出来事が何度か起こっている。

その一つがモンゴル人によるユーラシア大陸の支配だ。彼らが支配した面積は歴史上最大規模で、約三三〇〇万平方キロメートルに及ぶ。これは旧ソビエト連邦と中華人民共和国を合わせた面積よりも広い。大航海時代に世界中に植民地を持っていたかつての大英帝国を別にして、一つの大陸でこれほどのスケールを持った国は存在しなかった。

そして、おそらく今後も二度と生まれることはないだろう。もし生まれるとすれば、それは人類史上最悪の独裁国家か、逆に国家や民族の枠を超えた巨大な連合体になると思われる。


モンゴル人による大帝国はその存在自体が信じがたいものだが、私が奇跡と呼ぶのはそのことをもってではない。大帝国が生まれる半世紀前まで、彼らは歴史上にもほとんど登場しない、言うなれば取るに足りない部族だったのだ。現在のモンゴル国東北部からロシア国境あたりで、遊牧と狩猟により細々と生計を立てていた少人数の群れに過ぎなかった。

彼らは高度な文化は持たず、また文字も持たなかった。周辺の大きな勢力を有する他の遊牧民族たちに常に圧迫され、自らの生存を守るだけで精一杯の暮らしを、おそらく何百年も続けてきた。「モンゴル」の語源は「勇敢な人」だと一般に言われているが、モンゴルについての

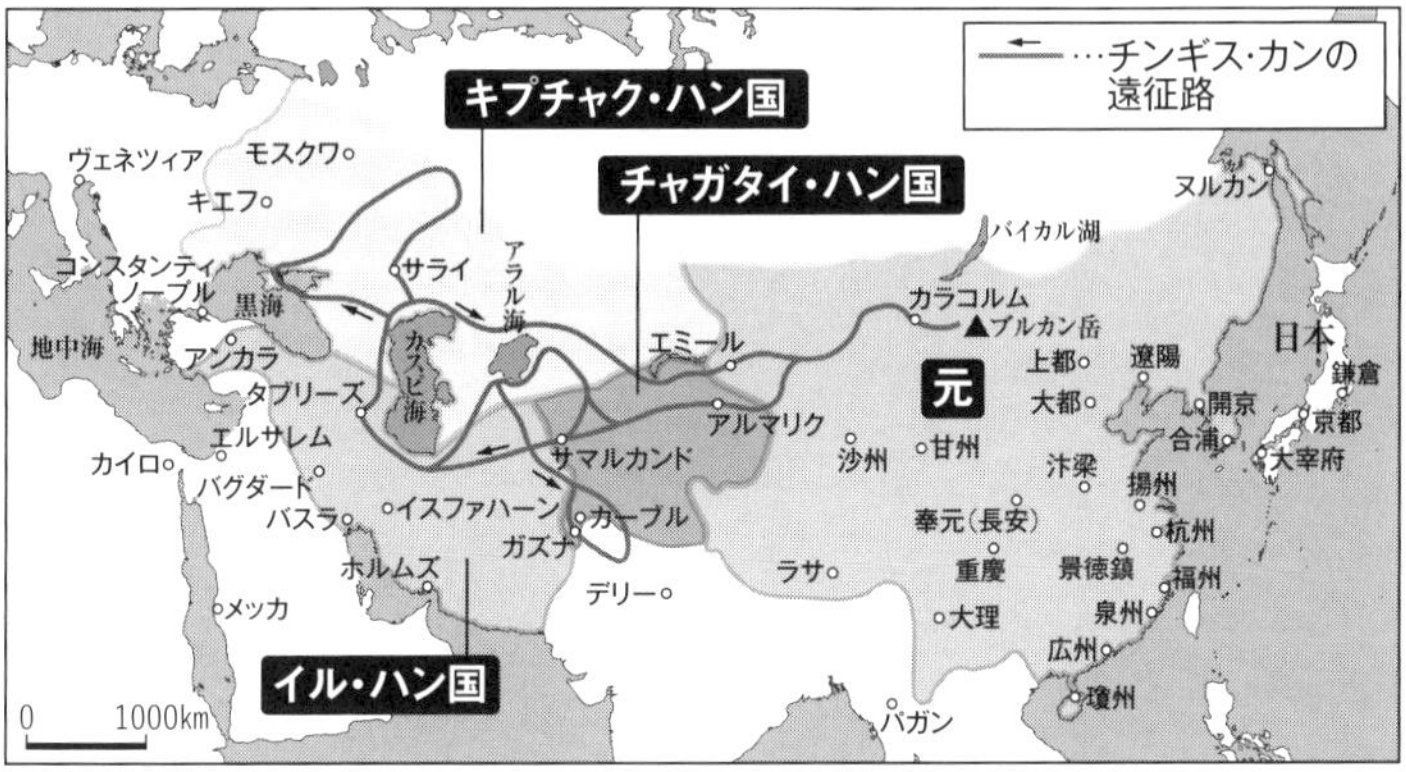

モンゴル帝国の最大版図とチンギス・カンの遠征路

第一級の歴史書である『集史《しゅうし》』には、「モンゴルとは素朴で脆弱《ぜいじゃく》という意味」だと書かれている。有名なアルメニア系歴史学者のコンスタンティン・ムラジャ・ドーソンの大著『モンゴル帝国史』もそれに倣《なら》っている。

私にはどちらが正しいのか判断がつかないが、『集史』の説には惹かれるものがある。なぜなら長い間モンゴル部族は他の遊牧民族からしてみれば弱々しい民に見えたであろうからだ。そしてモンゴル人自身もそう見ていたと思われる。

北方や中央ユーラシアには紀元前から勇壮な遊牧民族たちが割拠《かっきょ》していた。彼らに散々苦しめられた中華帝国の歴史書には、その名が何度も出てくる。匈奴《きょうど》、鮮卑《せんぴ》、柔然《じゅうぜん》、突厥《とっけつ》などだ。彼らの華々しい活躍の陰に隠れて、モンゴルの名はどこにも出てこない。ただ十世紀に編まれた『旧唐書《くとうじょ》』の中に「蒙兀室韋《もうごつしつい》」という部族の名前が一ヵ所出てくる。室韋というのは六世紀から十世紀まで中国東北部に存在していた諸集団の総称であるが、この蒙兀室韋はおそらくモンゴル人のことであろうと考えられている。

　遊牧民たちにも多くの民族の興隆《こうりゅう》があった。ある民族が隆盛を誇っても、次の時代には別の民族が取って代わり、その勢力図は何度も書き替えられた。遊牧民たちにとって、こうした戦いは日常生活の一部だった。そんな中にあって、おそらく弱小部族であったモンゴルは必死で生きながらえてきたのだろう。ただ、そのモンゴル人もまたいくつかの部族に分かれて内紛《ないふん》を繰り返していた。

　西暦一一〇〇年代の後半、モンゴル部族の中にテムジンという若者が現れた。彼は戦いによってモンゴルの諸部族を統一し、やがてチンギス・カンと呼ばれるようになる。「チンギス」はシャーマニズムの神に関係する言葉ではないかと言われているが、詳しいことはわかっていない。「強い」や「烈《はげ》しい」を表す言葉という説もある。「カン」というのはテュルク（トルコ）系・モンゴル系の遊牧民集団の君主の称号である。

　チンギス・カンはやがて周辺の遊牧民族を次々に支配下におさめていった。満洲から中国北部を含む東北アジアに君臨していた強大な金《きん》帝国を痛めつけ、中央アジアからイラン高原にわたって広大な地域を支配していた大帝国のホラズム・シャー朝をも滅ぼした。その時点で、チンギス・カンの帝国はかつてのローマ帝国の二倍の広さがあり、間違いなく人類史上最大の帝国であった。にもかかわらず彼は満足しなかった。彼は世界のすべてを手中におさめようと考えていたからだ。ただ、その夢は病《やまい》によって妨げられた。

　しかし息子や孫たちが父（あるいは祖父）の遺志を引き継いだ。彼らは偉大な父の夢の実現

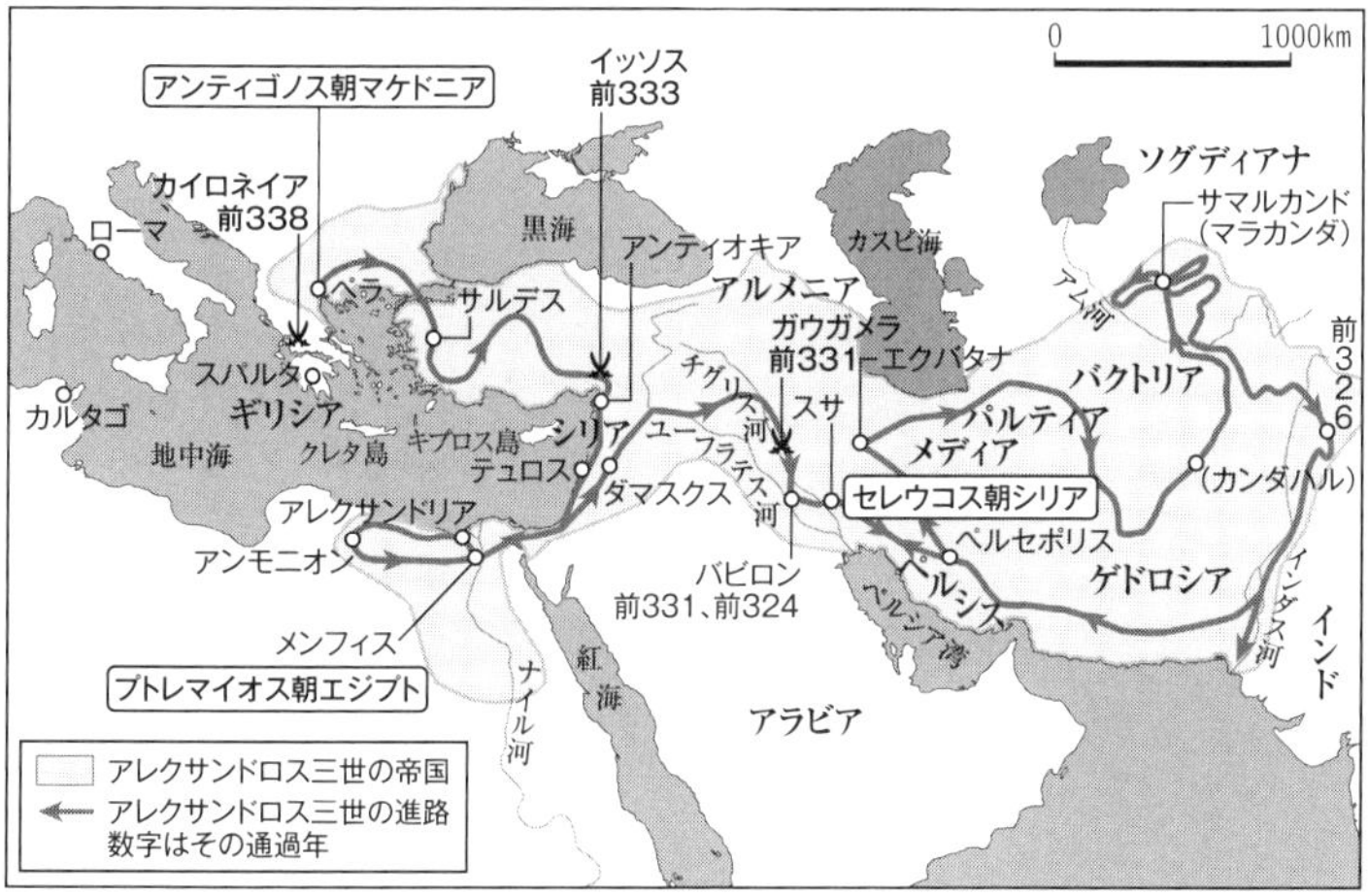

アレクサンドロス三世の帝国の最大版図

を目指し、屈強なモンゴル兵と精悍《せいかん》なモンゴル馬を引き連れて、千五百年前のアレクサンドロス三世（アレクサンダー大王）以来の世界征服の大旅行に出た。そしてまたたく間に中国、中央ユーラシア、西アジア、そしてロシアを含む東ヨーロッパを征服した。

チンギス・カンの死後、わずか三十年で彼の子や孫は西ヨーロッパとインド、アラビア半島などを除くユーラシア大陸のほぼすべてを手中におさめた。父の後を継いで二代目のハーン（これは大カンや皇帝を意味する言葉。カーンとも言う）となっていたオゴデイの死がなければ、もしかしたらヨーロッパ全土がモンゴル人によって支配されていたかもしれない。そうなればユーラシア大陸のすべてを征服したことになる。

啞然とするのは、これが一人の男の野望を端緒《たんしょ》として為されたものであることだ。そこには歴史

愛馬ブケパロスに騎乗したアレクサンドロス三世（部分）
（ナポリ国立考古学博物館蔵）

的な必然はない。かつて何度かあった気候変動その他による民族大移動や、劇的な産業の変化による人口爆発など、大きな歴史のうねりの中で起こったような出来事ではないのだ。

　その意味でもチンギス・カンの行なったことはアレクサンドロス三世に似ている。紀元前三五六年にマケドニアに生まれたアレクサンドロス三世も、個人的欲望と理想のために二十一歳の時に世界征服の旅に出た。今なお欧米では「歴史上最高の戦術家」の呼び声高い彼は、自ら戦場に立ち、無数の勝利を重ね広大な地域を支配した。しかし十年近くにわたる戦いの末、ついに部下たちはそれ以上の進撃を拒否した。そして彼もまた病を得て三十二歳の若さで亡くなった（毒殺説もあり）。アレクサンドロス三世には、彼の遺志を引き継ぐ力量を持った息子たちがいなかった。それゆえ征服の旅はそこで終わり、やがて大帝国は部下たちによって分割され、崩壊していった。

　しかしチンギス・カンには父に優《まさ》るとも劣らない有能な息子や孫たちがいた。また多くの優秀な武将がいた。信じがたいことだが、モンゴル軍にはアレクサンドロス三世に匹敵するくらいの天才戦術家が何人もいた。幼い時から戦いの中で育った彼らは、戦闘の英才教育を受けたようなものだった。様々な異民族との戦いが訓練になり、それらは経験として蓄積されていった。また相手方の未知の戦術や武器に出会うたびに、それらを吸収し、戦えば戦うほど強くなった。ロールプレイングゲームでゲーム中のキャラクターのレベルが上がり、技を習得していくのに似ている。したがって進撃のスピードは後年になるほど増した。

ところでモンゴル帝国の誕生で最も驚くべきことは、当時およそ一億人と推定される人口を擁する広大な地域を治めたにもかかわらず、モンゴル兵は十万人程度しかいなかったのではないかとされていることだ。だとすれば、全人口のわずか〇・一パーセントで広大な帝国を支配したことになる。彼らはそれだけの兵で、多くの国と何百という都市を滅ぼし、ユーラシア大陸のほぼ全域を支配するという偉業を達成した。私が「奇跡」と表現した理由がおわかりいただけただろうか。

しかしこの奇跡は征服された側から見れば、「悪夢」そのものだった。何年も平和に暮らしていたところに、ある日、それまで見たこともない民族がいきなり襲いかかってきたのだ。その民族は虎のように強く、狐のように狡猾《こうかつ》で、ハイエナのように残忍だった。モンゴル人の戦いの歴史は「殺戮《さつりく》と破壊の歴史」でもある。夥《おびただ》しい人々が虐殺され、夥しい町が破壊された。すべての住民が殺し尽くされ、完全な廃墟となった都市もある。まさに鬼哭啾啾《きこくしゅうしゅう》である。

だが一方で、モンゴル人の支配によって、シルクロードが再整備され、東西の文化の交流は活発になった。実はそれまで中国大陸とヨーロッパの文化が混じりあうことはなかった。この二つの文化圏は互いに独立し、無関心だった。モンゴル人が現れるまで、中国とヨーロッパは互いに未知の世界だったのだ。「殺戮」と「融合」——一見両立しえないこの二つを成したことがモンゴル帝国の不思議でもある。

しかしモンゴル人の最大の謎は、やがてこの大帝国がいくつかに分裂した後、それらが次々と崩壊し、同時にその地から多くのモンゴル人が消えうせたことだ（一部にはその地にとどまった人たちもいる）。中国を支配したモンゴル人も最終的には明《みん》に追われて、彼らの故郷であるモンゴル高原へと去っていく。そしてその後はついに歴史の表舞台に華々しく登場することはなかった——。


私にとってモンゴル人は長い間、ミステリアスな存在だった。高校時代、世界史の授業でチンギス・カンとその息子たちが行なったことを知ったときから、私は彼らに魅了された。彼らのことを深く知りたいと思い、これまで様々な本を読んできた。そして読めば読むほどになお一層惹きつけられた。

五十歳で小説家になったとき、いつかモンゴル人の物語を書きたいと思った。歴史家の目ではなく、小説家の目で、チンギス・カンと息子たちの生涯、そして彼らが創った史上最大の帝国が滅んでいくまでの長大な物語を描いてみたいと考えた。この本の第一巻が発売されたとき、私は六十九歳になっている。この本は私の最後の大作になるかもしれない。

それでは、これから多くの謎に満ちたモンゴル人の物語を語ろうと思う。ただ、モンゴル人の歴史は実はまだまだ不明な点も多い。特にテムジンが登場する以前については詳しいことはわかっていない。中国の歴史書にもチンギス・カン出現以前のモンゴルについての記述がほとんどない。

またモンゴル人自身が記した歴史書には『モンゴル秘史《ひし》』（『元朝《げんちょう》秘史』）があるが、創作や伝説の類《たぐい》のものが多く含まれていると見られ、しかも他の史書とは内容が微妙に異なっている。モンゴル史の研究家は世界中にいて、日本にも素晴らしい多くの学者がいる。彼らによって何年にもわたってモンゴルは研究されてきた。しかしいまだ全貌が見渡せないというのが実情である。たとえば同時代のモンゴル人にとって神のような存在であったテムジンの生年さえも諸説あって確定していないのだ（没年は正確に判明している）。

本書はモンゴル史の研究本を目指すのではない。私なりに史実を大胆に描き、時には伝説もまじえて、チンギス・カンと彼の継承者たちを柱としたモンゴル人の物語を描いていこうと思っている。

彼らは譬《たと》えれば超大型台風のようなものだと思う。最初は小さなつむじ風が徐々に規模と威力を増し、あっという間に凄まじい暴風となり、あらゆるものを吹き飛ばしながら進んでいく──それに抗うことは誰もできない。しかし、この世のすべてを破壊するかと思われた凶悪な旋風《せんぷう》も徐々に力を弱め、やがては緩やかな風となって、静かに消えていく。
そんな台風の歴史を、歴史家の目ではなく小説家の目で描いていきたい。

第一章

勇壮なる
中央アジアの遊牧民

中華を襲う遊牧民たち

モンゴル人の物語を始める前に、まずはユーラシア大陸の東北部から中央アジアにかけて割拠していた遊牧民族および狩猟民族について語ろうと思う。その歴史を知らないとモンゴル帝国の興亡も理解できないからだ。

このあたりは大部分が草原と砂漠と森林で、雨は少なく、農業には適さない土地が多かった。そのため人々は遊牧と狩猟で生計を立てていた。彼らは一ヵ所に定住することなく、羊や馬とともに牧草地を求めてさすらいながら暮らしていく。あるいは獲物を追って森から森へと移動する。一ヵ所に定住すると羊や馬が草を食い尽くしてしまったり、あるいは獲物を狩り尽くしてしまったりするからだ。また厳しい冬の寒さを避けるための季節移動もあった。

モンゴル高原は平均標高が一六〇〇メートルもあり、緯度は北海道から樺太くらいの間で、冬は気温が氷点下三〇度から時に五〇度にもなる。人々が暮らすには恐ろしく苛酷な土地だった。

また遊牧に適した牧草地は多くの遊牧民が狙っている。そのため力の強い者がその土地を支配することになる。おそらく何千年の昔から、土地を巡っての争いがあったことだろう。したがって家族だけでいるよりも一族で集まっている方が強い。こうして徐々に組織立った集団が生まれていったと考えられる。

もっとも人類は農耕を始める以前は皆、狩猟や採集で暮らしていた。それらは最も原始的な社会形態の一つである。農耕とともに文明が起こり、やがてそれは階層社会を生み、国家というものを形成していく。東アジアにおいては、モンゴル高原の南に位置する中華大陸が農耕文化の先鞭《せんべん》をつけた。ただ、漢民族のルーツははっきりとしない。東洋史の碩学《せきがく》、岡田英弘によれば、漢民族とはそもそも周辺の様々な民族の混血であるという。

伝説によると、黄河《こうが》流域に初めて成立した王朝は夏《か》とされているが、これは考古学的な裏付けが乏しい。しかし近年、王朝を作ったかどうかは別にして、夏人が相当な勢力を持っていたのではないかという説が濃厚になっている。岡田によれば夏人は東南アジア系の文化を持った民族だという。

実在したとされる最初の王朝は殷《いん》である。岡田によれば殷は北方の森林地帯から侵入した狩猟民族だという。殷を滅ぼして新しい王朝を築いたのは周《しゅう》だが、これも岡田によれば西方の草原地帯から侵入した遊牧民族だという。「夏・殷・周」は俗に「三代」と呼ばれるが、この時代に様々な民族の混血が行なわれたと思われる。

ここで読者の皆様に断りを入れておきたいことがある。それは歴史上「中国」という国は存在しないということである。またその地域がどこを指すのかも曖昧である。「中国史」を彩る帝国の数々は中華大陸に興《おこ》った国にすぎず、民族も一つではない。私たちが一般に「中国史」と呼んでいるのは、実は「中華大陸史」なのである。しかし中華帝国の歴史を語るのにいちいちそれを説明するのも煩《わずら》わしく、本書では便宜上「中国」という言葉を使うのをご了承いただきたい。この場合の「中国」は国を表す場合もあれば場所や土地を表す場合もある。

周が滅んだ後、中国では多くの国が覇権を争うが、秦《しん》が国を統一し、その王である嬴政《えいせい》（あるいは趙政《ちょうせい》）は史上初めて「皇帝」を名乗った。彼が始皇帝と呼ばれるのはそのためである。ところで、この秦もまた西方から侵入した遊牧民が祖と言われる。そのため秦人は中原《ちゅうげん》（中華の中心地）にいた人たちからは野蛮と蔑《さげす》まれ、一段下に見られていた。

ちなみに秦の始皇帝が行なった大きな業績の一つが文字の統一である。当時は中国全土で使われる言語は無数にあり、少し離れた地域の人たちは話も通じなかった（二十一世紀でも北京《ペキン》語と広東《カントン》語では通じない）。始皇帝は文字を統一し、会話が通じなくても文字を使えば意思の疎通ができるようにしたのである。中国はそもそもが多民族国家であり、その統一は半ば強引な形で行なわれたのだった。

ここで私が言いたいのは、中国は最初期の王朝から、北方の狩猟民族や西方の遊牧民族が入り乱れて国を作っていたということだ。ただ、中国に入った狩猟民族や遊牧民族たちの多くが定住する農耕民族に変わっていった。おそらく狩猟や遊牧より農耕の方が安定した暮らしができたからであろう。中華大陸における初期の漢民族はこうして形成されていったと考えられる。

匈奴

ただ中国の周辺には、中華の地に移住せず、昔ながらの狩猟や遊牧で暮らす民族は多数いた。こうした狩猟民や遊牧民にとって、中国は貴重な交易の場所で、馬や羊や革製品などを穀物や絹や鉄器と交換した。それと同時に中国は狩場でもあった。遊牧民たちは食料が不足したり、生活が苦しくなったりすれば、しばしば中華帝国に侵入し、様々なものを掠奪《りゃくだつ》するのだ。彼らにとっては、それは森や草原の獲物を狩るのと同じ感覚だった。

その代表的な民族の一つが「匈奴」である。匈奴の歴史は古く、紀元前四世紀ごろに興ったと中国の歴史書にはある。

中国で初めての統一王朝である秦が滅亡した後、紀元前二〇二年に劉邦《りゅうほう》が「漢《かん》」という国を建てる。漢こそは中国を代表する大帝国であり、「漢人」や「漢字」の名前の由来となった国である。

しかしその偉大な漢帝国も、匈奴にしてみれば、やはり狩場の一つに過ぎなかった。実際にしばしば漢に侵入して農作物や女や子供を奪った。

劉邦は匈奴を討とうと決意して、紀元前二〇〇年、自ら大軍を率いて攻め込んだ。しかし戦闘力も戦術も匈奴が優っていた。匈奴の王、冒頓単于《ぼくとつぜんう》は擬装退却で劉邦軍を誘い込み、補給路を断って包囲した。

劉邦は莫大な貢物《みつぎもの》と引き換えに解放されたが、以降、毎年、多くの財宝、米、酒、衣類、そして美女を匈奴に献上することになった。

日本人は昔から中国を無暗《むやみ》にありがたがり、かつて彼らが周辺国を蛮族と見做《みな》した歴史観をそのまま受け継いでいる。そのため、中国の周辺国は偉大なる中華皇帝に臣従し、朝貢《ちょうこう》を行なっていたと思っている人が少なくないが、その認識は誤りである。たしかに弱小国の多くはそうだったし、日本もかつてはその一つだった。しかし北方の強大な遊牧騎馬民に対しては、しばしば中華皇帝が贈り物を献上し、彼らのご機嫌を伺っていたのだ。

中国とその周辺の騎馬民族の力関係は、しばしば騎馬民族が上回り、中国の方が屈辱的な外交を強いられたケースが少なくない。さらに言えば、中国の歴史は「漢民族」対「周辺民族」という単純な構図でもない。両者は常に混淆《こんこう》し、漢民族という定義さえも曖昧なものになっている。

ただ、中国と周辺民族の力関係は時代によって変化し、漢も武帝《ぶてい》の時代（紀元前一四一〜前八七年）には逆に匈奴を打ち破っている。

もっともその戦いは熾烈《しれつ》を極め、多くのドラマを生んでいる。中島敦の名作短編小説『李《り》陵《りょう》』は、匈奴と戦った末に降伏した漢の将軍、李陵の苦悩を描いたものだ。ちなみにこの時、降伏した李陵を許さないとした武帝に対し、彼を擁護したのが司馬遷《しばせん》である。そのことで司馬遷は武帝の怒りを買い、宮刑という刑を受ける。これは男性器を切り取るというもので、司馬遷は「男としてこれほど屈辱的なものはない」と述べている。しかし史官の家に生まれた彼は、仕事を全うするまでは死ねないと決意し、後に偉大なる歴史書『史記《しき》』を完成させた。

モンゴル高原を中心とするユーラシア東部を支配し、歴史的には名高い匈奴だが、民族的にどういう系統だったのか、どんな言語が使われていたのか、詳しいことはほとんどわかっていない。ユーラシア東部遊牧民の多くは言語的にモンゴル系とテュルク系に分類されるが、匈奴がどちらであったのかははっきりしない。彼らが文字を持たなかったため、彼ら自身の記録が残っていないからだ。ただし中国の記録によると、使用言語は漢語ではなかったとある。

また匈奴は厳密には「国」ではなく、多くの遊牧部族の連合体でもあった。匈奴は彼らを力でまとめ上げた存在だった。

話は変わるが、四世紀から五世紀にかけて、突如として東ヨーロッパに出現したフン族は、アジアから西へ移動してきた匈奴ではないかという説がある。漢によって弱体化した匈奴がいくつかに分裂し、その一部が西へ移動したという説だ。

学説として確定はしていないが、墓の様式や装飾品の類似、また王の名前も似ていることか

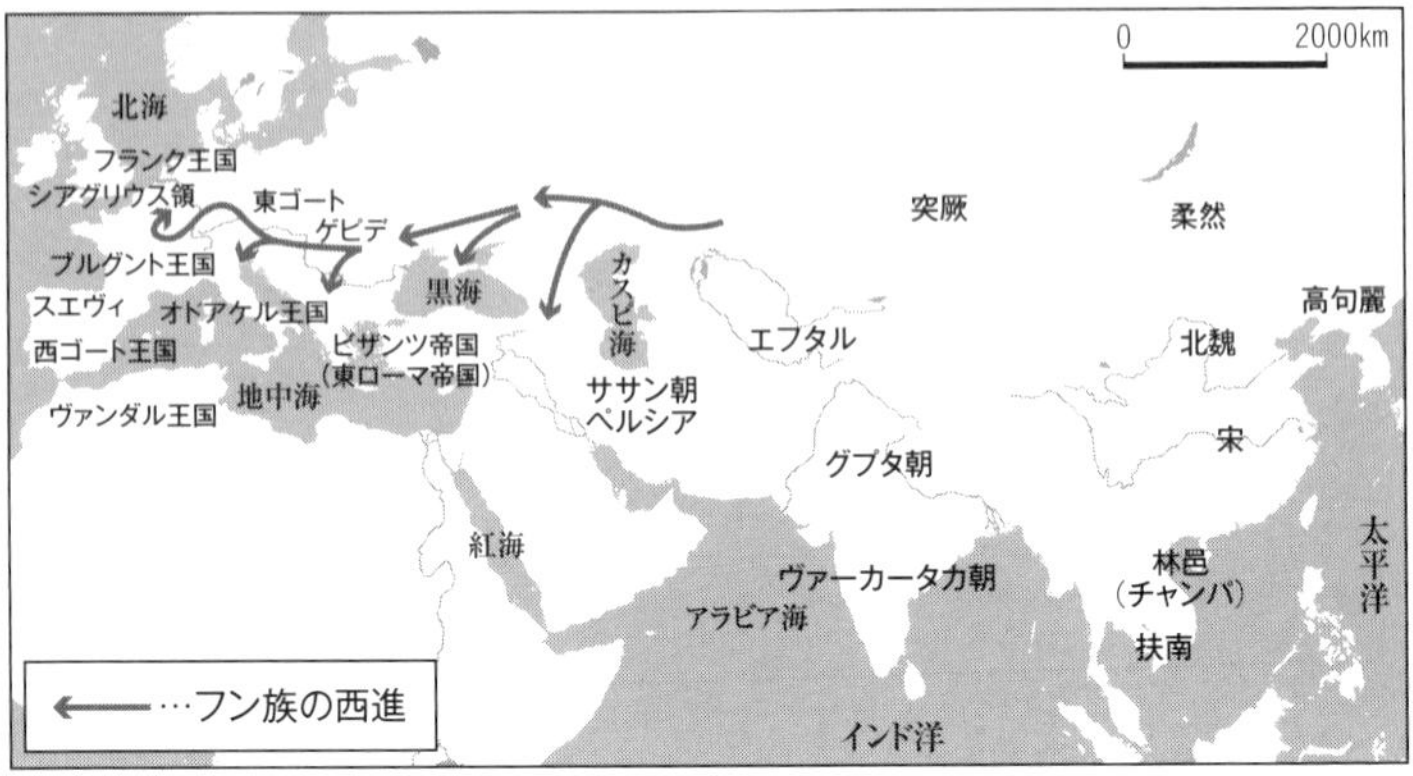

フン族の西進

ら、その可能性は高いと見られる。「匈奴」という言葉は現代の漢語では「ショーンヌー」と発音されるが、古代は「フン」または「フンヌ」という発音だったとされる（ギリシャ語では「フルーノイ」と呼ばれた）。それにフン族も匈奴と同じく典型的な騎馬遊牧民の社会であり、掠奪は常に有力な生活手段であった。

フン族の出現はヨーロッパの歴史を大きく変えた。もともと東ヨーロッパに広く住んでいたゲルマン人の生活地域に、アジアからフン族がなだれ込んできたために、その圧力から逃れるように大量のゲルマン人が西方へ大移動し、西ローマ帝国内に流入したからだ。かつて地中海からヨーロッパを完全に支配した偉大なる古代ローマ帝国世界はそれによって崩壊した。

フン族は東ローマ帝国にもたびたび侵入し、甚大な被害を与えた。ゲルマン人を西へ追いやり、東ローマ帝国に大きな打撃を与えたフン族が匈奴の末裔《まつえい》だとすると、中央ユーラシアの遊牧騎馬民の戦闘力は相当なものだったのだろう。フン族は五世紀にはイタリア半島にまで進出している。その意味でフン族のヨーロッパ侵攻は後のモンゴル人を先取りしたともいえる。

そのフン族も今はない。おそらく長い歴史の中で分裂や離散を繰り返し、また他民族との混淆によって歴史の中に消えてしまった無数の民族の中の一つである。フン族はその後ハンガリーあたりに土着して現在のハンガリー人のルーツになったという有名な俗説があるが、事実ではない。

アジアに残った匈奴も同じように歴史の中に消えていった。分裂した匈奴のうち南下した集団は中国化（漢化）し、民族のアイデンティティを失い、モンゴル高原に残った匈奴もまた他の遊牧民族の中に飲み込まれていったと考えられている。となれば後のモンゴル人の中にも匈奴の血が残されている可能性は大いに考えられる。

鮮卑の擡頭《たいとう》

紀元前二世紀の後半から紀元一世紀の前半に武帝の時代の漢の圧力によって中央アジアにお

ける匈奴の勢力は減衰したと前述したが、紀元一世紀から二世紀にかけて、今度は騎馬民族の鮮卑が擡頭した。

鮮卑は、かつてモンゴル高原東北部に住んでいた東胡《とうこ》という遊牧民が匈奴の冒頓単于に滅ぼされた時に、鮮卑山付近に逃げた残党という説がある（鮮卑という名前はそこに由来する）。言葉もモンゴル系であったという説が現代では有力である。

鮮卑は長らく匈奴の支配下にあったが、漢の武帝によって彼らの力が衰えると、勢いを得て、やがて匈奴に対して反乱を起こすほどに勢力を増す。そして二世紀半ばに、檀石槐《だんせきかい》というリーダーが現れ、一気に強国となる。

檀石槐に率いられた鮮卑は北匈奴をモンゴル高原から駆逐《くちく》し、この地域の新たな支配者となる。こうして見ると、内陸アジア東部も中華の地と同じく多くの遊牧民たちが入れ替わり立ち代わり覇者となっているのがわかる。

鮮卑は中華帝国の後漢《ごかん》の領土にも何度も侵攻して掠奪行為を繰り返した。これに怒った後漢は、一七七年に大軍を派遣して鮮卑を攻めるが、逆に完敗を喫し、生還した兵士は一割に過ぎなかったといわれる。匈奴にうち勝った漢も鮮卑には勝てなかったのだ。

大きなダメージを蒙《こうむ》った後漢に追い打ちをかけるように、国内で大規模な農民反乱が起きた。「黄巾《こうきん》の乱」である。これによって後漢は一挙に弱体化して二二〇年に滅亡する。

この時、中華の地は内乱による虐殺が相次ぎ、人口が激減する。紀元二年に約六千万人いたとされる人口（前漢の終わりに全国的な戸籍調査が行なわれている）は、千数百万人になった。一説では数百万にまで減ったという。いずれにしても凄まじい人口激減である。岡田英弘は、この時代に「純粋な漢民族は事実上滅亡した」と言っている。実際に絶滅したかどうかはともかく、その後、中華の地に夥しい数の周辺民族が流入したことはたしかなようだ。

漢滅亡の後は「三国時代」に移るが、魏《ぎ》・呉《ご》・蜀《しょく》の三国が半世紀以上も争って決着がつかなかったのは、三国とも兵隊の数が圧倒的に少なかったゆえという説がある。三国ともそのために周辺の異民族を積極的に組み入れた。実際、魏の曹操《そうそう》の軍隊には匈奴の騎馬軍団がいたと史書に記されている。

ちなみに「邪馬台国《やまたいこく》」の記述で知られる『魏志倭人伝《ぎしわじんでん》』は俗称で、北魏の歴史書である『魏書』の中の「烏丸鮮卑東夷伝《うがんせんぴとういでん》」の倭人の条をこう呼んでいる。

「三国時代」は結局、魏の将軍である司馬懿《しばい》がクーデターにより政権を握り、孫の司馬炎《しばえん》が晋《しん》という国を建てた後、天下を統一するが、これは四代で滅び、中華の地には、後に「五胡十六国」と呼ばれる多くの国が乱立する。

これは華北の地に「五つの胡」が入り混じり、漢民族とあわせて十六の国が乱立していたことで付けられた名称である。「胡」とは遊牧民族を含む異民族（漢人から見て）の総称で、五胡とは匈奴・鮮卑・羯《けつ》・氐《てい》・羌《きょう》をさす。

漢民族は昔から中華周辺の異民族はすべて蛮族と考えていた。いわゆる「東夷《とうい》・西戎《せいじゅう》・南《なん》

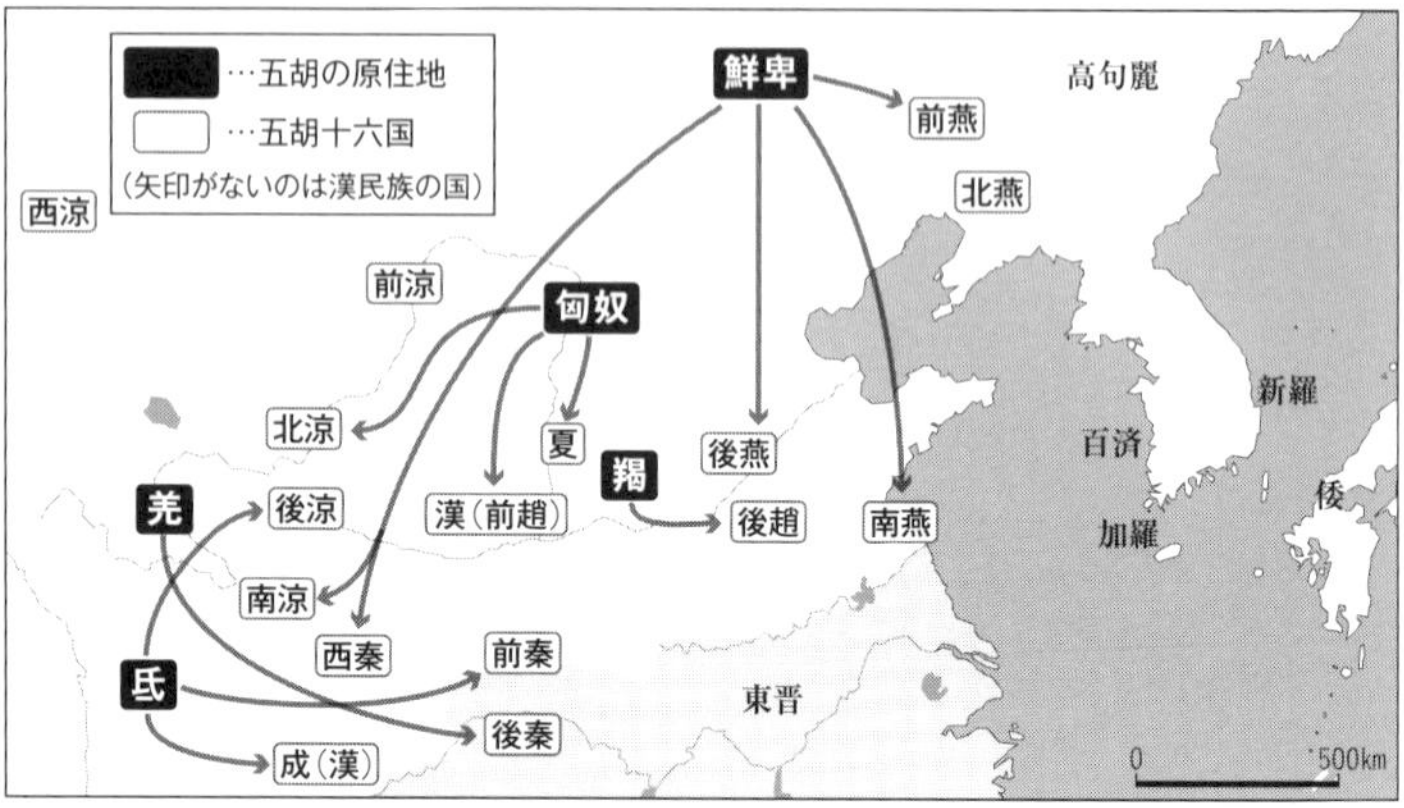

五胡十六国時代の中国（国名は成立時の位置）

蛮《ばん》・北狄《ほくてき》」である。「夷」「戎」「蛮」「狄」はいずれも蔑みの意味を持つ文字だ。漢人は異民族の名前の音にも漢字を付けたが、その場合もそうした文字を当てた。匈奴の「匈」は「びくびくして騒ぐ」、「奴」は「下僕」という意味である。「鮮卑」の「鮮」は「少ない」、「卑」は「卑しい」という意味である。「羯」は「去勢された羊」を意味し、「氐」は「低」に通じる。「羌」に関してはよくわからないが「羊」の字が入っているので、いい意味の文字ではないだろう。もっとも牧畜を生業《なりわい》にしていた民という意味もあったのかもしれない（鮮も羯も同様）。こんなところにも「中華思想」が表れているのが面白い。

さて、五つの胡で特に勢力があったのは匈奴と鮮卑で、匈奴は三つの国を建て、鮮卑は五つの国を建てた。

羯は中国の山西地方の民族で、中国の史書には匈奴の一部と書かれている。河北に後趙《こうちょう》を建て、匈奴の前《ぜん》趙《ちょう》を併合したが、内紛を経て漢民族によって滅ぼされた。その際に多くの羯人が殺され、歴史から完全に姿を消した。

余談だが、現存する日本の最も古い音楽である雅楽には羯鼓《かっこ》（鞨鼓と書くこともある）という楽器がある。おそらく元々は羯の楽器であったと考えられる。外来系の狭義の雅楽は朝鮮系と中国系とに分かれるが、中国系の雅楽には羯鼓は必ず登場する。民族は消え去っても、彼らの残した文化が他の民族の中に生きながらえているのが興味深い。

氐は青海湖《せいかいこ》周辺に存在した民族で、チベット・ビルマ系といわれる。氐もまた三つの国を建てたが、五胡十六国時代の終わりまでにすべての国が滅び、漢民族の中に同化して歴史から消えた。

羌は中華の西北部に住んでいたチベット・ビルマ系の民族。この民族もまた大部分が歴史の中に消え失せたが、現在、中華人民共和国の四川省に居住している羌《チャン》族という少数民族が末裔と考えられている。

柔然と突厥

「五胡十六国」のうち十三の国は遊牧民族が建てた国で、漢民族の建てた国はわずか三つだった。つまりこの時代は中華の地では漢民族の方が為政者としては少数派であったということだ。というよりも中華の地は多くの遊牧民族たちの支配下に置かれていたと表現する方がしっくりくるだろう。

とはいえ、遊牧民族の建てた十三の国もひとつの民族で統一されたものではなく、他の遊牧民族や漢民族が混淆していた。その原因は人口が激減した中華の地に、北方や西方から大量の遊牧民がなだれ込んだことに他ならない。

この民族移動は遠くモンゴル高原にも異変を起こしていた。同地から鮮卑と匈奴が大挙して華北（中華の北部）に移住したことで、それまで鮮卑に従属させられていた柔然がにわかに勢力を拡大し、五世紀から六世紀にかけてモンゴル高原の新たな支配者となったのだ。柔然はモンゴル系の民族の可能性が高いといわれているが、現代でも詳しいことはよくわかっていない。

柔然が支配下に置いていた民族の一つに突厥がある。テュルク系の遊牧民の突厥は鉄の生産と鍛造《たんぞう》に長《た》けていた。ちなみに鉄は古モンゴル語で「テムル」といい、鋼《はがね》は「ボラト」というが、テュルク系の諸言語でも同様の語彙が見られる。つまり遊牧民たちは両者をはっきりと区別していたことがわかる。

鉄鉱石から取り出した鉄は、それだけでは脆《もろ》くて壊れやすい。焼いた鉄をハンマーで打つこと（鍛造）によって不純物が除かれ、硬くしなやかな鋼となる。この技術に優れていた突厥は長年にわたって柔然に「鍛鉄《たんてつ》奴隷」とされていたが、六世紀の中頃、独立して国を建て、やがて柔然を滅ぼした。

突厥に滅ぼされた柔然の一部は西方に逃れ、アヴァールとなったという説が有力である。アヴァールとはフン族崩壊後、久々にハンガリー平原を支配したアジア系の遊牧民である。

アヴァールがヨーロッパに持ち込んだ重要な文化の一つが鐙《あぶみ》であるといわれる。鐙は乗馬する時につま先を置く器具である。それ以前のヨーロッパでは両足で馬の胴を挟むようにして乗馬していたが、これは非常に不安定なもので、馬の上で腰を浮かせることもできない。ヨーロッパ人は鐙を知ることで、乗馬技術が飛躍的に向上し、これにより、中世の幕が開かれたという説がある。こうして見ると、古代においてアジアとヨーロッパの重要な橋渡しをしたのが中央ユーラシアの遊牧民たちであったことがわかる。

さて、中華の地においては、五胡十六国時代から南北朝時代を経て、五八一年に興った隋《ずい》が統一国家となったが、初代皇帝の楊堅《ようけん》は鮮卑系（拓跋《たくばつ》鮮卑）であった。彼自身は漢民族であるという系譜を掲げているが、多くの歴史家はそれには否定的な見方をしている。

隋は後漢滅亡以来、三六九年ぶりに現れた中華の統一国家だが、実は純粋な漢民族の国ではなかった。一般に中華の地全土を初めて征服した遊牧民国家はモンゴル人の元であるという誤解がよく聞かれるが、それより七百年近くも前に、すでに中華の地は遊牧民たちに支配されていたのだ。

隋は二代目の煬帝《ようだい》の時代に全盛期を迎える。六〇七年に我が国の聖徳太子が「日《ひ》出《いず》る処《ところ》の天子、日没する処の天子に書を致す」（原文は「日出處天子、致書日没處天子」）という手紙を遣隋使に持たせたのは有名だ。この時、煬帝は機嫌を損ねたと伝えられるが、それは隋を「日没する処」と表現されたからではない。「天子」という言葉を使ったことによるものだった。中国王朝にとって天子とは世界にただ一人である。つまり中国の皇帝こそが天子であって、その周辺国の長は決して「皇帝」や「天子」と名乗ってはいけないのだった。また周辺国の長の中には中国皇帝に対して臣下の礼を取り、代わって皇帝から「王」などの官爵を与えられる（これを「冊封《さくほう》を受ける」という）者が少なくなかった。

　余談だが江戸時代に福岡の志賀島で発見された金印には「漢委奴国王《かんのわのなのこくおう》」と彫られている。これは「漢の臣下である委（倭）の奴の国王」という意味である（異説もあり）。中国の歴史書『後漢書』には紀元五七年に、光武帝《こうぶてい》が倭奴国の使者に印綬《いんじゅ》を与えたことが書かれており、志賀島で発見された金印がこれにあたると考えられている。

　もっとも、奴国は漢から正式には冊封を受けていない。冊封を受けた外国の君主が宗主国たる中国の皇帝から戴く印綬には、ランクに応じて「章」や「印」などの文字が入るのだが、「漢委奴国王」印にはそれらの文字がない。このことから、奴国は冊封ランク外の扱いだったということがわかる。ちなみに卑弥呼が統《す》べたといわれる邪馬台国は魏から正式に冊封を受け、卑弥呼自身も「親魏倭王」という称号を与えられている。奴や卑の文字から、漢人が日本を蛮族扱いしていたのは明らかである。また彼らは日本を「倭」と呼んでいたが、倭という文字は「小さい」とか「従順な」という意味で、ここにも蔑みの意が込められている。

ただ、「倭」という文字には「人偏」が入っている。これは漢人が日本人を人間と見做していたということでもある。かつて漢人は中華の周辺の民族を「東夷・西戎・南蛮・北狄」と呼んでいたと書いたが、「夷」には人という文字が入っているものの、「狄」はケモノ偏だし、「蛮」にいたっては虫という文字が入っている（「蛮」の字の由来は蛇の意とされる）。どういう基準かはわからないが、漢人たちが周辺民族をランク付けしていたのはたしかである。もっとも漢字を輸入して「倭」の文字の意味を知った日本人は、「倭」をやめて同じ音の「和」という文字に改めている。

ところで、隋の煬帝は日本からの無礼な手紙を無視しなかった。これは煬帝が日本と敵対関係になりたくなかったからだ。というのは当時、隋は高句麗《こうくり》遠征を計画していたからである。ここで日本と敵対関係になって、日本が高句麗と手を結べば、厄介な事態になると考えたのだと思われる。聖徳太子がそこまで読んでいたとすれば、恐るべき国際感覚と外交手腕だといわざるを得ない。

ただ、煬帝の返書は記録として残されていない。というのは遣隋使であった小野妹子《おののいもこ》が、帰路、百済《くだら》で返書を奪われたからだ。しかしこれはおそらく妹子の嘘である。普通に考えれば、中華皇帝が「蛮族」からの無礼な手紙に対して正式な国書を返すはずがない。仮に国書をしたためたとすれば、そこには倭国に対し無礼を咎める厳しい言葉が連ねられていたに違いない。返書を戴けなかったという不面目な報告をする、あるいは日本の大王《おおきみ》を痛罵《つうば》するような言葉が書かれた返書を見せるわけにはいかないと考えた妹子は、返書を紛失したという偽の報告をしたのだと考えるのが自然である。これによって妹子は流刑《るけい》を言い渡されたが、推古《すいこ》天皇によって恩赦されて刑を免れていることから、朝廷内でそうしたシナリオが作成されたと考えられる。ただ、煬帝は返書は与えなかったものの、裴世清《はいせいせい》という使節を派遣している（小野妹子の帰国に同行）。裴世清は朝廷に対して「今後は天子という言葉は使わないように」と命令したと思われる。

翌年、聖徳太子は再び煬帝に国書を送るが、おそらく太子は相当に苦慮したことと推察する。なぜなら再び「天子」と名乗ると煬帝を激怒させ、隋との外交交渉は失敗に終わるからだ。かといって「王」と名乗れば、日本が隋に対して臣下の礼を取ることになる。すなわち自ら隋の属国（冊封国）だと認めることになる。

そこで太子は書の冒頭にこう記した。

「東の天皇つつしみて西の皇帝にもうす」

太子は「天皇」という言葉を用いることによって、中国の皇帝と対等の立場であるということを再度表明したといえる。煬帝は内心呆れたことと思うが、この言葉を使ってはならないと日本に伝えた記録はない。

そしておそらくこれが日本における「天皇」という称号の始まりとなった。それまでは「大王」と呼ばれていたものが、これ以降「天皇」という呼称に代わっていく。「天皇」という言葉には、日本は中華皇帝の冊封を受けない独立不羈《ふき》の国であるという精神が込められているといえる。そして以後、日本は中華帝国と一定の距離を保って外交を続けることになる。

これは中華の周辺国の中では極めて異質なものだった。周辺の国や民族は、極端な言い方をすれば、形の上は臣下の礼を取るか、あるいは戦争状態かの二つに一つだったのである。

日本が中華帝国の冊封国とならずにすんだのは、大陸から遠く海で隔てられていたという地理的なアドバンテージが何よりも大きかった。もし大陸と陸続きであったなら、あるいは日本民族は歴史の中に消えていった多くの遊牧民族と同じ運命を辿った可能性がある。中華大陸や中央ユーラシアの歴史を見る時、日本がいかに恵まれた地にあったかということをあらためて強く感じさせられる。

唐から宋へ

さて、隋と対立していた高句麗は朝鮮半島北部から満洲南部あたりを支配していたが、現代の韓国・北朝鮮のルーツである古代の三韓とは別民族で、現代の満洲族と同系統のツングース系と考えられている。

高句麗は強靭な民族で、隋は何度もこれを攻めたが、ついに打ち破ることが叶わなかった。

結局、隋は実質的に二代で滅び、次に中華の地を支配したのは唐である。唐といえば、今も「唐人」や「唐物」という言葉が残るように、漢と並んで中国を代表する大帝国だが、実はこれを建てた李淵《りえん》（初代皇帝）も鮮卑系といわれる。

現代の中華人民共和国の国家指導者がしばしば「偉大なる漢民族の歴史」と誇らしげに言うが、それが虚構であることはむしろ歴史が証明している。前述したように、私たちが「中国史」と思っているのは実は「中華大陸史」であって、ひとつの民族の歴史では決してないのである。

余談だが、ディズニーのアニメのヒロインにもなった中国の伝説的な女性の英雄である木蘭《もくらん》（ムーラン）も鮮卑の女性である。男性とともに戦場で華々しく戦ったという木蘭の物語は唐時代に口承で広まった。

遊牧民の女性は男性と同じように馬に乗って戦っていたとみられ、特に鮮卑の女性は弓を射る技術に長けていたといわれる。実際に戦場で戦っていた可能性も高い。ただ後年、彼女を描いた戯曲や小説では、鮮卑の出自は隠され、漢人の女性とされている。これは明らかに歴史歪曲である。

唐の最盛期、その勢力は中央ユーラシアにまで及んだが、北方の遊牧民族国家ウイグル（現代の中国新疆《しんきょう》ウイグル自治区のウイグル民族とは別）や西方の吐蕃《とばん》（古代チベット王国）にはしばしば苦しめられた。

九〇七年に唐が滅んだ後、中華の地は五代十国時代を経て、九六〇年に成立した宋《そう》が治めることになるが、宋を建てた趙匡胤《ちょうきょういん》は沙陀《さだ》突厥の出身といわれている。沙陀突厥はかつて柔然に鍛鉄奴隷として支配されていたテュルク系遊牧民、突厥の末裔である。柔然を放逐した突厥の一族の中で中央アジアに拠点を築いた西突厥は唐に滅ぼされ、その一部が東遷して沙陀突厥になったとされる。したがってその出身である趙匡胤が建てた宋も、厳密な意味では漢人の国ではない。

ただ、十世紀後半から十一世紀前半にかけて東アジア最強の国家は、宋の北に位置する遼《りょう》だった。遼は九四七年にモンゴル系の契丹《きったん》という遊牧民が建てた国で、長らく東北部を支配していたツングース系の渤海《ぼっかい》（高句麗の遺民が建国）を滅ぼし、モンゴル高原にいた遊牧民族を服属させた。ちなみに渤海は全盛期は唐の領土まで脅かすほど力がある国だった。

遼は宋に対しても何度も軍事侵攻を行ない、そのため宋は遼に対して毎年、絹と銀を贈ることで和平を結んだ。つまり宋は軍事的に遼には敵わなかったのである。ちなみに遼の軍事システムは後のチンギス・カンが採った軍事システムに似ていて、その意味ではモンゴル軍の先駆的存在といえる。

宋の北西に位置する西夏《せいか》もまた遼と同じくたびたび宋に侵攻した。西夏は羌の流れを汲むチベット・ビルマ系のタングトという民族が一〇三八年に建てた国で、宋はその対応にも苦慮している。西夏で特筆すべきは独特の西夏文字を作り出したことだ。

井上靖の名作『敦煌《とんこう》』はまさにこの時代の物語だ。主人公の青年は科挙《かきょ》に落第するが、その帰路、ふとしたことで西夏文字を知り、この文字を読んでみたいという欲求にかられて数奇な運命を辿る。作品の中に、中央アジアの大平原を疾駆《しっく》する西夏軍の様子、そして今まさに一つの民族が勃興していく様が迫真性を持って描かれている。余談だが、西夏文字の解読に大きく貢献したのは日本人学者の西田龍雄である。遼もまた契丹文字といわれる文字を持っていたが、これはまだ完全には解読されていない。

女真《じょしん》族が中華帝国を築く

一一〇〇年頃の東アジアは、中華の地に宋、その北に遼、北西に西夏、その南に吐蕃という四つの強大な国が互いに拮抗していたが、まさにこの時代こそ、モンゴル人が密かに胎動を始めていた時であった。

しかしその話をする前に、今しばらく中華の地を中心とする東アジアの国々の興亡について語ろう。

この時代に突然、中国東北部（今の満洲地方）に金という国が出現する。金は狩猟民族のツングース系（高句麗や渤海と同系統の言語を話す民族）の女真族が建てた国である。女真族は

1100年頃の中華の地

長らく契丹人の遼に支配されていたが、そのあまりに苛酷な支配に対して反乱を起こし、一一一五年に金を建てた。

話は少し遡《さかのぼ》るが、女真族は一〇一九年に対馬《つしま》や壱岐《いき》や筑前《ちくぜん》を襲撃し、多数の日本人を殺戮したり攫《さら》ったりするという蛮行を働いた。これは「刀伊《とい》の入寇《にゅうこう》」と呼ばれている大事件で、日本にとっては有史以来初の外国からの大規模な侵攻であった。「刀伊」の文字は高麗《こうらい》語で東北の蛮族を表す「東夷」の発音を日本語に置き換えたという説があるが、詳しいことはわかっていない。

ちなみにこの頃の日本は雅《みやび》な平安文化が花開いていた時代で、遣唐使も百年以上前に停止しており、対外的な緊張感は失われていた。その証拠に、大陸からの侵攻に備え何百年も続けていた防人《さきもり》制度もなくしていた。そのために「刀伊の入寇」以前から、対馬や九州沿岸は朝鮮半島の高麗や新羅《しらぎ》から小規模な侵攻を何度も受けていた。しかし朝廷は国土防衛に向けての具体策は何も施さないまま、そうした状況を百年近く放置していた。したがって「刀伊の入寇」は必然の結果といえる。

刀伊に対して敢然《かんぜん》と戦ったのが、大宰府《だざいふ》の実質的な長官である大宰権帥《だざいのごんのそち》の藤原隆家《ふじわらのたかいえ》だった。隆家は九州の武士たちを率いて、女真族を撃退した。隆家は藤原道長《みちなが》の甥という恵まれた血筋の男だったが、若い頃から乱暴者という評判で（さがな者と呼ばれていた）、かつては出雲権守《いずものごんのかみ》に左遷されていた。平安貴族らしからぬ剛毅《ごうき》な男が大宰権帥であったことが日本を守ることになったのだから歴史の皮肉である。

ところが信じがたいことに、朝廷は隆家の活躍に対して、わずかな恩賞しか与えなかったようだ。理由は「勅符《ちょくふ》（天皇の命令を伝える文書）の到着以前に戦ったものであるから」という。なんとも平和ボケの感覚ではあるが、四方を海に囲まれていることによって、他民族からの侵攻にあまりさらされないできた国だけに、東アジアの諸国や民族に比べて、国の安全保障に関する意識は圧倒的に低かった。もし日本が大陸の中にあったなら、全く違う民族性を持っていたのは間違いない。逆に中華とその周辺の民族は、常に危険と隣り合わせで生きてきたことによって、戦争や侵略に対する意識や考え方が日本人とはまるで違う。

たとえば私たちが東アジアの歴史を眺めてまず驚かされるのは、戦争時における被征服民族に対する大量虐殺だ。日本の歴史では滅多にお目にかかれない残虐行為が大陸では何千年にもわたって続けられていた。

しかし彼らは、そうしなければ自分たちがやられるという極限状況の中にいたのも事実である。他民族に対する甘さは、自らを滅ぼしかねないリスクがあった。事実、東アジアでは夥しい民族が滅亡している。多くの歴史書にいくども名前を記された強大な民族が今やどこにもいないということは、ユーラシア大陸では全然珍しくないことなのだ。その意味では、日本人は極めて幸運な民族といえる。同時に千数百年にわたって一つの民族的集団による国家が続いた奇跡的な例でもある。世界にこんな国家はどこにもない。

北宋《ほくそう》の滅亡

話を一一〇〇年代の東アジアに戻そう。女真族が創った新興の金は宋と手を結び、遼を攻めて、ついにこれを滅ぼすことに成功する。ところが宋は金との領土問題での約束を度々反故《ほご》にしたばかりか、何度も背信行為に及んだ。このあたりの外交政策を見ていると、どうも宋は女真族を蛮族と侮《あなど》っていたふしがある。

怒った金は宋を攻め、皇帝一族を捕らえ、太上皇の徽宗《きそう》と皇帝の欽宗《きんそう》を死ぬまで幽閉し（徽宗は八年、欽宗は三十四年）、皇后や皇女を娼婦とした。これにより宋は滅亡したが、徽宗の子、趙構《ちょうこう》（欽宗の弟）が南に逃れ南宋《なんそう》を建てた（それ以前を歴史学上は北宋と呼ぶ）。

余談だが、文人皇帝と呼ばれることもある徽宗は優れた画才の持ち主で、彼が二十六歳の時に描いたとされる「桃鳩図《ももはとず》」は現在、日本にあり（個人蔵）、国宝となっている（室町時代に日本に輸入されたとみられる）。

南宋は金に対して臣下の礼を取り、毎年、多くの貢物を贈った。南宋はかつての遼以上に屈辱的な関係を結ばされたのであった。この時、南宋の主戦派の武将たちを粛清し、屈辱的な和議を結んだのが宰相の秦檜《しんかい》である。中国では長らく秦檜は「売国奴」とされ、杭州《こうしゅう》に作られた彼の像（夫妻の像）に唾を吐きかける習慣があったが、歴史家の間では、金という強大な国家との無謀な戦いを避け、屈辱に甘んじても宋の存続を優先させた政治家という評価も少なくない。後の清《しん》朝での評価もそれに近い。

日本で人気の高い『水滸伝《すいこでん》』はこの時代の北宋が舞台であり、漢民族のナショナリズムを謳いあげている側面がある（『水滸伝』の成立は明時代）。

ところで、こうして東アジアの覇者となった金だが、同時に広大な地域を支配したことによる弊害も生まれていた。もともと女真族は少数集団であり、人口は金帝国の中では十数パーセント程度に過ぎなかった。そのため彼らは急速に漢人の文化に同化し、本来持っていた荒々しい民族性は次第に薄れていった。また南宋を属国化し、繁栄を貪《むさぼ》ったことで、軍事力が弱体化していった。

そんな金に対して、北方のモンゴル高原では、遊牧民のタタルや契丹人（遼の残党）などの反乱がしばしば起こった。金は彼らを制圧するために、同じ遊牧民のケレイトやモンゴルを利用した。金の支援もあって、ケレイトやモンゴルは次第に力を増すようになった。

そうした北方の部族の反乱に手を焼いている金を見て、好機と捉えた南宋は一二〇六年、金に攻め込んだが、撃退され、再び屈辱的な条約を結ばされることとなる。

全盛期の力は失いつつあるとはいえ、東アジアにおいては金の軍事力はまだまだ無視できないものがあった。金は南宋と西夏の攻略を睨んでいた。南宋も西夏も金との来るべき決戦に備えて軍備は怠らなかった。東アジアはかつての『三国志』の様相になりつつあった。もっとも規模ははるかに大きい。

しかしその三国とも、はるか北方のモンゴル高原において、恐ろしい部族が静かに擡頭しつつあるのは知らなかった。

第二章

モンゴル人登場

『モンゴル秘史』

さて、いよいよこの物語の主役であるモンゴル人の登場である。

ただ、序章でも書いたように、チンギス・カンが現れるまではモンゴル人は史書にはほとんど顔を出すこともない極めて脆弱な部族にすぎなかった。匈奴、鮮卑、突厥、女真などの強大な部族の陰に隠れるように、おそらくはモンゴル高原の片隅で細々と遊牧を営んで暮らしていた部族である。

もしチンギス・カンの誕生がなければ、モンゴルの繁栄はなかっただろうし、歴史にその名が刻まれることもなく消え去っていたかもしれない。そうなれば、中央アジア、中国の歴史はもちろん、ロシア、東ヨーロッパ、中東の歴史も我々が知っているものとは大きく異なっていただろう。つまり世界はまるで違ったものになっていた可能性がある。

チンギス・カン以前のモンゴルの歴史は闇に包まれている。彼らの擡頭はそれ自体があまりにも突然の出来事だったのだ。

モンゴル帝国成立の前史は『モンゴル秘史』『集史』『聖武親征録《せいぶしんせいろく》』『元史』という四つの史料に書かれていることがほとんどすべてである。『モンゴル秘史』はモンゴル人によって口承で伝えられた民族の歴史をまとめた書物であるが、その大部分は彼らの伝説的英雄であるテムジン（チンギス・カンの本名）の生涯が綴《つづ》られている。モンゴル文字で書かれた原典が編まれたのはモンゴル帝国の二代目のオゴデイ（チンギス・カンの息子）以降の時代であり、今のような内容に整えられたのは元朝の時代だというのが有力である。

残存するテキストは明時代に漢字で書かれたものである。これはモンゴル語の音を直接漢字に置き換えたもので、漢文ではない。ただしその横に傍訳として漢語の訳語が添えられている。また、当時の口語に近い漢語で節の内容をまとめた総訳がある。

モンゴル語で書かれたオリジナルは失われたと思われていたが、二〇〇〇年頃、中華人民共和国の内モンゴル自治区の大学生が、ドイツで出版された研究書に載っている古写本の断片の写真が『モンゴル秘史』のオリジナルであることを発見した。この写本の断片は日中戦争中に日本の考古学者である江上波夫が現在の内モンゴル自治区のオロンスム遺跡から持ち帰ったもので、それまで誰もその正体を明らかにすることができないでいた。この発見以降、チベットでもモンゴル語で書かれた『モンゴル秘史』の断片が発見されている。

内モンゴル自治区では漢化が進んでいるモンゴル人も多いが、前述の大学生のようにモンゴル語を自在に操ることができる人も少なくなく、モンゴル語による高水準の研究活動が行われている。しかし一方で、中国政府は少数民族の言語を教育現場から排除する政策を取っていて、いずれは内モンゴル自治区のモンゴル人たちからモンゴル語が完全に消え去る可能性もある。中華の地を三百年も支配した女真族（後の満洲族）はすでに漢民族の中に飲み込まれ、言語や文化はほとんど失われている。

話をモンゴルの歴史資料に戻そう。読者には、アカデミックでやや退屈な部分かもしれないが、テムジンの生涯を語るには極めて重要なところなので、今しばらくお付き合い願いたい。『モンゴル秘史』と並ぶもう一つの歴史書『集史』の第一巻「モンゴル史」は、モンゴル人がイラン（ペルシャ）に建国したイル・ハン国の七代目のハンであるガザンの勅令によって宰相のラシード・アッディーンが編纂《へんさん》した。その後、歴史家アブー・アル＝カースィム・カーシャーニーの著作を編入して、「モンゴル史」「世界史」「地理志」からなる空前のボリュームの歴史書となったが、モンゴル帝国の研究にとって重要なのは第一巻の「モンゴル史」である。ここにはイル・ハン国に伝えられたモンゴル語の歴史や、モンゴル人の間で語り継がれた伝承をもとにしたモンゴル帝国の誕生と発展の記録が書かれている。原文はペルシャ語である。

もう一つの重要な歴史書『聖武親征録』は、テムジンの誕生から二代目のオゴデイの治世までを記録した漢文の年代記で、今は失われたモンゴル語の史料から翻訳されたと考えられている。元朝史に関する最も基本的な漢文史料である『元史』の編纂にも、この『聖武親征録』が使われている。ただ残念なことに、『集史』も『聖武親征録』も完全な邦訳がない。

『集史』『聖武親征録』と『モンゴル秘史』に書かれている内容は部分的にかなり違う。特にテムジンについての記述は相当に異なっている。『モンゴル秘史』には明らかに史実と違う箇所や都合よく書かれている部分もあり、モンゴル史研究者の間では、『集史』と『聖武親征録』の方に信頼が置かれる傾向がある。学者の中には『モンゴル秘史』は小説の類であるという極論を言う人もいる。

しかし私は『モンゴル秘史』にとても惹かれる。というのは、同書に描かれているテムジンの物語では、彼の英雄的側面だけでなく、人間的な弱さも書かれているからだ。常人離れした偉業についての過剰な叙述はむしろ少なく、逆に彼自身が犯した過ちや失敗などを隠そうとしていない。チンギスにとって必ずしも名誉とは言えないようなことまでもが淡々と描かれているのだ。そこにはモンゴル人の間に伝えられたテムジンの物語を客観的に記そうという真摯《しんし》な態度が見える。『モンゴル秘史』の魅力はまさにそこにある。またここにしか書かれていない事象も数多くある。その意味では『モンゴル秘史』はやはり一級の史料であると断言したい。

『モンゴル秘史』の原典が書かれた年は諸説あるが、私はモンゴル語学者で『元朝秘史』（『モンゴル秘史』原典からの漢字音訳本）の訳注書もある小澤重男の一二二八年説を採りたい。これはテムジンが亡くなった翌年であり、生前のテムジンをよく知る人たちが大勢いたし、また多くの逸話が生き生きと残されていただけに、あからさまな創作が入り込む余地がないと思われるからだ。『モンゴル秘史』はおそらくその後、何人もの編者によって、テムジン没後の話なども書き加えられていったものと小澤は考えている。

後世、世界中の多くの作家や歴史家がテムジンの小説や伝記を書いているが、その大部分は

『モンゴル秘史』を元にしている。

私もまたテムジンの物語の部分は『モンゴル秘史』を参照しながら描いていこうと思う。ただし、史実ではないと思われるところは、その都度、注釈を入れていきたい。

『モンゴル秘史』は編年体（起こった出来事を時代順に記述したもの）に近い形で書かれてはいるが、年代は書かれていない。また時系列に誤りがある部分も指摘されている。一方、『集史』の「モンゴル史」の中の「部族篇」は紀伝体（部族や人の年代記・伝記を記述したもの）的に書かれていて、そこにはテムジンはじめ重要な人物の出来事が書かれているものの、時系列がバラバラである。

もう一つ重要な本として、『世界征服者の歴史』がある。これは十三世紀のイスラム歴史家であるジュワイニーが書き残したもので、モンゴル軍がホラズム・シャー朝を攻めた時のことが詳しく書かれている。ただ、これも邦訳がない。

チンギス・カンの祖、ボドンチャル

モンゴル族の誕生は多分に神話的である。『モンゴル秘史』によると、「ボルテ・チノ」（蒼《あお》き狼）と「コアイ・マラル」（白い牝鹿）が契《ちぎ》りを結んで生まれた男がモンゴルの最初の男だという。テムジンの生涯を描いた井上靖の小説『蒼き狼』はそこから付けられたタイトルである。ただ、古いモンゴル語では「ボルテ」は蒼というよりもどちらかといえば灰色に近い色を表すといわれる。いずれにしても伝説の世界である。

ローマの建国神話では、狼に育てられた男がローマを建てたが、大帝国を築いた二つの民族の祖がともに狼に関係しているのが興味深い。おそらく古代の狩猟民族にとって狼は畏《おそ》れ多い動物だったのだろう。それは力の象徴であり、同時に犬の祖先にもなったほど人と近い存在であった。ちなみに日本でも狼は昔から聖なる獣とされていて、それゆえに「大神」とも呼ばれ

モンゴル族の始祖の系図
（『モンゴル秘史』を参考に作成）

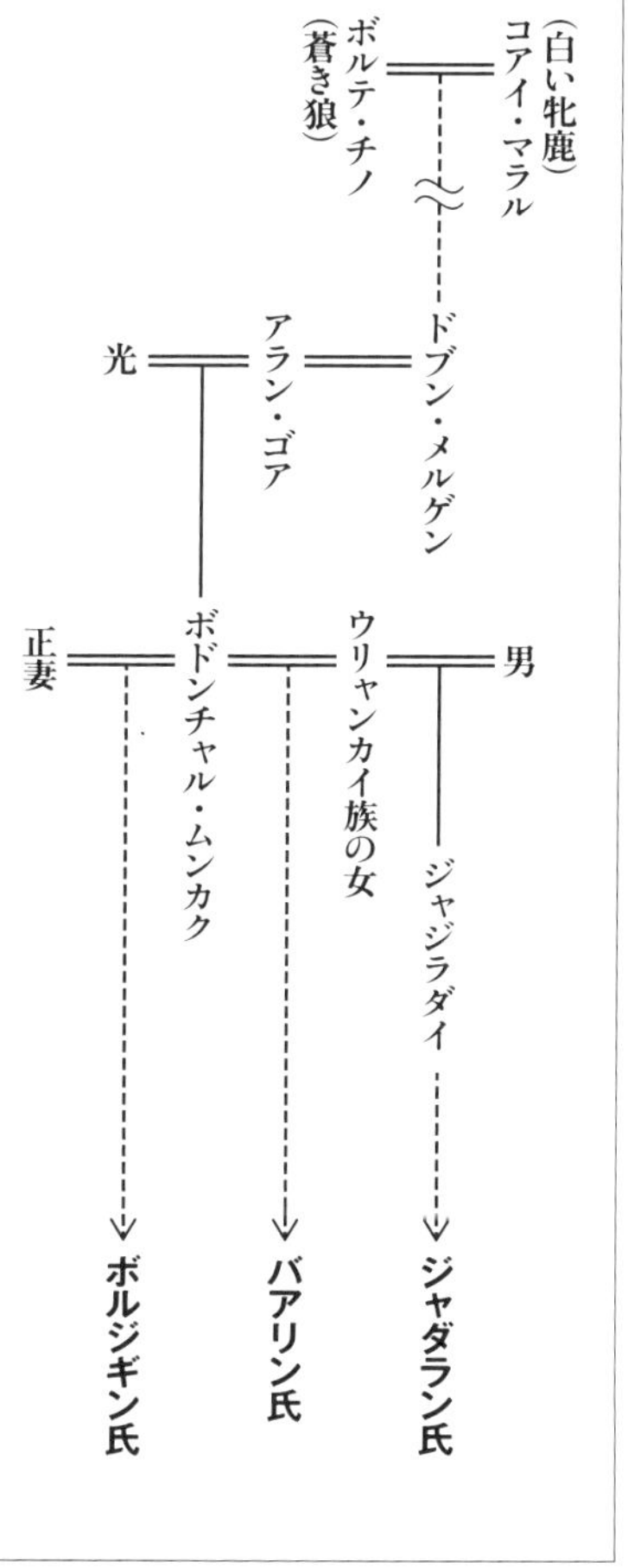

た。

さて『モンゴル秘史』では、蒼き狼を父とする最初のモンゴル人が誕生した後、延々とその系譜が綴られるが、このあたりはユダヤ教およびキリスト教の『旧約聖書』に似ている。おそらくは後世に創作された系譜であろうし、それをここに記すのは多くの読者にとっては退屈だろう。

ただ、テムジンの祖となる人物については語っておかねばなるまい。彼はボドンチャル・ムンカクという男で、その出生はいささか謎めいている。というのは母であるアラン・ゴアは、ボルテ・チノの子孫である夫を亡くした後に、誰にも嫁がずに三人の男子を生んでいて、ボドンチャルはその末子なのだ。

『モンゴル秘史』にも『集史』にも、アラン・ゴアは「光とまぐわった」とある。これは「感光受胎《じゅたい》」と呼ばれ、モンゴル高原以北の森林地帯における森の民の神話の典型的な祖先伝説でもある。では、なぜそれが草原の遊牧民の家系の途中に入っているのだろうか。こうした構造は「(神話)架上説」といわれ、神話ではしばしば起こる。ある民族の神話に新たな神話が加えられる場合、最初の物語の前に遡って付け足されるというものだ。このことから、モンゴルの元々の祖は森に住む民族のボドンチャルで、後に草原に住む遊牧民に出会って融合したということが推測される。しかもよく見ると、ボドンチャルはボルテ・チノとは血の繋がりがないことがわかる。つまりテムジンは血統的には「蒼き狼」の子孫ではない。

ところで奇妙なのは、テムジンの祖であるボドンチャルは無知で馬鹿者であると書かれていることだ。なぜ始祖がそのような男とされているのかはよくわからない。とにかく、彼はそれゆえ親族にも数えられず、家を出て、長い間、草原を彷徨《さまよ》う。その放浪中に、ウリャンカイ族という部族の集団を見つけ、再会した兄たちと共に彼らを襲って奴隷とした。その集団の中に妊娠中の女がいた。女はボドンチャルのところに来てまもなく子を生むが、その子は「よそ者の子《ジャト・イルゲン》」ということでジャジラダイと名付けられ、後にジャダラン氏族の始祖となる。

次にボドンチャルはその女に自分の子を生ませるが、その子孫は後にバアリン氏族となる。

ボドンチャルには別に正妻がいて、その女との間に生まれた子の子孫がテムジンである（ボドンチャルから数えて十一代目。ただし『集史』では九代目となっている）。このボドンチャルと正妻との子を始祖とするのがボルジギン氏族である。ボルジギンはモンゴル帝国で最も高貴な一族とされ、今もモンゴル国や中華人民共和国に住むテムジンの子孫たちはボルジギンを名乗っている。なお、ボルジギンとは「青みがかった灰色の目を持つ」という意味だ。そのことからボルジギンの一族にはコーカソイド（白人系）の民族の血が入っていたことが推測される。

もっとも、このあたりの部族は昔から様々な民族が入り乱れていて、現代でもモンゴル人の中には青い目や茶色い目をした人たちがいる。『集史』にも、テムジンの一族は髪の毛と瞳の色は黒ではなかったとある。後に元朝を作ったフビライ（テムジンの孫）が生まれた時、髪の毛も瞳も黒かったので、家族は驚いたという記述が残っている。

ちなみに『モンゴル秘史』にも『集史』にも、ボルジギン一族以外の多くの氏族の説明があるが、これを紹介するのは一般の読者には煩雑《はんざつ》と感じられると思われるので、ここでは割愛する。

初めてのカン、カブル

ボドンチャルから数えて八代目（『集史』では六代目）にカブル・カンという人物が登場する。カブル・カンはモンゴル族の中で初めて「すべてのモンゴル」の王となった人物とされる。テムジンからみれば曾祖父にあたる。生年没年ともに不詳だが、金の史書などから一一〇〇年代に活躍した人物と思われる。「カン」というのは序章で述べたように、テュルク系・モンゴル系の遊牧民の君主の称号だ。

モンゴル高原に住む遊牧民には珍しいことではないが、モンゴル族にも多くの敵対する部族がいた。その一つがタタル族で、両者が敵同士となったきっかけはカブル・カン時代の出来事だと『集史』にはある。

ある時、カブル・カンの妻の兄弟の病気を治すためにタタル族のシャーマンが呼び寄せられたが、シャーマンの祈りは効かず、兄弟は亡くなった。怒った兄弟の親族がシャーマンを殺したため、これ以降、モンゴルとタタルの間では戦闘や掠奪が慢性的に行われるようになったという。しかしこれは伝説の類だろうと私は思う。そのエピソード自体は実際にあったことかもしれないが、それだけが二つの部族の長年の戦いの理由とは考えにくい。おそらく両者はモンゴル高原で生活圏を懸けて昔から争っていたのであろう。

ここで当時のモンゴル高原の状況を簡単に説明しておく。高原には多くの遊牧民族が居住していて、それらは大別すると言語的にモンゴル系とテュルク系に分かれる。モンゴル系の主な部族はタタル族、ジャライル族など、テュルク系はナイマン族、オングト族などであった。

もっともケレイト族やメルキト族など、どちらの系統かよくわかっていないものもある。実際、彼らは頻繁に交流していたし、明確な区分もなかったのかもしれない。また婚姻による混血もあった。いずれの部族も大方の読者には耳慣れない名前だろうが、これらの部族は後にテムジンの生涯に大きく関わってくる。今は名前だけを脳裡《のうり》の片隅に入れておいてほしい。

彼らは時に争い、時に同盟を結びながら、高原での遊牧生活を続けていた。共通の言語を使っていたわけではないが、お互いに簡単な意思疎通は可能であったと思われる。

遊牧民たちの互いの敵愾心《てきがいしん》を利用していたのは前述した中国の金帝国である。金は満洲にいた狩猟民族の女真族が契丹人の遼から独立して中華の地に建てた国である（その後、遼を滅ぼす）が、西の西夏、南の南宋と軍事的緊張状態にあり（小規模な戦闘は常にあった）、さらに北方に位置するモンゴル高原の遊牧民たちの掠奪行為にも手を焼いていた。

そこで金は遊牧民同士を互いに戦わせて、弱体化させる政策を採った。金を脅かす部族が現れると、それに敵対する部族を支援し、そちらが強くなると、また別の部族を支援するという具合だ。これは歴代の中華帝国が採ってきた伝統的な策でもある。

カブル・カンの伝承で特筆すべき逸話は、金へ侵攻したことだ。

金国についての歴史書『大金国志』によれば、一一四〇年代にモンゴルが金の領土を侵《おか》し、その対応に苦慮した金が和議を結んだと記されている。金はモンゴルに二十七の城を与え、毎年、牛や羊、穀物などを贈ったという。同書にはこの時のモンゴルの王は敖羅孛極烈と書かれているが、これはカブル・カンのことであると考えられている。

もっとも『大金国志』は史料としての信憑性に乏しく、はたして当時のモンゴル族に金を脅かすほどの軍事力があったのかは、はなはだ疑問である。何度か掠奪行為を行なったのは本当だろうし、金がそれに手を焼いたのも事実だろう。だが和議を結んで二十七の城を与えたというのは考えにくい。

とはいえ、カブル・カンの時代にそれまでバラバラだったモンゴル族が一応の統一を見たことはたしかなようだ。ただしそれは国と呼べるほどのものではなく、部族が一つにまとまった程度であったと思われる。当時、モンゴル高原にはモンゴル族以上に力の強い遊牧民集団がいくつもあったし、周辺には彼ら以上に強大な国々があった。約九十年後の未来に、自分たちの末裔が未曾有《みぞう》の大帝国を築くことになるなどとは、カブル・カンはおろか一族の誰一人として夢にも思わなかったに違いない。

アンバガイ・カンの悲劇

モンゴルの初代カンになったカブル・カンには七人の息子がいたが、モンゴルは昔から長子相続の風習はなく、またカンの位も世襲されないものだった。凡庸なリーダーでは部族全体が危うくなる恐れがあるからだ。カブルは後継者として、息子ではなく、又従兄弟《またいとこ》のアンバガイを指名した。アンバガイはカブルが亡くなった後、二代目カンとなり、全モンゴルを統べることになった。

アンバガイ・カンに関してはこれといった華々しい業績の記録はない。ただ、その死については禍々《まがまが》しい話が残されている。

彼はある時、タタル族の男に娘を嫁がせるために、自ら娘を連れていったが、途中、金帝国についていた別のタタル族の「乣《ちゅう》」（金に服従した騎馬遊牧民の集団からなる国境警備隊）に捕らえられた。乣はアンバガイの身柄を金に送った。

金はアンバガイを木馬に釘で打ち付けて処刑した。かつてカブルに領土を荒らされた復讐を為したのかもしれない。
アンバガイは金に連行されていく時、部下に息子への言付けを頼んだ。それは「クトラ（カブル・カンの息子）と共に仇《あだ》をうて」というものだった。『モンゴル秘史』には、彼の言葉がこう記されている。
「五《いつ》つの指の爪はがすまで
十《とお》の指先をすり減らすまで
わが讎《あだ》をば果たしおおせよ」（村上正二訳　平凡社刊）
『集史』「部族篇」にはアンバガイが金の皇帝に向かって言ったとされる言葉が記されている。
「私を捕らえたのは他の者であって汝《なんじ》ではない。不当であり、非難されるべきであろうし、私にこのような忌まわしい態度を取るとは高潔からほど遠い。皆私の一族であるところのモンゴル諸部族が汝に（私の）仇を討とうとするであろう、かくして汝の領土はこのために災厄を被るであろう」（金山あゆみ訳注、赤坂恒明監訳　風間書房刊）
この予言は後に果たされることになるが、そこに至るまではまだ何十年かの時が必要になる。
アンバガイが金によって処刑されると、全モンゴル族はオナン河（現在のオノン河）の河原に集合し、カブル・カンの四男であるクトラを三代目のカンに選んだ。この時の集会が、記録に残されている最初期のクリルタイである。クリルタイとは、モンゴル族の有力者が集まってカンの位や戦争などについて議論して決定する部族の最高意思決定機関のことだ（当時のモン

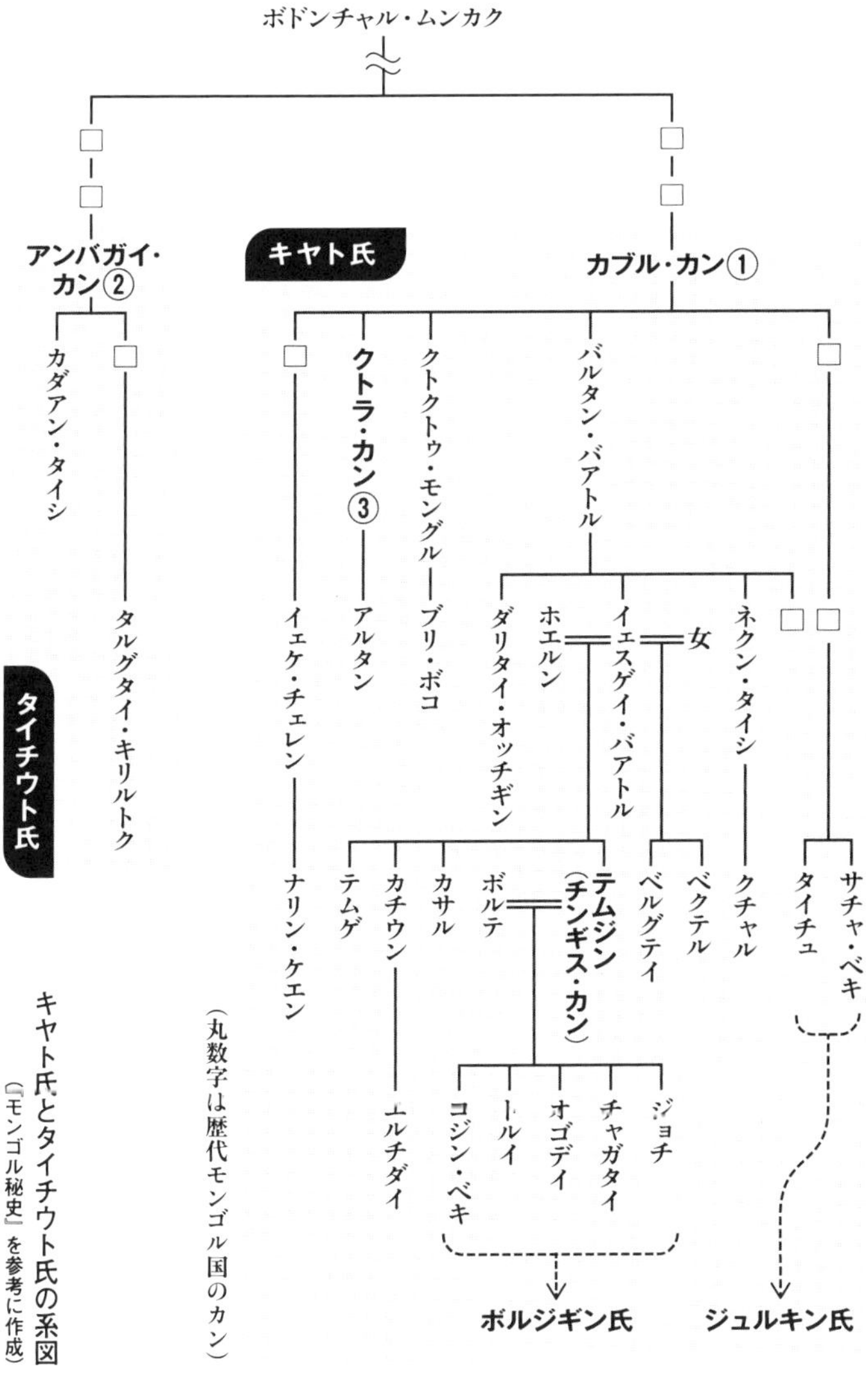

キヤト氏とタイチウト氏の系図
（『モンゴル秘史』を参考に作成）

ゴル語では「クリルタ」)。

クトラはアンバガイの遺言に従って、アンバガイの息子と共にタタル族討伐《とうばつ》に出た。モンゴルとタタルは何度も戦ったが(『モンゴル秘史』には十三度戦ったとある)、決着はつかなかった。おそらく小規模な局地戦を何度も繰り返したのだろう。モンゴルとタタルの遺恨はその後も長く続いた。

クトラはまた甥であるイェスゲイとともに金にも攻め込んだ。イェスゲイはカブルの次男の息子(三男)で、後にテムジンの父親となる男である。

クトラは全モンゴルを率いて中国に侵攻し、敵軍を破って多くの掠奪品を持ち帰ったと『集史』にはある。ただ、当時のモンゴル族の人数は少数で、実際は山賊行為に近いものだったと思われる。

クトラの時代にモンゴル族が大きく勢力を伸ばしたという事実はないようだ。先ほども書いたようにその頃のモンゴル高原には、多くの遊牧民族が居住していた。もっともモンゴル高原は、南北は日本列島が北海道から鹿児島までそっくり入るほどの大きさであり、東西はさらに広い。その広大な地域に多くの民族が点在していたのだ。

モンゴル族はその高原の東部に住む一部族にすぎなかった。もしテムジンが生まれなければ、アンバガイやクトラの物語も歴史の砂塵《さじん》の中に消え去っていたに違いない。

当時のモンゴル族は、ボルジギンの一族である二つの氏族が有力集団であった。一つはカブルの子孫のキヤト氏、もう一つはアンバガイの子孫のタイチウト氏である。

その後、キヤト氏ではカブルの孫であるイェスゲイが率い、タイチウト氏ではアンバガイの孫であるタルグタイ・キリルトクが率いることになるが、イェスゲイの時代に両者は同盟のようなものを結び、イェスゲイが二つの氏族をまとめるリーダーのような存在となったようである（ただしカンにはなっていない）。タイチウト氏族とキヤト氏族が敵対関係になるのは、イェスゲイの死後である。ここでは、テムジンの前半生に非常に大きな影響を与えることになるタイチウト氏族と、その有力者であるタルグタイ・キリルトクの名前を覚えておいてもらいたい。

テムジン誕生

ここまでやや駆け足でテムジン誕生前のモンゴル史を語ってきたが、いよいよテムジン登場の話を語ることにしよう。

テムジンの父イェスゲイは前述したように初代カンであるカブルの孫である。もっともカブルには七人の息子がいて、イェスゲイの父はその次男であり、イェスゲイ自身は四人兄弟の三男であった。

テムジンが生まれる頃、イェスゲイは小さな集団の長であった。集団の人数は不明だが、おそらく五十人未満ではなかったかと思われる。彼はバアトル（勇者）という称号を持ち、仲間からはイェスゲイ・バアトルと呼ばれていた。

イェスゲイの妻、つまりテムジンの母はホエルンという女性だが、イェスゲイとホエルンの出会いは悲劇ともいえるものだった。

若きイェスゲイはある時、オナン河のほとりで鷹狩りをしている最中に、メルキト族の若者がコンギラト氏族の支族であるオルクヌウト氏の娘を娶《めと》って牛車と馬で故郷に戻るところに出くわした。この時、メルキト族の若者が連れていた花嫁がホエルンである。メルキト族はバイカル湖の南あたりを居住区としており、昔からモンゴル族とは何度も争っている部族だった。言語的には、もとはテュルク系だったが後にモンゴル系になったともいわれている。コンギラト氏族はモンゴル族（部族）の一部である。

花嫁の美しさに心を奪われたイェスゲイは家に戻り、兄のネクン・タイシと弟のダリタイ・オッチギンを呼び出し、三人で牛車を襲った。

突然三人の男に襲われたメルキト族の若者は馬に乗って逃走したが、イェスゲイたちは彼を追いかけた。若者は丘をひと回りして再びホエルンのいる牛車に戻ってきたが、ホエルンはイェスゲイたちの狂暴な顔を見て、このままでは夫は殺されると思い、自分を残して彼一人で逃げるように進言した。

この時、ホエルンは夫にこう告げた。

「もしあなたが生きながらえることができれば、新しい妻を得ることができましょう。その女にホエルンと名付けてください」

　そして「私の香りを忘れないように」と肌着を脱いで、夫に渡した。

　洋の東西を問わず、中世では女性が肌に直接まとった衣装を男性に与えるという行為は、深い愛情を示すものとして様々な歌謡や戯曲に歌われている（『モンゴル秘史』村上正二訳注より）。ホエルンが肌着を渡したことから、彼女がいかにその男に愛情を持っていたかがわかる。また彼女は自分が犠牲になることで、夫の命を救おうとしたのだ。

　夫が肌着を手に取った時、イェスゲイたちが追い付いてきた。夫はホエルンに別れを告げて馬を駆って逃げた。

　イェスゲイたちは彼を追ったが、男は七つの丘を越えて逃げていった。

　追跡を諦めたイェスゲイたちが牛車に戻り、牛車を引いて帰途に就《つ》くと、ホエルンは別れた夫を想って、泣き叫んでいた。それはオナン河が波立つほど、林の木立が震えるほどであったという。

　イェスゲイの弟のダリタイ・オッチギンはホエルンに言った。

「お前の想った男は多くの嶺を越えていった。お前が涙を流す男は、多くの川を渡っていった。どれほど叫んでも彼は戻ってこないし、どれほど望んでも彼を見つけることはできない。もう泣くのをやめよ」

　こうしてイェスゲイはホエルンを家に連れて帰って妻にしたのだった。

『モンゴル秘史』にあるこの有名なエピソードは『集史』や『元史』には書かれていない。それをもってこの話は創作だと見る学者も少なくないが、私は真実ではないかと思っている。

というのは、兄弟の力を借りて見知らぬ新婚の妻を強奪するというのは、決してイェスゲイの武勇伝には見えないし、また後にテムジンを生むことになるホエルンが嘆き悲しむシーンは、テムジンを祝福する物語になっているとは思えないからだ。

また『モンゴル秘史』にはホエルンの最初の夫である男の名がイェケ・チレドゥということまで書かれていて、その血縁の者が後に登場する。創作にしては念が入りすぎている。

ところで、読者の皆さんの中には、イェスゲイのホエルン強奪の逸話はボルジギンの祖であるボドンチャルが人妻を奪った話に似ていると思われた人もいるだろう。つまり同じ構造の物語を設定することで、何かしらの意味付けをしているという見方をする人もあるかもしれない。

しかし私はこれは偶然だと思う。というのは、当時のモンゴルでは「他部族の女性を奪う掠奪婚」というのは決して珍しいことではなかったからだ。モンゴルには父系が同じ氏族の女性と婚姻してはならないという掟《おきて》があるだけに、ボドンチャルやイェスゲイの行為は、よくあることとまでは言わなくとも、特別なことではなかったように思う。

ちなみに中央アジアのキルギス共和国では、女性を誘拐したり掠奪したりして結婚する「アラ・カチュー」と呼ばれる風習が一部に残っている。

この逸話は十七世紀にチンギス・カンの子孫の一人サガン・セチェン・ホンタイジが書いたモンゴル年代記『蒙古源流』という本にも載っている。そこでは、イェスゲイが二人の弟（『モンゴル秘史』では兄と弟）を連れて雪の中を白ウサギを追っている途中（『モンゴル秘史』

では鷹狩りの最中）、雪の上に女が小便をした跡を見つけたとある。イェスゲイは「この女から良い子が生まれるのだ」と言って、女の行く先を辿っていく。妙に生々しい記述だが、中華人民共和国の内モンゴル出身のモンゴル人学者の楊海英によれば、モンゴルでは勢いよく小便をする女性は性器が強く、力のある子を産むという信仰があったという。つまりここではイェスゲイはたまたまホエルンを見つけたのではなく、捕まえるために追跡していたということになっている。

さて、イェスゲイのホエルン強奪が実際に起こった出来事として見ると、そこには単なる掠奪というだけではない複雑な状況が窺える。

ホエルンを妻にしていたイェケ・チレドゥはメルキト族の男である。前述したようにメルキトはモンゴルの敵対部族の一つだ。そしてホエルンの出身のオルクヌウト氏はモンゴルが妻を得るための一族の一つだった。つまり本来は自分たちが妻とするはずの氏族の女を敵対するメルキトの男が娶ったということに、イェスゲイが怒りを覚えたという背景があったのかもしれない。

これは後の話になるが、『モンゴル秘史』には、成人したテムジンが新妻をメルキト族に奪われるという厄災に見舞われる話が書かれている。この時、メルキトの男たちは「われらはホエルンの仇の仕返しに、テムジンの妻を奪ったぞ」と叫んでいる。細部は異なるが、メルキト族がテムジンの妻を攫う話は『集史』にも書かれている。これも、イェスゲイがメルキトの男からホエルンを奪い取った話は真実ではないかと私が考えている根拠のひとつである。

イェスゲイの妻となったホエルンはまもなく夫の子を身《み》籠《ごも》った。彼女が臨月を迎えていた頃、イェスゲイはタタル族との戦いで、彼らの一部族の領袖《りょうしゅう》であるテムジン・ウゲという男を捕虜として連れ帰った。中央アジアの探検家としても名高い東洋学者のポール・ペリオは「ウゲ」とは古代アヴァール語における「賢者」の意味だろうと述べており、『モンゴル秘史』の訳者である村上正二もその説を採っている。

ホエルンが男の子を生んだのはその時だった。当時のモンゴルでは、子を生んだ女性が最初に見たものや、遭遇した出来事にちなんで子供の名前を付けるという習慣があった。イェスゲイは、自分がタタルの勇将テムジン・ウゲを捕えて帰った時に妻が子を生んだということで、その子をテムジンと名付けた。なお、テムジンとは中世モンゴル語で「鉄を作る人」「鍛冶屋」などという意味があるといわれる。なお、『モンゴル秘史』にはテムジン・ウゲがどうなったかは書かれていない。当時は、捕虜は家畜などと引き換えに釈放したケースもあったようである。

テムジンが生まれた場所は『モンゴル秘史』によれば、オナン河のデリウン岳《だけ》となっている。デリウンとは脾臓《ひぞう》の意味で、「脾臓の形をした山」というわけだ。現在でいうとモンゴル国の北東部ヘンティ県のダダル郡のオノン河とバルジ河が合流する地とされているが、確証はない。この地を写真で見ると、美しい草原と森林が広がるなだらかな丘である。もっとも草原一帯は海抜九五〇メートルもある高地だ。現在はこの地に一九六二年に建てられたテムジンの記念碑が立っている。

ところで、テムジンの生年は今も定説がない。というのも、『モンゴル秘史』にも何年に生まれたか書かれていないからだ。『集史』では一一五五〜六年生まれとなっているが、『元史』では一一六二年生まれ、『聖武親征録』では一一六七年生まれとなっていて、史料にも一貫性がない。

当時のモンゴル部族は文字を持たず、また年月を記すためのカレンダーのようなものも持たなかった。彼らは春になり草原に草の生えることで新しい年を迎えたことを知る。草が生える季節をいくつ迎えたかが、年の数え方だったたが、そんな記憶はたいてい曖昧になるもので、しかも親は子供の年齢を正確に覚えているわけではない。

二十世紀のアメリカでも、出生証明書がない黒人などは、自分の正確な年齢を把握していないケースは珍しくない。史上最高の投手と呼ばれることもある黒人リーグ（後に大リーグ入り）のサチェル・ペイジや、ボクシングの世界へビー級チャンピオンのソニー・リストンといった超有名アスリートなども正確な出生年がわからず伝記作家を悩ませている。

現代の文明社会においてもそうなのだから、文字も持たず、その他の記録媒体もない草原の民が自分の年齢を正確に認識していないのは何ら珍しいことではない。

テムジン自身、成人した後も自分の正確な年齢を把握していなかったと思われる。また自分の年齢に関してのこだわりもなかったのではないかという気がする。もし何らかのこだわりがあれば、生前に公式上の年齢を定めていたと思われるからだ。そうであれば『モンゴル秘史』にその年齢が書かれていたはずである。

ただ、テムジンが亡くなった年は西暦一二二七年と確定している。そこから逆算すると、『集史』の一一五五～六年説だと七十一、二歳没ということになる。これは当時のモンゴル高原の過酷な環境下での暮らしを考えると、長生きしすぎている気がしないでもない。『聖武親征録』や『元史』の一一六二年説を採ると、六十五歳没となり、これはそれほど不自然ではない。前出のポール・ペリオは一一六七年生まれ説を唱えている。

いずれもそれなりの根拠があり、現代の研究者の間でも定説がないが、様々な事件や出来事などから、私はテムジンが一一六二年くらいの生まれではないかと推測する。したがってこの連載ではテムジンの生年はその年と想定して物語を綴っていきたい。

余談だが、井上靖の『蒼き狼』では、ホエルンが生んだテムジンの父は実はイェスゲイではなくメルキトの男だったのではないかという暗い影がひとつのモティーフとなって物語が展開していく。しかしこれは井上靖の完全な創作である。『モンゴル秘史』はそのようなことはまったく匂わせていない。

テムジンは母の胎内から生まれ出た時、右手に血の塊を握っていたという有名な話が残っている。面白いことに、この話は『モンゴル秘史』『集史』『聖武親征録』『元史』など主要な史書すべてに載っている。

ポール・ペリオによると、紀元一世紀ごろの仏典『アショカ王物語』の中に同様の物語があるという。それは「マハーセーナ王の息子は血の塊を持って生まれ、いずれ世界を支配するが、夥しい死者が出るだろう」という予言の形で書かれている。ペリオは、こうした仏教伝承は高地アジアの遊牧民たちにも民話として伝わっていたのではないかと推察している。

これは私の想像だが、後年、テムジンがあたかもマハーセーナ王の息子のような予言通りの行動を行なった時に、この伝説が作られたのではないかと思う。多くの諸民族・諸部族を征服し、無敵の快進撃を続ける中、いつしかモンゴル部族の間で、「我らがカンは、生まれ落ちた時に、マハーセーナの息子のように、血の塊をその手に握っていた」という話が広まっていったのではないだろうか。

もう一つの可能性は、実際に血の塊を握って生まれたという仮説だが、これは医学的には決して珍しい事例ではないということだ。妊娠中に血の塊がおりものとして出ることはままあり、生まれ出た胎児の手にたまたまそうしたもの、あるいは胎盤の一部が絡まっているということは稀有《けう》ではない。

しかしペリオが考えたように、当時の高地アジアの遊牧民たちの民話にこの伝承が溶け込んでいたとすれば、テムジンの両親がこのことを幼い息子に語って聞かせたことは充分に考えられる。文字もない世界に生きた子供にとって、その話は心に強く残ったのかもしれない。つまりもう一つの可能性として、テムジン自身が成人して以降、周囲の者たちに「自分は血の塊を持って生まれてきた」という話を繰り返し語ったことが考えられる。

いずれにしても、モンゴル族の間で、テムジンの運命的な伝説として語り継がれていったに違いない。そうでなければ、こんな他愛ない話が主たる史書に共通して残っているはずがない。

ホエルンはテムジンを生んだ後、二歳下にカサル、そのまた二歳下にカチウン、そのまた二歳下にテムゲという男児を生む。最後にテムルンという女児を生んだが、テムゲが三歳の時、テムルンはまだ乳母車に入っていたというから、一歳くらいだろうか。

ところで、ホエルンを強引に妻にしたイェスゲイだが、彼には少なくとも妾《めかけ》が一人いた。妾は二人の男子ベクテルとベルグテイを生んでいるが、『モンゴル秘史』を読むと、ベクテルはテムジンよりも年長と思える。このことから、イェスゲイはホエルンを妻にする前に、彼女を妾にしていたと考えるのが自然だが、それではなぜ彼女が妾でホエルンが正妻なのかがよくわからない。

これは史書には書かれていないことで、私の想像に過ぎないが、もしかしたらホエルンが第二夫人あるいは妾だった可能性もあるのではないだろうか。つまりイェスゲイは草原でホエルンを見つけた時、単にその女を花嫁としてではなく獲物の一つとして掠奪したというものだ。そんなホエルンが史書の上で正妻になった理由は、彼女が生んだテムジンがイェスゲイの後継者となってキヤト氏一族を率いたことによるものではないだろうか。

前述のようにイェスゲイにはテムジンよりも年長らしき息子がいた。しかしイェスゲイ没後に部族を率いることになったのは、彼ではなくテムジンだった。実はそこに至る過程にもまた何とも不気味で奇妙な物語があるが、そのことは後に語ることにしよう。

　奇妙なのは、イェスゲイの子を二人も生んだにもかかわらず、その妾の名前が『モンゴル秘史』にも『集史』『聖武親征録』『元史』にも一切記されていないことだ。『モンゴル秘史』や『集史』には取るに足りない人物であっても多くの名前が記されているのに、幾度も登場する彼女の名前が現れないのは不自然である。ちなみに彼女が生んだ二人の男子の名前は書かれていて、そのうちの一人は後のモンゴル帝国の最高幹部の一人となっている。にもかかわらず、それを生んだ母の名前が記されていないのには、編者の意図的なものが感じられる。ただ、前述した通り、当時のモンゴルでは正妻は決められた姻族から選ぶことになっていたので、妾は姻族ではなかったから名前を伏せられているという可能性もある。しかし『モンゴル秘史』には彼女の出身部族さえ書かれていない。まるで彼女の痕跡を消し去ろうとしているかのようにも見える。

イェスゲイの死

『モンゴル秘史』によれば、イェスゲイはテムジンが九歳の時、将来、彼の妻となる娘を見出すために、ホエルンの出身であるオルクヌウト氏族（コンギラト氏族の支族）のところにテムジンを連れて行く。これも前に述べたように、オルクヌウト氏を含むコンギラト氏族は伝統的にモンゴル族と通婚関係にある一族である。

季節はおそらく夏あるいは夏の前後だろう。というのはモンゴル高原の冬は氷点下三〇度前後となり、九歳の子供が何日も旅をできる気温ではないからだ。

イェスゲイは途中の山の間で、コンギラト氏族の支族であるボスクル氏族の族長、デイ・セチェンに出会った。「セチェン」とは中世モンゴル語で「賢い」「賢明な」という意味である。おそらく思慮深い族長だったのであろう。ボスクル氏族もまたモンゴル族と通婚関係のある一族であった。

デイ・セチェンは二人を見て言った。

「イェスゲイよ、どこへ行こうとしているのか」

イェスゲイはテムジンを指して言った。

「この子の妻を貰おうと、母方のオルクヌウトのところに行くのです」

デイ・セチェンはテムジンの顔を見て言った。

「この子は目に火《ガルトゥ》あり、顔《ニウル》に光《ゲレトゥ》あり」

この言葉は幼いテムジンを評価した有名な言葉だが、これを予言的なセリフと大袈裟《おおげさ》に捉えることはない。当時のモンゴル族では、賢そうな顔を評した誉め言葉の常套句であり、頭韻と脚韻を踏んでいる。

デイ・セチェンはさらに言った。

「イェスゲイよ、私は昨夜、夢を見た。白い鷹が太陽と月の二つを摑んで飛んできて、私の手の上にそれを落とした。この夢は、イェスゲイが息子を連れてくることを暗示していた夢だ。何という素晴らしい夢であることか」

その後、『モンゴル秘史』ではデイ・セチェンが美しい詩を詠ずる描写がある。こうした文学的な要素が書かれているのが『モンゴル秘史』の特徴の一つでもある。

詩を朗詠した後、デイ・セチェンは言った。

「イェスゲイよ、私の家に立ち寄ってくれ。私の娘はまだ幼いが、一目見てやってくれまいか」

イェスゲイはテムジンを連れてデイ・セチェンのゲル（モンゴル人の居住するテント様の家）に向かった。

デイ・セチェンの娘は十歳でテムジンより一歳年上だったが、イェスゲイは彼女を見るなり、「顔に光あり、目に火ある」乙女だと思った。娘の名前はボルテといった。

その夜、イェスゲイはデイ・セチェンの家に泊まり、翌朝、ボルテをテムジンの妻に欲しいと請うた。それに対してデイ・セチェンは言った。

「何度も求婚されて嫁にやるなら尊敬もされるが、簡単な求婚で嫁にやると馬鹿にされる。しかし女は生まれた家で老いていくものではない。よろしい、我が娘ボルテをテムジンに差し上げよう」

この時、デイ・セチェンは一つ条件を付けた。それはテムジンを婿として置いていけというものだった。イェスゲイは承諾し、テムジンをデイ・セチェンに預けた。

ただ、これは正式な結婚ではない。おそらく一定期間を経た時に、正式に結婚に至るという婚約の一つの形であった。ともあれ、九歳のテムジンは十歳のボルテの婚約者となった。当時のモンゴルでは年上の妻というのは珍しくない。

ところで、イェスゲイがテムジンを預ける時、デイ・セチェンに不思議なことを言っている。それはテムジンが犬を怖がるから注意してほしいというものだ。

『モンゴル秘史』や『集史』に書かれたテムジンの生涯の中に、特に彼と犬にまつわる話は出てこない。したがって「犬を怖がる」という話は何かの比喩や暗喩と取ることはできない。つまり、幼いテムジンは本当に犬を怖がっていたと思われる。もっとも当時、モンゴル人たちが牧羊犬や家の番犬として飼っていた犬は巨大で狼のように気性が荒く、現代の私たちが考えるペットとしての犬とはかなり違う。

とはいえ、この挿話は英雄の幼い頃の話としては、はなはだ勇敢さに欠ける、どちらかといえば恥ずべき類の伝聞である。しかし私が『モンゴル秘史』の内容を高く評価するのは、こういう記述があるからに他ならない。テムジンについて残された様々なエピソードを取捨選択することなく、あますところなく記そうという誠実さを見るのである。

イェスゲイはテムジンをデイ・セチェンのもとに置いて、帰路に就いた。『モンゴル秘史』

によると、イェスゲイは、その途中、タタル族の者たちが宴を開いているのに出くわした。当時のモンゴルでは、他人が宴を張っているところに旅人が偶然に通りかかると、敬意を払って宴に参加するというしきたりがあった。イェスゲイはそれに従って、馬から降りて彼らに近づいた。

　タタルの者たちは男がイェスゲイと気付き、かつて彼に戦でやられた恨みを晴らそうと、飲み物にこっそりと毒を入れ、イェスゲイに差し出した。

　イェスゲイはタタルの者たちと別れてから、体調がおかしくなった。三日後ようやく故郷に辿り着いたときには、もはやどうにもならない状態になっていた。

「近くに誰かいないか」

　と言うイェスゲイのもとにやってきたのは、コンゴタン氏族のモンリクだった。コンゴタン氏は古くからイェスゲイのキヤト氏族に仕える家臣のような一族である。

　イェスゲイはモンリクに言った。

「テムジンを婿として置いて帰る途中、タタルの民に毒を盛られた。妻や幼い子供たちの面倒を頼む。それから、テムジンを連れ戻してきてくれ。頼んだぞ」

　そしてイェスゲイは息絶えた。

　イェスゲイの死はテムジンに訪れた最初の不幸だが、その死因は実のところ不明と言える。というのは、彼がタタルの宴で毒を盛られて死んだという話は『モンゴル秘史』にしか書かれていない上に、そこでの描写もはなはだ曖昧だからである。

『モンゴル秘史』では、タタルの民がイェスゲイであることに気付いて毒を盛ったと書かれているが、「語り部」には知りようがない第三者の心理が描写されているのは不自然である。また、当時のモンゴル高原に住む遊牧民の間に、宴の場に出くわした旅人は、それに参加するという習わしがあったということは、迎え入れる側にも歓迎する習わしがあったはずである。客人として招いた男を毒殺するというのは、当時の遊牧民らしからぬ卑怯《ひきょう》な行為である。そもそも遅効性の毒物を携帯していたというのも怪しい。それにイェスゲイを毒殺したのが、どのタタルであったのかという記述がないのも妙である。毒殺が事実なら、イェスゲイはタタルの部族名をモンリクに告げていたはずだからである。

というわけで、私はイェスゲイの毒殺は創作ではないかと思う。おそらく幼いテムジンの不幸を際立たせるためと、後に彼が成し遂げるタタルへの復讐の伏線のような意味で書かれたのではないだろうか。

ただ、イェスゲイがテムジンをデイ・セチェンに預けて一族のもとに帰った後に急死したのは事実のようである。年齢的にはおそらく三十代の壮健な男の突然の死に、部族の間で様々な噂が飛び交ったことと思うが、モンゴル高原の過酷な自然の中、当時の栄養状態や衛生環境では、急な病による死はそれほど珍しいことではない。

いずれにせよ、父の死はテムジンの人生を大きく変えることになる。『モンゴル秘史』ではイェスゲイが死んだのはテムジンが九歳の時となっているが、『集史』では十三歳となっている。どちらが正しいかはわからないが、いずれにしてもテムジンの少年期であることは間違いない。

イェスゲイの死に立ち会ったモンリクは彼の遺言に従って、デイ・セチェンのところに赴《おもむ》き、テムジンを連れ帰った。デイ・セチェンはテムジンをモンリクに引き渡し、「早く再び戻ってくるように」と言った。この言葉は彼の娘ボルテとテムジンの婚約が依然として続いていることを意味している。

見捨てられたテムジン一家

翌年の春、アンバガイ・カンの未亡人であるオルベイとソカタイの二人が祖先の霊を祀る祭りを催した。アンバガイはイェスゲイの祖父であるカブル・カン（初代カン）の又従兄弟にあたる。タタルに捕まって金帝国に送られ、木馬に釘で打ち付けられて無惨な死を遂げたことは前述した。

彼の二人の未亡人が催した祭りにイェスゲイの未亡人のホエルンも出向いたが、なぜか祭りの席から外された。

この仕打ちにホエルンは怒って言った。

「イェスゲイが死に、子供がまだ幼いということで、こんな扱いをされるのはおかしい」

しかしアンバガイの二人の未亡人はホエルンの訴えに耳を貸すどころか、ホエルンたちを置き去りにして移営することを決めた。

このあたりのアンバガイ・カンの未亡人たちとホエルンとの間の確執の原因はよくわからない。いずれにしてもホエルンたちは同族の仲間たちから見捨てられることになった。

この時、それまでイェスゲイと共に行動していたと思われるタイチウト氏族のタルグタイ・キリルトクとトドエン・ギルテもホエルンたちを置き去りにしようとした。

タイチウト氏族はテムジンたちキヤト氏族と元は同じボルジギン一族である。タルグタイ・キリルトクはアンバガイの孫で、イェスゲイとは遠縁の関係にあたる。イェスゲイはキヤト氏の領袖の一人で、タルグタイはタイチウト氏の領袖の一人であった。イェスゲイ存命中はイェスゲイがリーダーという形で両氏が手を結んでいたようだが、彼の死後、タルグタイはホエルン一家を切り捨てたばかりか、イェスゲイが率いていた民までも奪い去ろうとした。ちなみにキリルトクという言葉には「ケチな」とか「嫉妬深い」という意味があり、おそらくタルグタイの性格はそうであったのだろう。

『集史』の「チンギス紀」にも、タルグタイ・キリルトクはイェスゲイ・バアトルの時代から、彼がリーダーであることに、心中に妬《ねた》みの気持ちを秘めていたと書かれている。

『モンゴル秘史』によると、タイチウト氏族がホエルンたちを見捨てていこうとした時、古くからキヤト氏族に仕えていた忠実な氏族であるコンゴタン氏のチャラカ老人がそれを押しとどめようとしたが、タイチウトのトドエン・ギルテはこう言い放った。

「深き水は乾きたり
光る石は砕けたり」(村上正二訳)

これは偉大なるイェスゲイの死を表現した言葉である。彼亡き後、もはやキヤト氏族は力を失ったという意味であろう。

ホエルンに従うチャラカはそれでもトドエンたちを阻止しようとしたが、逆に槍で背中を刺された。タイチウトの領袖タルグタイ・キリルトクは多くの民たちを連れ去った。

傷を負ったチャラカからそのことを聞いたテムジンは泣きながら走り去った。

この時、ホエルンは纛《とく》を持ち自ら馬に乗ってイェスゲイの民たちの一部を連れ帰った。纛というのは、軍団の総指揮官が持つ旗のことで、おそらくイェスゲイ家の旗であろう。

しかしせっかく連れ戻した何人かの民も、ホエルンのもとにいても将来性はないと見たのか、日ならずしてタイチウトのもとに逃げていった。

この時のタイチウトの裏切りについての話は、『集史』では若干細部が異なる。同書ではトドエン・ギルテはトデーン・クフルチという名になっている。テムジンは彼のもとへ行き、礼儀正しく「自分たちの元を離れないでほしい」と懇願した。しかしトデーン・クフルチは「他の選択はない」と言って、タイチウトの者たちと行動を共にした。

なお、去って行こうとする仲間を連れ戻すためにホエルンが纛を持って追う話は同じだが、

『集史』ではそこで双方の間で戦闘が行なわれたと書いてある。チャラカはこの時の戦いで矢を首に受けて深い傷を負った。『モンゴル秘史』では背中を槍で突かれたことになっているが、いずれにしてもチャラカが致命傷を負ったことは事実のようだ。

瀕死のチャラカはテムジンに多くの仲間が去った状況を語った。テムジンはチャラカの傷が重いのを見て、前述したように声を上げて泣いた。ちなみに『モンゴル秘史』でも『集史』でも、テムジンが自らの無力に涙を流すシーンは唯一ここだけである。テムジンが家の外に出た時にチャラカは死んだ（『モンゴル秘史』にはチャラカの死は書かれていない）。

テムジンの少年時代

こうしてホエルン一家は多くの仲間たちから見捨てられ、孤独の中に暮らすこととなった。後年、テムジンは敵や部下の裏切り行為を決して許さず、非情なまでの処分を下したが、もしかしたら、この時の体験が心に深く残っていたのかもしれない。

『モンゴル秘史』にはホエルンたちのもとに残った者たちの名前は書かれていない。しかしイエスゲイの死を看取ったコンゴタン氏のモンリクは、後に功臣《こうしん》序列の第一位となっているので、おそらくホエルンたちのもとに留まっていたものと思われる。ちなみにその功臣序列は、テムジンがモンゴル高原を支配した時に、功績のあった者たちを順に讃えたもので、俗に「チンギス・カンの功臣表」として知られる。

ところでテムジンたちが仲間に見捨てられるエピソードで私の印象に強く残るのは、ホエルンの果断な行動力である。

アンバガイの未亡人二人（おそらくはかなり年配の女性と思われる）に対して一歩も退くことなく言うべきことを言い、仲間の民たちが去ろうとすると、纛を持って馬にまたがり、彼らを説得してその一部を連れ帰るなどという真似は、なかなかの女丈夫である。

前にも書いたようにホエルンは望んでキヤト氏族に入った者ではない。それどころか、メルキト族の男の妻であったところをイェスゲイたちに攫われて無理矢理妻にされるという悲しい過去を背負った女性である。

しかしその時、瞬時に自らの運命を悟り、自分が犠牲になるからと、愛する夫に逃げ延びてほしいと告げている。いったん運命を受け入れると、覚悟を決め、躊躇《ちゅうちょ》なく決断する女性だった。

おそらくイェスゲイの妻となった後、これが自分の人生だと割り切り、一家のためにテムジンたちを育てていったのだろう。そしてイェスゲイが亡くなってからは、夫に代わって残された家族や民たちを率いていかねばならないという強い意志を持っていたと思われる。

アンバガイの未亡人二人にホエルンが疎《うと》まれたのは、あるいはそうした激しい気性のせいであったのかもしれない。

後にモンゴルを統一したテムジンや弟たちの決断力に富んだ勇猛果敢な性格は、バアトル（勇者）と呼ばれた父のみならず、母であるホエルンからも受け継いだものだろう。いや、早くに父を失ったために、人間形成に必要な薫陶《くんとう》と教育の大部分はホエルンから受けたことを考えると、偉大なるテムジンを作り上げたのは、むしろホエルンだといえるかもしれない。

彼女は懸命に子供たちを養育した。

『モンゴル秘史』には、ホエルンは男性のようないでたちをして、「オナン河を上り下り走っては、山林檎・杜桜（ベリーの一種と思われる）の実を拾うて、日夜、喉を養った（糊口《ここう》を凌《しの》いだ）」（村上正二訳、括弧内は筆者）とある。

テムジンたちもまた母を楽にしようと、オナン河で魚を釣ったり、網で捕らえたりした。辺りには草原だけでなく森もあった。元来、モンゴル部族は遊牧民でありながら、狩猟民でもある。おそらくテムジンたちは森で多くの獣を弓で射て、食料としてきたのだろう。

『モンゴル秘史』の描写を読めば、一見のどかな暮らしに思われるが、それは大いなる錯覚である。というのは、モンゴル高原の自然は私たち日本人がイメージする野山や川とはまるで違うからだ。まず高原全体が平均標高一六〇〇メートルほどもある高地であり、しかも北部の緯度は北海道から樺太の南くらいの位置にあって、気温がかなり低い。夏は極端に短く、また春と秋も短期間で、一年の大半は冬のような景色に覆われる。

一月二月の寒さは厳寒と呼ぶべきもので、摂氏マイナス三〇度以下になることも珍しくない。

ちなみに現在のモンゴル国の首都ウランバートルはモンゴル高原では最も気候が穏やかな土地だが、一年で一番暖かい七月の平均気温が摂氏一九度、一番寒い一月の平均気温は摂氏マイナス二一度である。

この時テムジンたちが暮らしていた場所はオナン河とケルレン河の上流域で、現在のモンゴル国の東北部にあたる。ウランバートルよりもはるかに厳しい環境にあった。

いったいに『集史』にしても『モンゴル秘史』にしても、自然の環境や気候の描写はほとんどないが、これは伝承文学としては珍しいことではない。異国の見慣れない風土や自然はある種の驚きをもって伝えられても、自分たちが日常接している環境については、それを普通のこととして受け入れているだけに、殊更《ことさら》に記録にとどめようとはしないからである。したがって当時のホエルン一家の置かれた環境が私たちの目には相当厳しいものに見えても、テムジンたちにしてみれば、とくに苛酷な状況に陥っているとは思っていなかったかもしれない。とはいえ、氷点下三〇度を下回る厳寒の冬をやり過ごすのは楽ではなかったはずである。食料はどうしたのか、また家畜をどう扱ったのだろうか。

こうした疑問には、現代のモンゴル国に住む遊牧民（もちろんかつてのモンゴル人の末裔である）の生活が答えてくれる。モンゴル高原は基本的には雪は少なく、降ったとしても何十センチも積もることはあまりない。浅い雪の下には枯れ草があり、馬や羊にとってはかなり栄養価が高いものである。おそらくテムジンたちは雪を払いのけて、家畜に枯れ草を食べさせたのではないだろうか。

しかし時には一面の大地が深い雪に覆われることもある。そんな時、現代のモンゴル国の遊牧民は雪の少ない山の上に移動するという。もしかしたら八五〇年前のテムジンたちも同じ行動を取ったのかもしれない。

私はふと想像する。長く厳しい冬の夜、何もすることもなく、ゲルに籠って寒さに震えながら、兄弟たちと身を寄せ合っていたテムジンは、何を思っていたのだろうかと。言わずもがなのことだが、テレビやラジオもない時代である。またテムジンたちモンゴルの民は文字も持たなかった。そんな世界の中で、父を失い、仲間に見捨てられ、食べるものにもこと欠く中で、少年の心の底にはどんな夢があったのだろうかと。

もっとも、そんなことを考えるのは、私自身が少年時代に何不自由なく暮らし、夢や希望を当たり前のように持っていたからかもしれない。テムジンは現代人が持つ「夢」や「希望」という概念すら持たず、ただ動物のように、生きながらえることのみを考えていたのかもしれない。しかし、後年、チンギス・カンとなった男が、世界征服という壮大な野望をたぎらせるのに、少年時代の暗い情念がまったく影響しなかったといえるだろうか。

仲間たちに見捨てられたホエルンたちだったが、そんな暮らしの中でテムジンにも友と言える者がいた。それはジャダラン氏族のジャムカという少年だった。

ジャダラン氏族は、遠い昔、テムジンたちの祖であるボドンチャルが奪った女が生んだ子の一族であるが、父はボドンチャルではない。その子が「よそ者の子」としてジャジラダイと名付けられたことから、子孫はジャダラン氏族と呼ばれるようになったのは前に書いた通りだ。『モンゴル秘史』には二人がどのようにして出会ったのかは書かれていないが、その邂逅《かいこう》はテムジンが十一歳の冬とある。おそらくジャダラン氏族がホエルン一家の住む近くに移営した時に出会ったのであろう。

テムジンとジャムカは互いに友情を見出し、アンダの契りを結んだ。アンダとはもともとは「誓い」という意味で、アンダになるということは義兄弟になるということだった。アンダになるには、お互いに大切にしていたものを贈り合うという風習があり、テムジンは銅錘《どうおもり》製の髀石《ひいし》（玩具）を与え、ジャムカはノロジカの骨の髀石を与えた。二人はオナン河の氷上で髀石を打ち合って、アンダとなった。

二人は翌年の春にも再会し、弓で射合いをした時に再びアンダの契りを結んだ。この時、ジャムカは牛の角の矢じりに穴をあけた鏑矢《かぶらや》（音の鳴る矢）を与え、テムジンは杜松《ねず》の鏑矢を与えた。仲間に見捨てられたテムジン少年にとって、ジャムカとの友情は忘れられないものとして深く心に残ったと思われる。

『集史』には、ジャムカは目から鼻に抜ける才子肌の男として描かれているが、おそらく少年テムジンもジャムカのそうした才気に惹かれたのであろう。そしてジャムカもまたテムジンの中にただならぬものを見たのかもしれない。

幼馴染の二人は成人して後に再会し友情を復活させるが、やがてモンゴルの覇権を争う宿敵同士となる。その話はいずれ詳しく語ろう。

テムジン、兄を殺す

ところで、『モンゴル秘史』には、読者を震撼させるテムジンの少年時代の話が書かれている。この禍々しい事件がいつ頃に起こったものかは書かれていないが、私はテムジンが十二〜四歳くらいのことではないかと思う。

ある日、テムジン、カサル、ベクテル、ベルグテイの兄弟四人が釣りに行った。ベクテルとベルグテイは妾の産んだ子である。つまりテムジンとカサルにとっては異母兄弟である。

四人はソゴスンという魚を釣り上げた。この魚はどういう魚か不明であるが、後の話から多分相当に大きな魚だったと思われる。もしかしたら、しばしば体長二メートルにもなるといわれるアムールイトウかもしれない。

この時、ベクテルとベルグテイの二人がテムジンとカサルから魚を奪った。『モンゴル秘史』には彼らの年齢が書かれていないが、二人が魚を強引に奪い取ったことから見て、少なくともベクテルの年齢はテムジンよりも上だったと思われる。

テムジンとカサルはホエルンにそのことを訴えた。するとホエルンは、

「兄弟同士で助け合わないといけないのに、そんな風に争うのはやめよ」

と逆に二人を諭《さと》した。

私が前に、ホエルンは実はイェスゲイの正妻ではなかったのではないかと推測した理由の一つがこれである。兄弟で助け合わないといけないというなら、それはベクテルとベルグテイに言うべきセリフではないだろうか。もしホエルンがイェスゲイの正妻なら、第二夫人あるいは妾の子であるベクテルたちを叱責《しっせき》するのが自然である。

しかし現実にはホエルンはテムジンらに「我慢せよ」と言った。もしベクテルとベルグテイの母がイェスゲイの正妻で、ホエルンが第二夫人あるいは妾のような存在なら、それは大いに頷けることではないだろうか。

テムジンらは母の言葉に納得しなかった。

「ベクテルらは前にも俺たちが仕留めたヒバリを奪い取った。あんなやつらとは一緒にやっていけない」

テムジンたちはそう言って母のもとを荒々しく飛び出した。

テムジンとカサルはベクテルを殺そうと決め、小山の上で馬の群れを眺めているベクテルを、前後から弓で狙った。

ベクテルは二人の殺意に気付いて言った。

「タイチウト氏の一族から除け者《のけもの》にされて苦しい生活を余儀なくされ、彼らにその恨みを晴らさないといけないという時に、どうして俺を殺そうとするのか」

しかしテムジンたちは構えた弓を下ろさなかった。

モンゴル人の弓は強い。これは合成弓と呼ばれるもので、数種類の木材と動物の骨や角などを組み合わせて作り、威力は一本の木のみで作られた弓よりもはるかに高い。また幼い頃から生きるために弓で多くの獣を狩ってきたであろうテムジンとカサルの腕前はたしかなものであったに違いない。特にカサルは後に弓の名人として知られる。

テムジンらの覚悟を見て取ったベクテルは、草の上に平然と胡坐《あぐら》をかいて言った。

「俺を殺すなら殺せばいい。しかしたった一人の弟のベルグテイの命は助けてやってくれ」

ベクテルはおそらく十代前半だったろう。その年齢で死を目前にしてこの腹の据わり方は尋常ではない。さすがはバアトル（勇者）と呼ばれたイェスゲイの血を引く少年である。

テムジンとカサルは躊躇することなく、動物を狩るようにベクテルを前後から射殺《いころ》した。


「テムジンの兄殺し」の逸話で私たちを何よりも驚かせるのは、十代前半くらいの年齢にもかかわらず、血を分けた兄弟を迷うことなく殺せるテムジンの胆力である。当時のモンゴル人の常識や社会通念はよくわからないが、子供による殺人は尋常なことではないと思われる。

だとしたら一つ疑問が生まれる。はたして単に魚を取られたくらいのことで、同じ父を持つ兄弟を殺すだろうかということだ。おそらく両者の間には以前から相当深い確執があったと見るのが普通だろう。それはもしかしたらホエルンとベクテルの母との確執であった可能性もある。もっとも『モンゴル秘史』はそうしたことには触れていない。また前にも書いたように、ベクテルとベルグテイの母の名前は『モンゴル秘史』、『集史』、『聖武親征録』、『元史』のいずれにも出てこない。

ベクテルの遺言に従ったのか、テムジンはベルグテイを殺さなかった。後にベルグテイはテムジンを助け、モンゴル帝国の礎《いしずえ》を築く有能な武将になるが、そうした人物なら尚のこと彼の母の名前が史書に現れないというのは不自然である。

私はもしかしたらこの事件をきっかけにしてテムジンがイェスゲイの跡を継ぐ者となり、それによってホエルンが正妻の地位に代わった可能性があるのではないかと見ている。もちろん史書にはそんなことは書かれておらず、あくまで私の想像である。そしてその仮定の上に立つ推論だが、テムジンのベクテル殺しは実は権力闘争の一つではなかったかとも思えるのである。

文学的な見方をすれば、この兄殺しは、一つの象徴的な事件と捉えることが出来る。つまり、自らの進む道に障碍《しょうがい》があれば、迷うことなくそれを排除するというテムジンの気質を表す逸話であるという見方だ。

さて、ベクテルを殺したテムジンとカサルが家に戻ると、ホエルンは二人の顔を見て、すべてを察した。

『モンゴル秘史』には、ホエルンの嘆き悲しむ詩が書かれている。以下、その詩を紹介する（原文は韻文）。

わが女陰《みほと》より
雄叫びて　生まれ出ずるに
手に黒き　血こごり握りて
〔汝《なれ》は〕生まれき

己が胞衣《えな》咬むカサル犬のごと
懸崖《きりぎし》を衝く大山猫のごと
はやる気を　抑えかねたる獅子のごと
生き物を一呑みにする蟒蛇《うわばみ》のごと
己が影衝く隼《はやぶさ》のごと
声も立てずに呑みほす猛魚のごと
子ラクダの踵《かかと》咬む大ラクダのごと
嵐の中を〔人畜襲う〕狼のごと
子を追いかねて　子を食《は》むという野鳥のごと
巣動《ふしど》かさるれば　怒りたける豺狼《さいろう》のごと
〔獲物〕捕えかねては　ためらわぬ大虎のごと
闇くもに衝きてくるバルク犬のごと

殺し果てたるか　汝《なれ》こそは
（村上正二訳）

なんとも凄まじい罵詈雑言である。我が息子を「獰猛《どうもう》な山猫、大蛇、狼、豺《やまいぬ》」などに喩《たと》え、ありったけの言葉で非難しているのである。

しかし後年のテムジンの所業を知っている身からすれば、この時のホエルンの詩は、まさしくテムジンそのものを表している詩にも聞こえる。

ホエルンは最後にこう言った。

「『影よりほかに友はなく、尾よりほかに鞭《むち》もない』という時に、なんということをしてしまったのか」

実は「影よりほかに友はなく、尾よりほかに鞭もない」という言葉は、この「ベクテル殺し」の逸話の中に三度現れる。一度目はテムジンがベクテルに魚を奪われて母に訴えた時の母の返答の中、二度目は死を覚悟したベクテルがテムジンに言った言葉の中、そして三度目がこの、テムジンの殺人を知った時のホエルンの言葉の中である。

おそらく当時のモンゴル人たちの慣用句の一つであったと思われるが、モンゴル語学者の小澤重男が訳した『元朝秘史』（『モンゴル秘史』と同じ）では、この言葉は

「影より他の伴友なく
尾より他の脂なきなり」

となっている。村上正二が「脂《あぶら》」を「鞭」と訳したのは、原典の「チチュア」の傍訳に「鞭」という漢字が当てられていたからだが、小澤によると「チチュア」は中世モンゴル語で「羊の尾の脂」を意味する言葉だという。

つまり「影より他の伴友なく　尾より他の脂なきなり」という言葉は、「仲間もなく、食べるものもほとんどない」状態を表す言葉だったのかもしれない。

ところで、この事件が起きた背景には、ホエルンの存在があったのではないかという学者もいる。当時のモンゴル部族では、夫を亡くした女を夫の兄弟が娶るレビラト婚は珍しくなかった。しかし『モンゴル秘史』にはホエルンをイェスゲイの兄弟が娶ったという記述はない。そこで浮上するのは、「夫を亡くした母を、血の繋がっていない息子が妻とする」というレビラト婚の派生型で、ベクテルがホエルンを娶った可能性が考えられる。これも当時の遊牧民では珍しいことではない。中国四大美女の一人として名高い漢の王昭君《おうしょうくん》は政略結婚で匈奴の呼韓邪《こかんや》単于《ぜんう》に嫁ぐが、夫が死んだ後、匈奴の習慣により義理の息子の妻となっている。

現代人にとっては異様な婚姻形態に見えるが、モンゴルに限らず古代社会では少なくない。我が国でも用明《ようめい》天皇の后《きさき》で聖徳太子の母として知られる穴穂部間人皇女《あなほべのはしひとのひめみこ》が、用明天皇崩御《ほうぎょ》後、用明天皇の第一皇子である田目皇子《ためのみこ》の妻となった例がある。

つまり私が言いたいのは、ホエルンはベクテルの妻となっていたのかもしれないということだ。それなら、テムジンとカサルにとってベクテルは母を奪った異母兄であり、憎悪の対象となっていても不思議はない。

ホエルンの新しい夫がベクテルだと仮定すると、彼を殺したテムジンに対して、ホエルンがあれほどまでに凄まじい怒りの言葉をぶつけたのも頷ける。

この「兄殺し」の有名なエピソードは、不思議なことに『集史』や他の史書には書かれていない。それをもって、ベクテルは架空の人物であり、この話そのものが創作と考える学者もいるが、私は事実ではないかと考えている。

その根拠の一つが、トルコのイスタンブールのトプカプサライ博物館に残された『五族譜《ごぞくふ》』である。『五族譜』とはモンゴル帝国時代に作られた世界各地の統治者の系譜で、ここにはテムジンの兄弟たちの名前が書かれた系譜があるのだが、その中に一人だけ名前のない男がいるのだ。この史料を発見したのはロシアのバシコルトスタン出身（後にトルコに亡命）の大学者ゼキ・ヴェリディ・トガンである。偉大なるテムジンの高貴な兄弟たちの中で一人だけ名前が消されているというのは、何か意図的なものを感じる。おそらく名前不詳の人物はベクテルであろう。『集史』などにベクテル殺害のエピソードがないのは、血を分けた兄弟を殺す行為というのが、テムジンの名誉にならない事件と考えられたせいかもしれない。

テムジン、囚われの身となる

『モンゴル秘史』には、テムジンがベクテルを殺した後、タイチウト氏族のタルグタイ・キリルトクがテムジン一家を襲撃する事件が書かれている。

タルグタイ・キリルトクはかつてイェスゲイと行動を共にし同じ集団として暮らしていたにもかかわらず、イェスゲイの死をきっかけにイェスゲイが率いていた民たちを引き連れて去っていった男である。

タルグタイの一団の目的はテムジンの捕縛《ほばく》であった。彼は言った。

「猛禽《もうきん》の雛《ひな》たちが幼羽を脱ぎ落としたぞ。涎《よだれ》をたらしていた子羊たちが大人になったぞ」

つまりテムジンが成長したのを恐れ、今のうちに亡きものにしようとしたのだった。

彼が成人すれば、民を奪って一家を置き去りにした恨みを晴らされるかもしれないと考えたのだろう。もしかしたらテムジンの兄殺しの噂を聞きつけて、余計に恐怖に感じたのかもしれない。

タイチウト氏族の襲撃に遭ったテムジンたちは森の中に逃れ、ベルグテイは木を切って柵を作り、カサルは弓で応戦した。カチウン、テムゲ、テムルンの幼い三人は崖の割れ目の中に隠れた。

タイチウト氏族の者たちは、

「我らの目的はテムジンただ一人、他の者には手を出さない」

と言った。

それを聞いたベルグテイやカサルたちはテムジンを馬に乗せて逃がした。

テムジンが林の中を走っていくのを見つけたタイチウトの者たちは後を追いかけたが、テムジンは密林の中に逃げ込んだ。追っ手はテムジンを恐れて密林の中に入ろうとはせずに、密林を取り囲んだ。

テムジンは密林の中で食料のないまま十八日間耐え抜いたが、このままではいずれ野たれ死ぬことになると悟り、覚悟を決めて密林を出たところを、待ち構えていたタイチウトの者たちに捕まった。

タルグタイ・キリルトクはテムジンを連れ帰り、毎夜、ゲル（モンゴル人が居住するテント）ごとに一夜ずつ泊まらせた。これは江戸時代において、罪人を市中引きまわしの上処刑するようなものであろうか。テムジンは逃げられないように手枷《てかせ》を嵌《は》められていた。手枷とは、板に二つの穴をあけそこに両方の手首を通して固定したもので、行動の自由がままならない。

季節は夏だった。ちょうど月十六日目の満月、タイチウトの人々はオナン河のほとりで宴を催し、陽が落ちて解散となった。この時、テムジンを見張っていたのは、一人の少年だった。

『モンゴル秘史』には気弱な少年という記述がある。

テムジンは周囲に人がいなくなった頃を見計らって、手枷を少年の首にぶつけて気絶させると、林の中に隠れた。しかしそれではすぐに見つかってしまうと考え、今度は水の中に体を沈め、顔だけ出してじっとしていた。

まもなくさきほどの少年が「テムジンが逃げた」と叫び、大勢の男たちが集まってきた。昼のような月あかりの中、男たちは林の中を捜索した。

この時、スルドス氏族のソルカン・シラという男が水の中に隠れているテムジンを見つけた。彼はテムジンに言った。

「お前は『目に火あり、顔に光ある』男で、なまじ才があるだけに、タイチウトの者たちに妬まれている。そこに伏せていろ。お前がいることは誰にも言わぬ」

そしてそこから去っていった。

この時、なぜソルカン・シラがテムジンを見逃したのかは謎である。スルドス氏族はモンゴルの中では弱小一族で、長年タイチウト氏族に隷属《れいぞく》させられていた。もしかしたらタルグタイ・キリルトクに対して恨みのような感情を抱いていたのかもしれない。あるいはテムジンの身の上に同情する気持ちがあったのかもしれない。

タイチウトの男たちが「戻ってもう一度捜してみよう」と言うのに対し、ソルカン・シラは「今来た道でよく見ていなかったところを戻りながら捜してみよう」と言った。

そして彼は通りすがりに、テムジンだけに聞こえるようにこっそりと忠告した。

「タイチウトの者たちは牙を磨いている。しばらく水に浸かって隠れていろ」

タイチウトの男たちはテムジンが見つからないので、「もう一度、水辺周辺を捜してみよう」と言い出した。

ソルカン・シラは言った。

「こんな暗闇でどうして見つけられるものか。手枷をしているテムジンは遠くまでは逃げられない。明日、明るくなってから、もう一度皆で集まって捜そうではないか」

男たちもそれがいいと納得した。

彼らが散ってから、ソルカン・シラはテムジンに言った。

「お前はすぐにでもここから逃げろ。しかし、もし誰かに見つかっても、わしがお前を見逃したということは絶対に言うな」

そしてソルカン・シラは立ち去った。

テムジンは、部落《アイル》を連れまわされて家々に泊まらされていた時、ソルカン・シラの家族だけが優しかったことを思い出した。

「二人の子供は俺の手枷を緩めてくれたりもした。そして今、ソルカン・シラは俺を見逃してくれた。きっと彼らは俺を助けてくれるに違いない」

テムジンはそう考えると、オナン河を下って、ソルカン・シラの家を目指した。

これは凄い決断である。テムジンは逃げることより、敢《あ》えてソルカン・シラの家に飛び込むことを選択したのだ。もしソルカン・シラがテムジンの予想に反して仲間を呼べば、それで一巻の終わりである。もしそうなったら、世界史は大きく変わっていた。

テムジンはソルカン・シラのゲルに辿り着くと、家の中に入った。

ソルカン・シラはテムジンの姿を見て驚いた。

「逃げろと言ったのに、なぜこんなところにやってきたのか」

テムジンを追い払おうとするソルカン・シラに向かって、彼の二人の息子であるチンバイとチラウンが言った。

「雀《すずめ》が鷹に追われて草むらの中に逃げ込んだら、草むらは雀を助ける。今こうして我が家に逃げてきた者にどうしてそんなことを言うのか」

驚くべきことに、ソルカン・シラは息子たちの言葉に従った。

チンバイとチラウンは、テムジンの手枷を外して燃やした。そしてカダアンという妹に彼の世話をさせた。

このエピソードから、テムジンが前にソルカン・シラの家に泊まらされた時、彼の息子たちとの間に心の交流があったらしいことが想像できる。ソルカン・シラが水の中に隠れたテムジンを見逃したのも、子供たちが慕《した》う少年を殺したくなかったからかもしれない。テムジンはそこに自らの運命を賭けたのだろう。そしてその賭けは吉と出た。

テムジンがソルカン・シラの家に匿《かくま》われて三日目、タイチウトの者たちは、誰か部落の者がテムジンを匿っているのではないかと考え、互いのゲルを皆で捜し合おうということになった。

そしてとうとうソルカン・シラの家に捜索隊がやってきた。彼らはゲルの中をくまなく捜したがテムジンは見つからなかった。最後に、羊毛が積んである荷馬車の中を捜そうと、男たちが車の上に乗って羊毛を引き出し始めた。

ソルカン・シラが「こんな暑さで、羊毛の中になどいられるものか」と言うと、男たちも「それはそうだ」と車から降りて立ち去った。

羊毛の中からテムジンが出てくると、ソルカン・シラは言った。

「わしも危なかった。お前はもうここから逃げるしかない」

彼はテムジンに一頭の牝馬《ひんば》と食料を与えた。そして道中、敵に出会った時の武器として、弓と二本の矢を与えた。しかし燧石《ひうちいし》と馬の鞍《くら》は与えなかった。

このことについて、『集史』を編んだラシード・アッディーンは、これをソルカン・シラの瑕疵《かし》と見做しているが、『モンゴル秘史』の訳者であるモンゴル史学者の村上正二は別の解釈をしている。つまり燧石を与えなかったのは、途中、休憩して火を熾《おこ》したりすることなく、夜を徹して逃げろということで、鞍を与えなかったのは、もしテムジンがタイチウトの者に捕まった場合、ソルカン・シラが匿ったことが鞍から露見するのを恐れたのではないかと推察しているのだ。

ところでこのエピソードで私が感心するのは、当時のモンゴル人の少年は鞍も鐙もなしに馬を乗りこなせる技術を持っていたということだ。現代人は相当に乗馬が得意な人でも裸馬にはど乗れるものではない。ましてそれで何日もかかる長距離移動など不可能である。しかし当時のモンゴルの子供は四歳くらいから馬に乗り、十歳を超える頃には自在に乗りこなせたという。

いずれにせよ、テムジンは九死に一生を得た。テムジンは生涯に何度も危難に遭うが、この時が最大の危機だったかもしれない。

以上が、少年時代のテムジンの有名な逃走劇の顚末《てんまつ》だが、まるで映画『ゴッドファーザーPARTⅡ』で描かれるビト・コルレオーネの幼年時代のエピソードさながらである。ビトの父と兄を殺したシチリアのマフィアのボスは、子供のビトもいずれ長ずれば禍《わざわい》になりかねないと、彼を殺してしまおうとする。しかし親戚の一人が荷馬車の中に匿って町の外に逃がし、彼をアメリカに送るのである。そこで成人したビトは後にニューヨークで巨大マフィアを作り上げ、シチリアに戻って父の仇を討つ。『ゴッドファーザー』の原作者マリオ・プーゾは、テムジンの話を知っていたのだろうか。

ビト・コルレオーネが恩義に厚い男であったように、テムジンもまた受けた恩は決して忘れない男だった。ソルカン・シラは後にテムジンによって「ダルカン」という貴族の特権を与えられ、千戸長（千人の兵を従える隊長）に任ぜられた。また彼の子チラウンは「四駿《ししゅん》」の一人として勇名を轟《とどろ》かすことになる。

「四駿」とは四頭の優秀な馬という意味で、テムジンに仕えた四人の将軍を指す。四頭の獰猛な犬を意味する「四狗《しく》」と呼ばれる四人の将軍と合わせて、この八人はテムジンが最も信頼を置いた男たちで、彼らがいなければモンゴル帝国は生まれなかったと思えるほどの勇将たちである。

　チラウンの兄のチンバイもまた後のメルキト族との戦いで大いに名を上げる。チラウンたちがテムジンに仕えるようになったいきさつはいずれ語ることにしよう。テムジンの世話をした妹のカダアンも、後にテムジンと不思議な巡りあわせで再会することになる。


　ところで、『モンゴル秘史』に書かれているこの話は、史実と時系列が違うのではないかという説がある。

　というのは、ほとんど同じ話が『集史』にあり、そこではテムジンが既に成人した後の出来事として書かれているのだ。ちなみにその話は『集史』「モンゴル史」の「部族篇」では「スルドゥス部族」という章に書かれている。スルドス氏族は前述したようにソルカン・シラが属する氏族である。

　それによると、ある日、テムジンは何らかの用事で馬に乗ってどこかに向かった時、タイチウト氏族のタルグタイ・キリルトクに捕まったとある。彼はテムジンに首枷《くびかせ》を嵌め（『モンゴル秘史』では手枷となっている）、宿営に留めた。テムジンはある日、好機を見つけて、首枷を嵌められた状態で逃げ出し、湖の中に体を沈めて、鼻だけを水面に突き出して隠れる。

　タイチウトの男たちはテムジンの捜索を開始するが、ソルカン・シラに見つけられて見逃してもらえるところは、『集史』ではより簡潔に書かれているものの、『モンゴル秘史』と同じである。ただ、ソルカン・シラが自らテムジンを水から引き上げて首枷を外し、家に連れ帰っているところが違う。あとはテムジンを荷馬車に積んだ羊毛の中に隠すのも同じだし、タイチウトの男たちがソルカン・シラのゲルを捜索するのも同じである。ソルカン・シラがテムジンに牝馬を与えたことも書かれているし、燧石を与えなかったことも記されている。

しかし『集史』が『モンゴル秘史』と決定的に違うのは、この時、テムジンには妻がいて、四人の息子もいるということになっていることだ。そして四男である幼児のトルイが「父の帰還」を予言するというエピソードが存在する。

テムジンの母や妻、それに部族全体が彼の無事を諦めている時に、トルイだけが「お父さんが牝馬に乗って家に向かっている」と何度も言った。トルイの母（テムジンの妻）は「自分たちがもう忘れようとしているのに、思い出させて苦しい思いをさせるようなことを言うな」と、彼の耳を叩いたが、トルイはテムジンが戻ってくる日まで、「父が牝馬に乗って戻ってくる」と言い続けたとある。

研究者の中には、『集史』に書かれた方が真実ではないかという説を述べる人も少なくない。実際、『モンゴル秘史』はいくつも残っているテムジンのエピソードの数々を編年体的に再構成したもので、その際、編者が時系列を無視したものも多い。しかし、私はこのエピソードはテムジンの少年時代のものだと考えている。

というのは、『集史』にはテムジンがなぜ単身で出かけたのか、どこへ行こうとしていたのかが書かれていないからだ。事件の発端となった重要な要素であるだけに、そこがあやふやな描写に不自然さを感じる。

それに、テムジンがソルカン・シラの家に匿われた時にチンバイとチラウンの二人がまったく登場しないのもおかしい。後に「四駿」と呼ばれるほどの股肱《ここう》の臣となるチラウンとテムジンとの出会いが書かれていないのは腑に落ちない。『モンゴル秘史』にはハーン（大カン）となったテムジンは終生チラウンの恩義を忘れなかったとある。

以上のことから、私は、テムジンがタイチウトに捕縛されて、間一髪その危機を逃れたのは少年時代であったという『モンゴル秘史』の方を信頼する。

ただ、『集史』には、テムジンが囚われの身となっていた時、タイチュ・エゲチという老婆がテムジンに同情し、首枷によって血が流れていたところにフェルトの布をあててやったという話が書かれている。もしかしたらこれは『モンゴル秘史』の編者が書き落としたエピソードかもしれない。

ボオルチュとの出会い

テムジンはソルカン・シラから貰った馬に乗って、母や弟たちが住んでいた土地に戻ったが、家族は既にそこを立ち去っていた。

しかし彼は慌てなかった。地面についた馬や羊の足跡を見つけると、それを辿って、オナンン河を下った。途中で足跡はキムルカ小河に沿うものになっていたので、テムジンもまたその道を追って、ようやく母たちが逃れていた場所に行き着き、家族と再会を果たした。

こうして再び母や弟たちと共に暮らすことになったテムジンだが、一家はブルカン岳の南の山中のセングルという小さな川の近くにあるカラ・ジルゲン山の青湖のほとりに宿営した。おそらくタイチウトの一族から身を隠す意味もあったのだろう。

家畜も少なく、その暮らしは苦しかった。タルバガン（地中に穴を掘って生きるモルモットの一種）や野ネズミが主要な食料源だった。

ある日、テムジン一家の馬が八頭盗まれた。見張りの者はいたが、馬泥棒を捕まえることが出来ずに逃げられてしまった。当時テムジンたちは九頭の馬しか持っていなかった。そのうちの八頭を盗まれたのであるから、ほぼ全財産を奪われたも同然だった。

モンゴル高原に住む遊牧民にとって馬は何よりも大切なものである。ちなみに後にモンゴル帝国になって国の法律が定められると、馬泥棒は重罪で死刑相当とされた。ただし馬の価格の九倍の代価を支払えば釈放された。これは元朝を訪れたマルコ・ポーロが『東方見聞録』の中で書いている。馬の窃盗に対してここまで厳しい法律が作られたのは、遊牧民たちにとって、馬こそ彼らの生き死にが懸かった重要なものだからである。

余談だが、『モンゴル秘史』は登場するどの馬についても毛の色を非常に詳しく描写している。それらの表現は実にバリエーションに富んでいて、遊牧民ならではの文化を感じる。おそらく彼らはその表現だけで、馬を特定することや見分けることができたのだろう。しかしここでそれに倣って毛色を細かく記述するのは読者にとっては煩雑なので、その描写は割愛する。

話を戻そう。テムジンの異母弟ベルグテイ（テムジンが殺したベクテルの同腹の弟）がタルバガン狩りから戻って、馬が盗まれたことを知ると、「俺が追いかけて馬泥棒を捕まえる」と言った。

するとカサル（テムジンのすぐ下の弟）が「お前ではだめだ。俺が追いかける」と言った。それを聞いたテムジンは「お前たちではだめだ。俺が捕まえる」と言って、一人で馬に乗ると、馬泥棒を追った。

後年、ベルグテイとカサルは非常に勇猛で力が強い男として記されているが、この時は二人ともまだ少年であり、テムジンは弟たちの身を案じたものと思われる。同時に自分一人でも馬泥棒と戦えるという自信があったのだろう。『モンゴル秘史』にはこの時のテムジンの年齢は書かれていないが、彼もまた十代半ばか後半だったと思われる。

テムジンは八頭の馬の蹄《ひづめ》の跡を辿った。しかし広大な草原での追跡行は簡単ではない。途中、彼は三度野宿をしながら執念深く追い続けた。当時の馬による長距離移動は、一日九〇キロくらいと考えられている。もっともこの時のテムジンの場合は足跡を辿っての追跡であるから、それよりはペースが落ちたと思われる。しかし半分としても三日だと一五〇キロ前後は追いかけていたことになる。

四日目の朝、ある宿営のはずれで、牝馬の乳を搾《しぼ》っている少年を見つけた。初めて見る少年だった。

テムジンはその少年に馬を盗まれたことを告げ、自分はそれを追跡中であると言った。そして、八頭の馬の特徴を伝えて、それらを見なかったかと訊《たず》ねた。

すると少年は、

「その八頭の馬なら、夜明け前に、ここを走っていった」

と教えてくれた。

少年はテムジンに向かって、「その方向に案内してやる」と言い、乳搾りの桶《おけ》に蓋をすると、自分の馬に飛び乗った。それからテムジンの様子を見て言った。

「君は随分苦労してここまでやってきたようだ。ぼくは君の友になろう。ぼくの名前はボオルチュ」

これが有名なテムジンとボオルチュの出会いである。そしてボオルチュは家族が住む宿営にも戻らずに、そのままテムジンと共に馬泥棒を追う旅に出た。


二人はそれから三日も野宿して追跡を続けた。その時点でテムジンの追跡行は三〇〇キロ前後になっていただろう。

四日目の夕暮れ近く、テムジンとボオルチュはある部族のクリエン（遊牧民の円形の陣営）を見つけた。クリエンのかたわらではテムジンの馬が草を食《は》んでいるのが見えた。モンゴル人は馬を一目見ただけで自分の馬かどうかを見分けることができる。

テムジンはボオルチュに言った。

「友よ、俺が馬を取り返してくるから、君はここにいてくれ」

テムジンはボオルチュを危険に晒《さら》したくなかったのだろう。

しかしボオルチュは言った。

「君の友になろうと、ここまで共にやってきたのに、ここでじっとしていることなんかできない」

テムジンとボオルチュは馬のもとに駆け寄って、馬を取り返した。するとタリエンの男たちが気付いて、二人を追いかけてきた。

白い馬に乗った男が馬取り竿《ざお》（馬を捕獲するための棒で先に輪がついている）を握って二人に迫ってきた。

ボオルチュは言った。

「友よ、君の弓矢を寄越せ。あいつと戦う」

テムジンは、

「俺のために君がやられるわけにはいかない。俺があいつを射る」

と言って、白い馬に乗った男に矢を放った。

矢は当たらなかったが、男は恐れて立ち止まった。そして後方の男たちにテムジンの居場所を知らせる合図をした。

すぐに男たちが馬に乗って追いかけてきた。テムジンとボオルチュは取り返した馬を連れて懸命に逃げた。やがて、日が落ちて夕闇となった。暗い平原の中で男たちはテムジンとボオルチュを見失った。

その夜、二人は八頭の馬と共に夜を徹して逃げた。

三日後にようやくボオルチュの家族が住む宿営に辿り着いた。

テムジンはボオルチュに言った。

「友よ、君がいなければ馬を取り戻すことはできなかった。礼をしたい。馬を差し上げるから欲しいだけ言ってほしい」

ボオルチュは答えた。

「ぼくは友である君が苦労してやってきたというので、助けになりたいと思ってここまで一緒にやってきたのだ。取り分など貰えば、助けたことにならない」

そして、自分の父は多くの財産を持っていると言い、自分は一人息子だから、父の財産は全部自分のものなのだと言った。

父の話は事実かもしれないが、ボオルチュが敢えてそう言ったのは、礼をしたいと言うテムジンの気持ちを慮《おもんぱか》ってのことだろう。なお、後年の出来事にボオルチュの「弟」が登場するが、この時の話からそれは従兄弟のことだと考えられる（『モンゴル秘史』や『集史』では従兄弟の場合も「弟」と書くことがある）。

『モンゴル秘史』には、ボオルチュの言葉に対してテムジンが何と言ったかは書かれていないが、少年の無私の義俠心《ぎきょうしん》に打たれたに違いない。もちろんそれまで自分のために何日も共に旅をして、命懸けの冒険をしてくれたことも、テムジンを大いに感動させていたことだろう。

二人はボオルチュの父ナク・バヤンのゲルに行った。

ナク・バヤンはボオルチュが忽然《こつぜん》といなくなったことで、もはや彼は死んだものと思って嘆き悲しんでいた。そこに突然、我が子が戻ってきたものだから、当惑しながらも嬉し涙を流した。そして彼を叱った。

ボオルチュは父に言った。

「よき友が苦労してやってきたので、友として共に行き、今戻ってきました」

なんとも無邪気な少年の言葉である。馬の乳搾りの仕事を放り出したまま何日も戻らなければ、家族は心配するのが普通である。しかしボオルチュという豪胆な少年はそんなことを気にも留めなかったのであろう。

ボオルチュは家族のもとへ戻るテムジンのために、子羊を殺してその肉を旅の糧食《りょうしょく》として与え、さらに馬乳酒《ばにゅうしゅ》をたっぷりと持たせた。馬乳酒とは馬乳を発酵させて作った酒だが、アルコール度数は低く、ヨーグルトのような乳酸飲料である。

ナク・バヤンはテムジンと息子ボオルチュの厚い友情を見て取ったのだろう。二人に向かってこう言った。

「お前たちは将来ある少年だ。お互いに面倒を見合っていけ。これからも決して互いに見捨てるな」

二人は彼の言葉を忠実に守った。テムジンとボオルチュは生涯固い絆《きずな》で結ばれることとなる。

ボオルチュも後に「四駿」の一人となり、数々の戦いで華々しい勝利をおさめるが、彼の場合は、単なる一将軍にはとどまらない存在であった。すなわち、チンギス・カンとなってモンゴル帝国のトップに立ったテムジンに対しても、堂々と意見を言い、時には諫《いさ》めることもできた。テムジンもまたボオルチュの諫言《かんげん》のお陰で成功したと後に語っている。テムジンにとってボオルチュは部下というよりはノコルであった。ノコルは「僚友」とも訳されるが、その訳語通り「共にいる友人」と呼ぶべきもので、主従関係ではない存在だった。現代のモンゴル語では「夫」の意味でもっぱら使われている。

ちなみにボオルチュは、前出の「チンギス・カンの功臣表」では序列の第二位にランクされている。

テムジンはボオルチュに別れを告げると、盗まれた馬を連れて家族のもとに戻った。テムジンの家族もまた彼の帰還を心より喜んだ。

テムジン、ボルテを娶る

さて、ここまではテムジンの少年時代の物語であるが、『モンゴル秘史』では、ここから一気にテムジンの結婚についての話となる。ただ、時系列的にはボオルチュとの出会いからそれほど時を経ていないと思われる。

残念なことにテムジンが結婚した時の年齢は書かれていないので、推測するしかない。当時のモンゴル部族の男性は二十代前半までに結婚することが多かったようで、『集史』の編者ラシード・アッディーンは、この時、テムジンは十八歳くらいとしている。またロシア帝国出身の歴史学者で『モンゴルとルーシ』という著作のあるジョージ・ベルナツキーも、それくらいではないかと推定している。

テムジンが九歳の時に、父イェスゲイに連れられて将来の妻を求めて行き、コンギラト氏族の支族であるボスクル氏族の族長デイ・セチェンのもとで一つ年上のボルテという少女と婚約した話は前に書いた。父はテムジンをデイ・セチェンに預けた帰路、タタルの男たちに毒殺され（ただしこれは疑問）、そこからテムジンの一家の苦難が始まるのだが、テムジンはボルテのことを忘れてはいなかった。

彼は異母弟のベルグテイを連れて、ケルレン河を下り、デイ・セチェンを訪ねた。コンギラト氏族はチェクチェル山とチクルグゥ山の間に住んでいたと『モンゴル秘史』にある。この二つの山は度々登場するが、現在でいうどの山を指すのかは諸説あって、今も定説がない。

ただ、テムジンが住んでいた場所から数百キロは離れていたのではないかと思われる。関東と関西くらいの距離だが、モンゴル人にとってはこの程度の旅はたいしたことではなかったようだ。

デイ・セチェンは立派に成長したテムジンの姿を見て大いに喜んだ。

「タイチウトの氏人たちがお前を妬んでいると聞いて、大変心配し、同時に諦めかけていたが、こうして再会できた」

デイ・セチェンはそう言って、娘のボルテとテムジンの結婚式を挙げた。

式が終わると、テムジンはボルテを連れて家族が住む家に戻った。デイ・セチェンは途中まで二人を見送ってくれたが、彼の妻でボルテの母はテムジンの家まで娘を送った。

ボルテの母が帰った後、テムジンはベルグテイをボオルチュのところまで使いにやった。それは「ノコルになろうではないか」というものだった。

ボオルチュはベルグテイの伝言を聞くと、またもや父にも告げずに、すぐさま馬に乗ってベルグテイと共にテムジンのもとを訪れた。そして二人はノコルとなった。

ラシード・アッディーンは、この時ボオルチュは十三歳だったとしているが、後先を考えない無鉄砲な行動はたしかに十三歳の少年らしいといえる。そしてこの向こう見ずな少年はそのままテムジンと行動を共にしたようである。


ボルテという伴侶《はんりょ》を得たテムジンは、それまで住んでいたセングル小河からケルレン河上流のブルギ河の岸に生活の場を移した。この移動にどんな意味があるのかはよくわからないが、おそらく遊牧や一族の防衛のためによりよい場所を見つけたということなのだろう。

テムジンはボルテの母から婚礼の引き出物として黒貂《くろてん》の毛皮を贈られていた。当時、モンゴル人の間では黒貂の毛皮は大変貴重なものとされていたが、テムジンはそれを持って、弟のカサルとベルグテイを連れて、ケレイト族を率いるトオリルという男のもとへ行った。

トオリルは『モンゴル秘史』では「オン・カン」と書かれているが、これは一種の称号であり、しかも彼がそう呼ばれるようになるのはもう少し後の話になるので、ここではトオリルと書くことにする。

トオリルはかつてテムジンの父のイェスゲイと義兄弟の関係だった。モンゴル高原に住む遊牧民たちの間では古くから、異なる父系血縁の集団の領袖同士が義兄弟の契りを結ぶというのはよくあった。テムジンとジャムカと同じアンダの関係である。

トオリルはオルホン河の支流であるトウラ河の黒林と呼ばれる地にいた。『モンゴル秘史』の文面から、暗い森に住んでいたらしいことが推察される。この地は現在のモンゴル国のジョーン・モド（昭莫多）という場所と推定されている。ちなみにここは一六九六年に清朝とジュンガル部族の決戦が行なわれた地でもある。

ケレイト族は言語的にモンゴル系かテュルク系か定説はないが、私はモンゴル系ではないかと考えている。というのは、『集史』の「オゴデイ紀」の中に「テムジンはテュルク語が喋れなかった」という記述があるからだ。テムジンとトオリルはその後長く親交があることから、近い言語を使っていたと思われる。ただケレイト族はキリスト教ネストリウス派を信仰し、ウイグル文字を使っていたという。文化的にも進んだ部族だったようで、当時のモンゴル高原の諸部族の中では、モンゴル部族よりも強大だった。

ところでネストリウス派というのは、主に西アジアに広がった教派である。五世紀にエフェソス公会議で異端とされた大主教ネストリウスの支持者によって形成され、七世紀頃には中央アジアや中国にも伝わった。唐の時代に「景教《けいきょう》」と呼ばれた宗教はこれである。ちなみに景教を唐に伝えたのはイラン系のソグド人といわれる。

余談だが、西ヨーロッパの人々が十字軍を派遣してイスラム社会と戦っていた同じ十二世紀頃、「プレスター・ジョン伝説」と呼ばれるものがキリスト教徒の間で広まった。その伝説とは、イスラム社会の東にあるキリスト教国の王であるプレスター・ジョンが、いつか十字軍を助けてイスラム教徒を打ち破ってくれるというものだ。『東方見聞録』で知られるマルコ・ポーロは、ケレイトのトオリルこそがプレスター・ジョンであると思い込んでいたようだが、そもそもプレスター・ジョンなる人物は実在しない。ただ、この伝説は十三世紀にモンゴル軍がイスラム教国を次々に打ち破った時に、あらためて復活する。

話をテムジンに戻そう。

テムジンはトオリルに会うと、恭《うやうや》しく言った。

「あなたはかつてわが父とアンダの契りを結ばれた。ならば、私にとってあなたは父親も同然のお方です。そこで私もまたあなたとアンダの関係になりたく、こうして妻の引き出物を持参しました」

アンダになるには両者が貴重な品物を交換し合うという習わしがあったことは、テムジンがジャムカとアンダを結んだ時に書いた。

『モンゴル秘史』には、テムジンの言葉以外にトオリルとイェスゲイの関係が書かれていないが、『集史』「部族篇」には二人のエピソードがかなり詳しく書かれている。

それによれば、トオリルの父クルジャクズ・ブユルク・カンはケレイト部族を強大にした中興の祖だった。しかし、彼の死後、息子たちが後継の地位を巡って争う。トオリルは最初は辺境の地に追いやられていたが、中央に舞い戻ると、兄弟たちを殺して父の跡を継いだ。難を逃れた兄弟の一人エルケ・カラはナイマン族に助けを求め、ナイマン族は彼を援助して、トオリルを追放した。ナイマン族はテュルク系の民族で、モンゴル高原の西端に勢力を持っていた。またケレイトと同じくキリスト教ネストリウス派を信仰していた。

この時、追放されたトオリルを助けたのがイェスゲイだった。彼の支援によってトオリルはエルケ・カラを追い払って再びケレイトの領袖になることができた。

ところが今度はトオリルの叔父のグルハンがトオリルを攻めて彼を追い払った。この時またもイェスゲイはトオリルを助け、グルハンを追放して、トオリルを元の地位につけた。この時に二人はアンダの関係になったと『集史』には書かれている。

もっともイェスゲイにしても何の見返りの見込みもなくトオリルを助けたとは思えない。初代カンであるカブルの次男バルタン・バアトルの三男であるイェスゲイがキヤト氏族の中でリーダー的存在となったのは、もしかしたらケレイトのトオリルと同盟を結んだことが大きかったのかもしれない。当時のモンゴル高原ではいくつもの部族が、自らが生き延びるためにこうした同盟の締結を繰り返していたのだろう。

恩人の息子であるテムジンから黒貂の毛皮を贈られたトオリルは大いに喜び、こう言った。

「黒貂の返礼として、散り散りになったお前の民たちをもう一度集めてやろうではないか」

この言葉から、トオリルは相当な力を持っていたことが窺える。イェスゲイの民を連れていったタイチウト氏族よりも強い兵力を持っていた可能性もある。テムジンがトオリルを訪ねたのはそんな背景があったのかもしれない。したがって両者の同盟は対等ではなく、モンゴル族のテムジンがケレイト族のトオリルに従うという形の関係であったと思われる。

テムジンがトオリルのもとから戻ったある日、ブルカン岳からウリャンカイ族のジャルチウダイという老人がジェルメという息子を連れてテムジンのところにやってきた。

ウリャンカイ族といえば、かつてボドンチャルが奪った人妻の出身部族である。テムジンとは直接の血のつながりはないが、遠い縁戚《えんせき》の氏族ともいえる。

ジャルチウダイはテムジンに言った。

「私がオナン河のデリウン岳におりました頃、テムジン様がお生まれになりました。この時、黒貂の産着《うぶぎ》を差し上げました。その折、我が息子のジェルメをも差し上げようと思いましたが、あまりにも幼いので、連れ帰りました。今こそ、このジェルメに鞍を置かせ、門を開かせてください」

この時、ジャルチウダイが言った「鞍を置かせ、門を開かせてくださいという言葉は、「お傍《そば》に侍《はべ》らせてください」という意味である。

こうしてウリャンカイ族のジェルメがテムジンに仕えることになった。『集史』にはしばしばジェルメ・ウへと書かれるが、同書によれば、ウへとは「任俠」「暴れ者」「豪傑」という意味があり、ジェルメはそうした気質を備えていたのでそう呼ばれていたとある。

ジェルメは後にテムジンの親衛隊長のような存在となり、「四駿四狗」の「四狗」の一人に数えられる。前にも述べたが「四駿」はテムジンの股肱の臣というべき最側近の男であり、「四狗」はテムジンが最も信頼した将軍である。

ジェルメの年齢は不詳だが、ジャルチウダイの言葉から、テムジンと同い年くらいだと思われる。なお猛将として名高い同じく「四狗」の一人、スベエデイ（スブタイ）はジェルメの弟とされているが、実際には従兄弟の可能性もある。また、この時にはまだテムジンに仕えてはいない（『モンゴル秘史』にも『集史』にも記述がない）。

テムジンの妻のボルテはしばらくの間、子宝に恵まれていなかったが、やがてコジン・ベキという名の女の子を生む。ただ、不思議なことに『モンゴル秘史』には彼女の出生時の記録はない。理由は不明である。しかしコジン・ベキは実在した人物で、成人後、テムジンに仕えた有名なイキレス氏族の族長ブトゥ・グレゲンの妻となっている。

こうして仲間も増え、娘も誕生し、平穏な暮らしを続けていたテムジン一家だったが、ある日、大きな災厄が舞い込んだ。

第三章

運命に翻弄されるテムジン

ボルテが掠奪される

『モンゴル秘史』によると、ある日の夜明け前、テムジンの母ホエルンのところで働いていたゴアクチンという老婆が、不思議な物音を聞いた。それは地面を蹴る多くの馬の蹄の音だった。彼女は起き上がると、ホエルンに言った。

「母殿、早く起きてください。地面が揺れています。遠くに男たちの怒声も聞こえます。もしかすると、タイチウトの奴らがやってきたのではないでしょうか」

ホエルンは飛び起きると、ゴアクチンに「すぐに子供たちを起こすように」と命じた。報《しら》せを聞いたテムジンはただちに逃走の準備を始めた。蹄の音から相手の軍勢は戦える数ではないと察したのだろう。テムジンたちはそれぞれが馬に飛び乗って逃げた。

余談だが、『モンゴル秘史』には、この時、ホエルンはテムルン（テムジンの妹）を懐《ふところ》に抱いて逃げたとある。しかし、当時テムルンは十代前半の少女であり、母が懐に抱いて馬に乗る年齢ではない。それにモンゴルでは女の子も十歳を超えれば馬を自在に乗りこなす。おそらく、ホエルンが抱いたのはテムジンの妻ボルテが生んだコジン・ベキと考えるのが妥当であり、

『モンゴル秘史』の編者のミスと考えられる。

　こうして一族の者たちは馬で逃走したが、このとき、ボルテだけは乗る馬がなかった。不思議なのは『モンゴル秘史』には、テムジンは自分の馬とは別に一頭の予備の馬を連れて逃げたと書いてあることだ。当時のモンゴル人は遠出をするときには、予備の馬を引き連れるのが常なので、その行動自体は自然である。しかしそのためにボルテの乗る馬がなくなったわけである。

　この事態は私たちに一つの疑問を生じさせる。つまりモンゴル人にとっては危急の時には妻よりも馬が大事なのか、というものだ。

　しかしそれはテムジンに厳しすぎる問いかもしれない。彼は混乱の中で、いつもの習慣に従って予備の馬を引き連れただけかもしれない。あるいはボルテの馬はあるだろうと思い込んだ可能性もある。夜明け前で周囲が暗かったということもあり、ボルテの安否を気遣う余裕がなかったのかもしれない。

　ボルテなら大丈夫だろうとテムジンが考えたとすれば、それは致命的な浅慮《せんりょ》だった。結果的にボルテは逃げることができずに、宿営に取り残されたからだ。

　同じく宿営に残されたゴアクチン婆さんはボルテを幌《ほろ》のある車の中に隠し、それを牛に引かせてゆっくりと宿営から離れていった。

　ようやく日が昇り始めた頃、馬に乗った男たちがゴアクチンの牛車を見つけた。男たちはゴアクチンに言った。

「お前は誰だ」

ゴアクチンは答えた。

「テムジンのところの者だ。主人の家で羊の毛を刈ってきた。それで、家に帰るところだ」

男たちはさらに聞いた。

「テムジンは家にいるのか」

「テムジンの家は近くだが、テムジンがいるかどうかはわからない。私は帰るところだから」

それを聞くと、男たちは去って行った。

ゴアクチンは今のうちにできるだけ遠くへ行こうと、牛に鞭を打って急がせた。しかし焦りすぎたのか、車の車軸が折れてしまった。おそらく平地でない道を走らせたせいだろう。

車軸が折れては牛車は動かない。ゴアクチンとボルテは、「こうなれば、歩いて林の中に逃げるしかない」と相談した。

するとそこへさきほどの男たちが戻ってきた。男たちはベルグテイの母を捕まえていた。彼女もまた逃げ遅れて宿営に留まっていたのだった。

男たちはゴアクチンに言った。

「この牛車の中に何がある」

ゴアクチンは「羊の毛があるだけだ」と言ったが、リーダー格の男は、部下たちに「馬から降りて車の中を調べよ」と命じた。

男たちが車の戸を開けると、中に隠れていたボルテが見つかった。彼らはボルテを車から引きずり降ろすと、ゴアクチンと一緒に彼らの馬に乗せた。

それからテムジンたちが逃げる時に馬が踏みつけた草の跡を見ながら、彼らが逃げたブルカン岳に向かって追跡を始めた。

しかし男たちはブルカン岳の周囲を三度も回っても、テムジンたちを見つけることはできなかった。というのもそのあたりは人が沈むほどの泥濘《ぬかるみ》があり、また歩くのもかなわないほどの密林があり、捜索は困難を極めたからだった。

ゴアクチンは最初、宿営を襲った男たちは、かつて少年のテムジンを捕らえたタイチウト氏の一族だと思っていたが、彼らはタイチウト氏族ではなく、メルキト族だった。メルキト族はモンゴル部族とは別の民族で、バイカル湖の南の地域一帯を支配していた民だった。南はケレイト族、東はモンゴル族と接していた関係で、両者とは常に緊張状態にあり、時には敵対関係になることもあった。言語的にはもとはテュルク系だったが後にモンゴル系になったともいわれる。『モンゴル秘史』によればメルキト族には三つの支族があった（『集史』には四つの支族があったと書かれている）。

この時、テムジンたちを襲ったのは、ウドイト・メルキトという支族だった。彼らはこう言った。

「ホエルンの仇の仕返しに、今、奴らの女どもを奪い取った。復讐はなしたぞ」

ホエルンの仇とは、かつてイェスゲイがメルキト族の男から新妻のホエルンを奪ったことを指している。彼らはその時の復讐としてイェスゲイの第二夫人（あるいは側室。ベルグテイの母）と、彼の息子の妻を奪ったのだった。

ウドイト・メルキトの部族を率いていたのはトクトア・ベキである（『集史』では全メルキトを率いていたとある）。『モンゴル秘史』では、かつてホエルンを奪われたメルキトの若者イェケ・チレドゥはトクトア・ベキの弟となっているが、これは事実かどうかわからない。ただ、トクトア・ベキは『集史』などにも登場し、その後、テムジンと何度も戦うことになる。

『モンゴル秘史』によると、窮地を逃れたテムジンは、まずは自分たちを敵から匿ってくれたブルカン岳に深く感謝した。そして今後ともこのブルカン岳を毎日祭って祈ることを誓い、子孫もそうするように宣言する。ブルカン岳は現代のモンゴル人にとっても信仰の対象で、あるいは彼らはテムジンの教えを今も守っているのかもしれない。

テムジンは自らの置かれた現状を把握したが、自力でメルキト族からボルテを取り返すことは困難であることも悟《さと》った。

そこで彼は昨年アンダの関係を結んだケレイト族のトオリルのところに行き、妻や家族を取り戻すための助力を請《こ》うた。

トオリルはテムジンを迎え入れると、彼に向かって言った。

「わしは去年、お前が貂の毛皮を持ってやってきた時に、ばらばらになったお前の部民を集めてやると言わなかったか。わしはその言葉通りに、すべてのメルキト人《びと》を打ち破って、お前のボルテを救ってやる。そのためにただちに兵を率いて出陣する」

そして彼はこう言った。

「ゴルゴナク河原にジャムカがいる。お前は彼に会いに行き、わしがジャムカに出陣するように言っていたと伝えろ」

ジャムカは、イェスゲイの死後、仲間たちに見捨てられて孤独の中に暮らしていたテムジンが出会った少年である。この時、二人はアンダの契りを結んでいた。

それからおそらく十年近い年月が流れ、ジャムカは今やジャダラン氏族を率いる若き首領となっていた。

『モンゴル秘史』には少年時代以降に二人が会った話は書かれていないが、二度もアンダの契りを結んだ仲だけに、以降も何度かは会って旧交を温めていたことと想像する。

テムジンはただちに弟のカサルとベルグテイをジャムカのもとへ派遣した。二人はジャムカにテムジンの言葉とトオリルの言葉を伝えた。

ジャムカは言った。

「テムジンの宿営が襲われたと聞いて、心を痛めていた。今こそメルキトを滅ぼして、ボルテを救おうではないか」

ジャムカの応答は、『モンゴル秘史』ではほとんどが韻文となっている。全文は長いので、最後の方の部分を紹介しよう。

「（メルキトの家の）大黒柱の　倒れんばかりに突き入りて
彼らの妻子をば尽きるまで　剝ぎて取らんぞ

大黒門の　折れんばかりに突き入りて
なべての国民を空となるまで　剝ぎて取らんぞ」（村上正二訳　括弧内は筆者が補足）
なんとも凄まじい言葉である。メルキト族を完全に滅亡させようというのである。
ジャムカがそう言うのには理由があった。彼はかつてメルキト族の領袖のトクトア・ベキにすべての財産を奪われ、捕虜にされたという過去があったからだ。もっともそれは『集史』のみに書かれている話である。この時、ジャムカは捕虜でありながら狡猾に立ち回り、奪われた財産を取り戻して、逃げ帰ることに成功していたという。ただ、その話がいつ頃の出来事かはよくわからない。

また『モンゴル秘史』には、トオリルも幼い頃に同じくメルキト族に捕まり、脱穀《だっこく》の臼《うす》を挽《ひ》かされる奴隷労働につかされた過去があると書かれている。つまりケレイト族のトオリルとモンゴル族のジャムカにとっても、メルキト族は宿年の仇であった。兵を動かすのはボルテを奪い返すという目的のためだったろうが、二人にとってはそれは大義名分で、この際、一気にメルキト族を粉砕してしまおうと思っていたのかもしれない。

メルキト族の宿営地の近くで合流したトオリルとテムジンとジャムカは、夜襲をかけた。『モンゴル秘史』には、この時の兵の数はトオリルが二万人、ジャムカが二万人とあるが、これはかなりの誇張があると思われる。この頃の二人がそんな数の兵を動員できたとは思えない。実際には合わせてもよくて数千人、あるいは数百人という数だったのではないだろうか。

とはいえ、三者の連合軍の奇襲を受けたメルキト族は総崩れとなった。テムジンは逃げ惑う人々の中で、「ボルテ、ボルテ」と叫んだ。ボルテはテムジンの声を聞くや、メルキト族の車から飛び降りて、テムジンのもとに走り寄った。テムジンは月の明かりでボルテを認め、二人はひしと抱き合った。このあたりの『モンゴル秘史』の描写は非常にドラマティックである。同書がしばしば「小説」と言われるゆえんである。

ちなみに、この時のメルキト族への襲撃は、実は別の時代の戦いを時系列を変えて書いたものではないかという考え方もある。テムジンたちやケレイト族はメルキト族と何度も戦っているので、そうした記述ミスも起こりえないことではない。実際、『モンゴル秘史』にはそうした時系列のミスは多い。

また同書には、ボルテは攫われている間、チルゲル・ボコという男の女にされていたと書かれている。チルゲル・ボコは、ホエルンの最初の夫イェケ・チレドゥの弟とある。つまりメルキト族はホエルンを奪われた復讐として、彼の弟にボルテを与えたのだった。ただし『モンゴル秘史』の訳者である村上正二は、チルゲル・ボコは捏造《ねつぞう》された人物だと見做している。

『モンゴル秘史』には、この救出劇に別のエピソードも書かれている。それはボルテと共に攫われたベルグテイの母の話である。テムジンの弟ベルグテイは、戦いの最中に母の姿を必死で捜していた。しかし母はメルキト族の男の女にされた自分を恥じ、その思いを人に伝えて、密林の中に逃げてしまった。そしてついに姿を現さなかった。

ベルグテイは母が行方不明になったことで怒り狂い、メルキト族の男たちに向かって「母を連れてこい！」と言って、彼らを次々と弓で射殺した。ベルグテイの凄まじい怒りが伝わる描写である。ちなみにベルグテイは非常に力の強い男だったとある。

トオリルとジャムカの兵も次々とメルキト族の男たちを殺し、支族の長であったカアダイ・ダルマラを捕らえ、生き残った女や子供たちを自分たちの奴隷としたが、ウドイト・メルキトの領袖であるトクトアは逃走に成功した。

なお、『モンゴル秘史』には、ここに至るもベルグテイの母の名前は書かれていない。メルキト族の襲撃とボルテ奪回の場面でしか登場しないゴアクチンという老婆の名前まで書かれているのに、モンゴル帝国にとっても重要人物の一人であるベルグテイの母の名前がかたくななまでに伏せられているのはやはり不自然と言わざるを得ない。

同書には奇妙な逸話も書かれている。それはこの時の戦いの最中、戦場に置き忘れられたクチュという名のメルキト族の幼い子供の話だ。テムジン配下の男たちはその子を保護し、ホエルンに贈り物として与えた。奴隷としてではなく、部族の子として育てるためである。一見すると取るに足りない逸話だが、当時のモンゴルでは、敵の子供を育てることは珍しくなかったようで、ホエルンはその生涯において、戦場などで見つけた孤児を四人育てている。ちなみにクチュはその後、モンゴル帝国でホエルンとテムゲの王傅《おうふ》（顧問官）となっている。ただし、この話も含めてホエルンが四人の孤児を育てた話は『モンゴル秘史』にしか載っていない。

ところで、この劇的なボルテ奪回劇のエピソードは『集史』『聖武親征録』『元史』には出てこない。そのことをもってこれは事実ではないと見做す研究者は少なくない。しかし私はそれに異を唱えたい。モンゴル帝国にとってボルテは偉大な妻であり母であるという存在だ。そんな彼女がメルキト族の男の女にされた過去を持つという話を創作する理由が思い当たらない。したがって、テムジンが何らかの形でメルキト族に奪われたボルテを救出したのは事実であろうと私は考える。

また、ボルテがメルキト族に攫われたという話は『集史』「モンゴル史」の「部族篇」にも書かれている。そこではメルキト族は以前からモンゴル族のテムジンとケレイト族のトオリルの連合軍と何度も小競《こぜ》り合《あ》いのようなことを続けていたという状況のもとでの話となっている。その話は次のようなものだ。

ある時、テムジンとトオリルの間にささいな諍《いさか》いが起き、両者が疎遠になった。メルキト族はこの機会に乗じ、トオリルやその兄弟と連合して親しくなった。そしてある時、メルキト族はテムジンの宿営地を襲い、ボルテを掠奪し、彼女をトオリルへ贈り物として捧げた。

トオリルの側近たちは、トオリルがボルテを妻にするべきだと言ったが、彼はその進言を退《しりぞ》けた。

「ボルテは自分にとっては息子の嫁のようなものだ」

そう言って、彼女を犯すことはせず、大切に扱った上に、同行者を付けてテムジンのもとへ送り返した。

以上が『集史』に書かれているボルテの帰還の話だが、実は同書には続きがある。それは、ボルテが夫のもとへ戻る旅の途中、テムジンの長男であるジョチを生んだというものだ。

ジョチ出生の謎

『モンゴル秘史』も『集史』もボルテがメルキト族に攫われたという話は共通しているが、その後の展開はまるで違う。これはいったいどういうことだろうか。私はその大きな理由は、ジョチの出生にあるのではないかと見ている。

それを語る前に、『集史』に書かれているボルテ掠奪の話を振り返ってみたい。すると、そこには細部に不自然さが見え隠れするのに気付く。

そもそもメルキト族がボルテを攫った動機が明確でない。テムジンたちに対する報復が目的なら、ボルテをわざわざトオリルに贈る意味がないからだ。メルキト族には、トオリルがボルテを妻にすればテムジンとトオリルの関係がさらに悪化するという目論見があったのかもしれないが、やり方がまどろっこしすぎる感が否めない。実際、トオリルはボルテを保護し、それをテムジンに送り届けているだけに、メルキト族の計画は完全に頓挫《とんざ》しているどころか、むしろトオリルとテムジンの結びつきを強化する結果を招いている。

『集史』には、前提としてテムジンとトオリルの関係が悪化したと書かれているが、そんな重要なことの原因が「ちょっとした諍い」（金山あゆみ訳）としか書かれていないのも雑すぎる気がする。また両者の間に本当に諍いがあったなら、「ボルテは息子の嫁のようなものだ」というトオリルのセリフは不自然である。

それに、ボルテを送り届ける際のエピソードを読んでも、トオリルがボルテに対して十分な配慮をしたとは思えない。『集史』によると、ボルテはテムジンのところに帰る旅の途中にジョチを出産したわけであるから、臨月と見るべきである（当時は未熟児で生まれた場合はほとんど育たない）。帰路は危険な道（遊牧民の掠奪者が出没する地域か）であったので、ゆっくりとゆりかごを作る余裕はなく、同行者がいくらかの粉（小麦粉のようなものか）から練り物をこしらえて、そこに生まれたばかりの赤ん坊をくるんで、丁寧に運んだとある。

立ち止まってゆりかごを作る余裕もない危険な道を、臨月の女に旅させるという行為は、前述の「息子の嫁のようなものだ」というトオリルの言葉に矛盾しはしないか。それに道中で出産する可能性があるなら、ゆりかごを前もって与えておくべきではないだろうか。普通なら出産を終えてから送り届けるか、あるいはテムジンに使いの者をやって、迎えに来させるかが自然である。

私がこのように『集史』の記述に疑問を呈するのは、同書が何かを隠蔽《いんぺい》しようとしているのではないかと思えるからだ。それは何か――ヒントは『モンゴル秘史』に書かれている内容と、その後に生じるある出来事にある。

『モンゴル秘史』には、ボルテ救出劇の後に出産の記述はないが、彼女はテムジンのもとに戻ってから第一子のジョチを出産したようである。となれば、この時、ジョチの父親が誰であるのかが問題となった可能性がある。

『モンゴル秘史』にはチンギス・カンとなっていたテムジンが晩年に後継者を選ぼうとした際の奇妙なエピソードが書かれている。

チンギス・カンに「長男のジョチから意見を述べよ」と言われたジョチが口を開こうとする前に、次男のチャガタイが、「ジョチはメルキトの種なので後継者にはふさわしくない」というような言葉を父や臣下の前で言い放ったのだ。

これはボルテがメルキト族に攫われた時に犯されて宿した子供であるということを意味している。この言葉にジョチが怒り、二人は父の前で摑みあいの喧嘩をする。

実際にジョチの父がメルキトの男であったかどうかは不明である。しかしチャガタイが父と臣下の前でそんな発言をしたということは、一族の間では公然の秘密であったのかもしれない。

だが、テムジンがジョチを弟たちに比べて虐《しいた》げたり疎んじたりすることはなかった。つまり彼はジョチを自分の子として扱っていたのだ。この時も、チンギス・カンは「皇子たちの長はジョチであるから、最初に意見を言え」と言っている。

チンギス・カンの生涯を描いた井上靖の『蒼き狼』では、ジョチは自分の子ではないかもしれぬというテムジンの苦悩が作品の重要なテーマともなっているが、あるいは実際のテムジンもまたそうした悩みを抱えて生きていたのかもしれない。しかし『モンゴル秘史』にはそうした苦悩は一切描かれていない。

ところで、この時のジョチとチャガタイの衝突のエピソードは『集史』や『聖武親征録』や『元史』には書かれていない。それをもって『モンゴル秘史』にあるボルテがメルキドの男の女にされた話、そしてジョチの父がメルキト族の男であるかもしれないという話が創作であると見る学者も少なくない。しかし私は逆に、『モンゴル秘史』以外の史書が、意図的にそのことを覆い隠したのではないかと考えている。

『集史』は、ボルテがメルキト族に攫われた場面で、「妊娠していたテムジンの妻」とわざわざ妊婦であることを強調している。

実際にボルテは救出されてテムジンの宿営地に戻る途中でジョチを生んだのかもしれない。「ジョチ」という名前には「客人」や「よそもの」という意味があり、そのことをもって、テムジンがジョチの父親をメルキト族の者と知っていたとする人もいるが、それは考え過ぎと思われる。当時のモンゴル部族でジョチという名前はそれほど珍しいものではない。

『集史』や『元史』などのいわゆる正統的史書が、ジョチの父がメルキト族の男であるかもしれないという疑義を抱かせるエピソードを削除し、それを否定するような記述を加えたのではないかと私が考える理由は、ジョチの息子であるバトゥの存在にある。

バトゥはモンゴル帝国の大実力者で、後のジョチ・ウルス（ジョチの国）を大発展させて、後世、キプチャク・ハン国の創始者と見なされている。さらに四代目のハーンとなったモンケの最大の支持者でもある。これほどの大物の血統に疑惑があるとなれば、帝国の権威が大いに揺らぐことになる。そのため多くの史書では、ジョチの父についての疑惑を生みそうな話は削除されたか、作り直されたのではないだろうか。私が先ほど『集史』に書かれている、ボルテが帰還中にジョチを出産したという話に不自然さを覚えると書いたのはそういう理由である。

また、『モンゴル秘史』についてもテムジンとトオリルとのやりとり、それにこの後何度も登場することになるジャムカとの連合などを創作するのは念が入りすぎている。しかも、メルキト族との戦いの前にトオリル軍とテムジンが三日遅れてやってきたことで、先に陣を張っていたジャムカが腹を立ててなじる場面などもある。その話がその後の戦闘に何か影響を及ぼすわけでもなく、捏造したエピソードとしては不自然である。創作ならベルグテイの母がこの戦いの最中に行方不明になってしまう話の挿入も不要かに思う。

これまでにも再三述べてきたことだが、『モンゴル秘史』には、残された話をできる限り忠実に記そうという姿勢が見られる。時にはテムジンにとって名誉とは言えないような話までもが赤裸々《せきらら》に書かれている。前述したジョチとチャガタイの諍いも、『モンゴル秘史』の編者がわざわざ創作する理由が見当たらない。なぜならチンギス・カン一族にとって名誉となる話ではないからだ。つまりその話は実際にあったと考えるのが妥当である。

『モンゴル秘史』では、この時の二人の激しい衝突の結果、二人はともに後継者候補から外され、三男のオゴデイが指名されたと書かれている。経緯はともかくオゴデイがモンゴル帝国の二代目のハーンとなったのは歴史的事実である。『集史』には、オゴデイが後継者に推されたのは穏やかな性格であったからだという記述があるが、大帝国の後継者がそんな理由で選出されるというのも奇妙な感じがする。この後継者選びの物語については、いずれ詳しく語ることにしよう。

以上のことから、私はボルテ救出に関する一連の逸話は、『集史』よりも「モンゴル秘史」が正しいのではないかと考えている。つまり、ジョチの父が誰であるかはともかくとして、ボルテが一時的にメルキト族の男の女にされていたというのは事実ではないだろうか。

しかしテムジンがその後、ボルテを疎んじたり、遠ざけたりすることはなかった。後に彼は数えきれないほどの妻を得て、その中には美女と称えられる女性も数多く、彼が寵愛《ちょうあい》した女性も少なくない。一説には五百人の妾がいたともいう。にもかかわらず、テムジンにとってボルテは常に別格の女性だった。彼には男の子供が十人くらいいるが、この数は大帝国の創始者としては意外なほど少ない。

ちなみにテムジンの異母弟のベルグテイは百人以上の子を作り、同じくテムジンの長男のジョチは男子だけで約四十人の子を作っている。テムジンは後に「男の最大の喜びは敵の女を奪って犯すこと」と言っているが、実際にはその言葉ほどには、漁色家《ぎょしょく》ではなかったようだ。

それはともかく、テムジンの子供の中には、彼が愛した女性の男児もいたが、結果的に帝国の重鎮となったのはボルテの生んだ四人の息子たち、すなわちジョチ、チャガタイ、オゴデイ、トルイと、彼らの子孫だけだった。これを見ても、テムジンにとってボルテがいかに大きな存在であったのかがわかる。

ちなみに『モンゴル秘史』ではボルテは容貌《ようぼう》が優れた女性であったという描写はどこにもない。これは『集史』も同様である。テムジンの母となったホエルンは美しかったという記述はあるが（それゆえにイェスゲイは彼女を奪ったのだ）、ボルテにはそうした描写はない。おそらく彼女は容姿が際立って優れた女性ではなかったのだろう。ところが、『モンゴル秘史』には彼女の賢明さを強調した部分は多い。要所要所でテムジンがボルテの助言に従うシーンがいく度も出てくるのだ。テムジンはボルテの知性を愛したのかもしれない。

テムジンとジャムカ

物語をテムジンとメルキト族との戦いの直後の場面に戻そう。

テムジンとトオリルとジャムカはメルキト族の宮殿（の大天幕）を打ち壊し、美しい女たちを手に入れると、共にゴルゴナク河原に引き揚げた。

当時のモンゴル高原での遊牧民同士の戦いにおいて、女性は一番の戦利品である。『モンゴル秘史』や『集史』の編者も、女性たちの悲劇性に目を向けることは一切ない。したがって記述も実にあっさりとしたものである。現代の我々が『モンゴル秘史』を読む時、目の前で家族を殺されて、敵の兵たちの慰み者となる女性たちの悲劇についつい思いを馳せたりするが、当時の人々は現代人とはまるで違った価値観の世界で生きていたのだ。我々が歴史を見る時、常にそれを忘れてはいけない。

しかし、たとえ時代や民族が違っても、人間としての根源的な部分にはやはり共通項がある。そこには我々と同じ喜びや悲しみがある。だからこそ、歴史は我々を惹きつけてならないのだ。

さて、戦いが終わった後、テムジンとジャムカは、かつて少年時代に「アンダの誓い」を為したことを思い出し、成人した今、再びそれを行なおうということになった。この時、テムジンとジャムカは、メルキト族から奪った金の帯を互いに贈り、クルダガル断崖の南に立つ大きな木の下でアンダの誓いを為した。二人は酒盛りをして祝い、関係を強固にした。

『モンゴル秘史』には、テムジンとジャムカは夜は一つの布団で寝たとある。この記述から二人が男色の関係にあったと考える研究者もいる（モンゴル人は寝る時は全裸であったという話もある）。ただ、同書には二人がそうした関係にあるとははっきりとは書いていない。というよりも、そもそも『モンゴル秘史』全体にそうした描写はない。私自身はどちらとも判断がつかないが、この場面で「睦《むつ》み合った」という表現が二度も出てくることから、あるいはテムジンとジャムカは恋人のような関係であった可能性もあるのではないかと思う。

ちなみに『集史』ではジャムカは「ジャムカ・セチェン」と呼称されている。前にデイ・セチェン（ボルテの父）のところで述べたようにセチェンとはモンゴル語で「賢い」という意味であるが、同書には「ジャムカはきわめて頭がよく狡猾だった」という記述がある。頭の回転が早い計算高い男だったのかもしれない。

テムジンとジャムカの良好な関係は一年ほど続いた。その間、互いの氏族も共に暮らしていたが、ある日、集団ごと駐営地から別の地に移動することになった。これは遊牧民にとっては珍しいことではない。

夏の初めの満月の夜、テムジンとジャムカが自分たちの氏族の車両の隊列の先頭を馬で進んでいた時、ジャムカが不思議なことを言った。

「テムジン・アンダよ、山に近寄りて下馬すれば（駐営すれば）、われら馬飼いは食事にありつける。谷に近寄りて下馬すれば（駐営すれば）、われら羊飼い・子羊飼いは食事にありつけるぞ」

テムジンはこの言葉の意味が理解できず、すぐに返答することができなかった。そこでそのまま黙ってジャムカを先に行かせ、自分の一族の車両が来るのを待った。

やがてやってきた母のホエルンにジャムカの言葉を伝えて、その意味を問うた。するとホエルンが答えるよりも先に、ボルテが口を開いた。

「ジャムカ・アンダは飽きっぽい人と言われています。私たちに飽きたのでしょう。ジャムカ・アンダの言葉は企《たくら》みのある言葉です。私たちは下馬しないことにしましょう。ジャムカ・

アンダが下馬しても、私たちは夜を徹して移動して、彼らと別れましょう」

テムジンは妻の言葉を聞き、それがいいと判断して、夜を徹して移動した。こうしてテムジンとジャムカは袂《たもと》を分かつこととなった。

ところで、ジャムカがテムジンに言った言葉の解釈は『モンゴル秘史』の研究者たちを悩ませている。普通に読めば、ボルテが看破したように「企みのある言葉」には聞こえないからだ。これを最初に聞いたテムジンも意味がわからなかったのだから、現代の我々が容易に理解できるはずもない。しかし聡明なボルテには、ジャムカの言葉の中に隠された悪意のようなものを嗅ぎ取れたのだろう。

この時のジャムカの言葉の解釈については、多くの学者や研究者が、様々な説を述べている。ところが、私にはどの説も腑に落ちない。いずれの解釈も強引というか、牽強付会《けんきょうふかい》に思えてならないのだ。

そこで私の説だが、そもそも『モンゴル秘史』に残されたジャムカの言葉は完全な形ではないのではないかというものだ。人から人へと語り継がれていく口伝《くでん》の中ではこういうことはしばしば起こりうる。もしかしたらその過程で何か重要なセリフが抜け落ち、そして最終的に、ボルテの言葉にさえ編者が補足説明を与えられないほどに、難解なものとして記述されたのではないかという気がする。

私がなぜこの部分にこだわるかというと、テムジンとジャムカはその後、モンゴルの覇権を巡って激しく争うことになるからだ。

かつてはアンダの誓いをした二人が敵同士となるには、それなりの理由があったに違いない。だが残念ながら『モンゴル秘史』はその理由を解き明かしてはくれない。ただ、ボルテはジャムカの「企み」に気付いていたと書かれているだけである。もしかしたら一年にわたる共同生活の中で、ボルテだけはジャムカの本性を見抜いたのかもしれない。

『集史』「部族篇」には、時系列が不明だが、ジャムカがテムジンについて忌々《いまいま》しげに、嘲笑《ちょうしょう》まじりに話すという記述がある。もしそれが共同生活の期間なら、ボルテがジャムカは夫のアンダにふさわしくないと見做していたのもわかる。そう考えれば、『モンゴル秘史』のジャムカの言葉にはたいした意味はなく、二人が訣別《けつべつ》する際の象徴的な会話として挿入されただけのことかもしれない。

ただ『集史』「チンギス紀」には、ジャムカはテムジンに嫉妬心を持ち、彼に対して悪意を抱いていたという記述がある。ここからは二つの理由が推察できる。一つは、ジャムカとテムジンの出自に関わるものだ。『モンゴル秘史』によると、二人は系図を辿ればともにボドンチャルに行きつくが、ジャダラン氏族のジャムカにはボドンチャルの血が流れていない（ジャムカの祖は、ボドンチャルが身重の状態で奪ったウリャンカイ族の女が生んだ子で、父はボドンチャルではない）。ジャムカもテムジンもともにそれぞれの氏族の王子ではあるが、血統的にはボルジギンのテムジンの方が格上である。血統を重んじるモンゴル部族にあって、ジャムカがそのことに引け目を感じていたことは充分に考えられる。ただ、『集史』では、ジャダラン氏族はテムジンの父系同族とあり、血統が劣るとは書かれていない。

もっともテムジンの方は血統について優越感などは持たなかったように思われる。というのは、後にモンゴル帝国を大きくしていく時に、血統や家柄にこだわることなく部下を登用していったからだ。したがって自らの血統をジャムカにひけらかすようなことはしなかったと思う。ジャムカがテムジンに対して嫉妬を抱いたもう一つの理由として考えられるのは、テムジンの方がジャムカよりも人望があったことだ。これについては後に語ることにする。

十二世紀後半の世界情勢

さて、ここでいったんテムジンの物語から離れ、同時代、すなわち十二世紀末の世界がどうなっていたかを見てみよう。

女真族の統べる金朝は南宋と軍事的緊張状態を続ける一方で、北の国境地帯をしばしばタタルなどの遊牧民族の反乱や掠奪に侵され、全体的には徐々に弱体化していた。とはいえ、モンゴル高原に住む遊牧民よりははるかに強大な国家だった。

その金の西に位置し、北宋の滅亡の機に乗じて広大な領土を手に入れていたタングト族（チベット・ビルマ系の民族）の西夏も、この時期には政治的な腐敗もあり、全盛期の勢いはなかった。

その両国から絶えず圧迫を受けていた南宋もまた、国内の内乱などで政治的には不安定な状況が続いていた。

つまり中華およびその西部周辺に位置する三つの国は、いずれも盛時の国力ではなかった。後にモンゴル人はこれら三つの国をすべて滅ぼすことになるが、その兆《きざ》しは既に十二世紀後半に現れていたともいえる。もし三つの国のうち、モンゴル高原に国境を接していた金と西夏が全盛期の強大さを誇っていたなら、モンゴル人の擡頭は抑えられていたかもしれない。南宋を含む三つの国が互いに争いを続けて疲弊していたことがモンゴル人にとっては幸運だった。

さらに目を西に向けると、中央アジアの東側は契丹人の西遼《せいりょう》王朝の支配地だった。西遼はかつて中国の東北部からモンゴル高原方面を支配していた遼の末裔である。女真族の金に滅ぼされ、その一部が西へ逃げて建てた国である。西遼はカラキタイとも呼ばれるが、キタイとは契丹人を表す言葉で、カラは「黒」や「強い」を意味する言葉である。

同じ頃、西遼の西南、中央アジアからイラン高原に至る広大な地域では、ホラズム・シャー朝が勃興していた。これはセルジュク朝から独立を果たしたテュルク系の王朝で、イスラム教国家である。新興国ではあったが、その力は強大だった。セルジュク朝はセルジュク・トルコの名で知られる国で、十一世紀半ばから百年ほどカスピ海の東方から現在のトルコや中東までを支配した大帝国である。

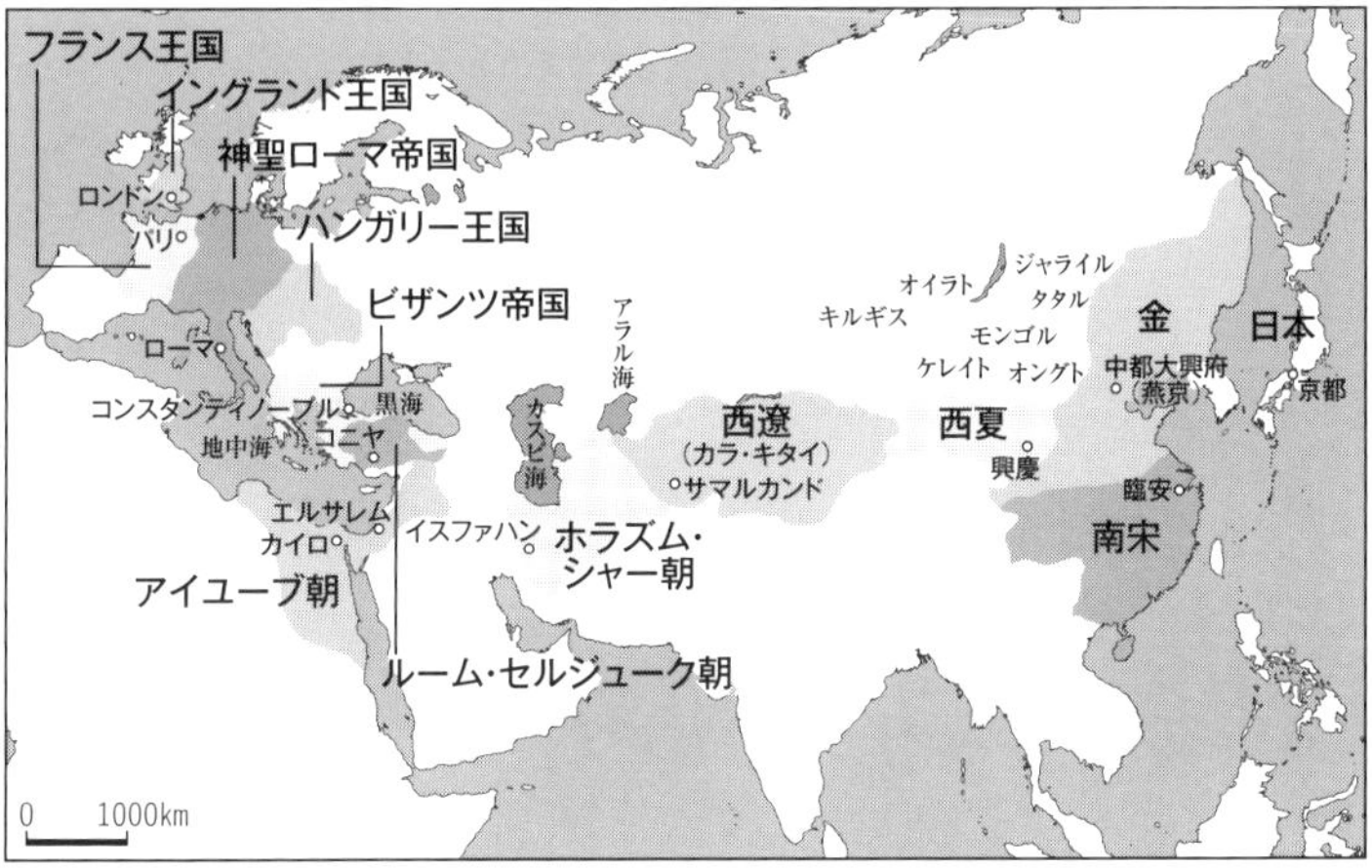

12世紀後半のユーラシア

この時期にセルジュク朝ほかイスラム社会に戦いを挑んでいたのが、西ヨーロッパのキリスト教国である。この戦いは一般に「十字軍運動」と呼ばれるもので、その最初は一〇九六年である。

きっかけはセルジュク朝にアナトリア半島を奪われた東ローマ帝国がローマ教皇に救援を依頼したことである。この時、ローマ教皇はフランスやドイツの騎士たちに、戦争の大義名分としてイスラム教徒たちに奪われた聖地エルサレムを奪還すべしと訴えた。

ヨーロッパ各地の諸侯や民衆は「聖地奪還」のスローガンに熱狂し、軍隊（後に「十字軍」と呼ばれる）を結成して、セルジュク朝に攻め込んだ。第一回十字軍は、セルジュク朝の油断や軍隊の統制が取れていなかったこともあって、各地で多くの戦果を挙げ、エルサレムの占領に成功した。さらにその周辺にいくつものキリスト教国家（「十字軍国家」とも呼ばれる）を建てた。

その後はキリスト教国とイスラム教国の間に大きな衝突はなく、しばらくは膠着《こうちゃく》状態が続いていたが、第一回十字軍の約九十年後の一一八七年、アイユーブ朝の創始者サラーフ・アッディーン（サラディンとして知られる）はイスラム教の軍隊を組織し、中東の地にあったキリスト教国をほとんど滅ぼした。この時、サラーフ・アッディーンはエルサレムをも奪い返した。時期的には、テムジンがジャムカと別れた数年後くらいの出来事である。

この状況にローマ教皇グレゴリウス八世はエルサレムの再奪還のために、ヨーロッパの諸侯に十字軍結成を呼び掛ける。この時の十字軍（第三回）に参加したのはイングランドの獅子心王リチャード一世、フランスの尊厳王フィリップ二世、神聖ローマ帝国皇帝赤鬚《あかひげ》王フリードリッヒ一世という錚々《そうそう》たる面々だった。ヨーロッパのキリスト教社会が総力を挙げたと言っても過言ではなかった。

しかし彼らをしてもサラーフ・アッディーンとの戦いに勝利することはできず、成果はエルサレムへの巡礼の自由の保障を獲得したのみに終わった。

これはヨーロッパのキリスト教国にとっては由々しき事態であった。以降、ローマ教皇と西ヨーロッパ諸国にとって、エルサレムの再奪還が悲願となる。十字軍は何度も結成され、イスラム教諸国と泥沼の戦いを繰り広げることになる。

前述した「プレスター・ジョン伝説」が広まったのはその頃である。イスラム教国が支配する中東地域の東方に存在するキリスト教国の大国が、やがてセルジュク朝やアイユーブ朝を打ち倒してくれるのではないかという願望が膨らんだ。

十三世紀にモンゴル人がイスラム教国を次々に打ち破った時、西ヨーロッパのキリスト教徒たちは、伝説のプレスター・ジョンがついに現れたと考えた。もっともそれは大きな誤りとすぐに気付くことになる。


以上、若きテムジンが懸命に自分たちの一族を守っていた頃のユーラシア大陸の状況を簡単に述べたが、東西で民族の異なる大国同士が鎬《しのぎ》を削っていたことになる。同時代のアフリカや南北アメリカ、オセアニアには小国家がいくつも存在したが、当時はユーラシア大陸とは無縁であり、その存在は中華やヨーロッパ人の知るところではなかった。

同じ頃、ユーラシア大陸の東に位置する島国の日本でも、歴史的な戦いが行なわれていた。俗に「源平合戦」と呼ばれるもので、権勢をふるっていた平氏を源氏が武力によって追い落とそうとした争乱である。この戦いで勝利した源氏はそれまでの貴族政権に代わり本格的な武家政権を樹立した。「源平合戦」は日本史に残る大戦争ではあるが、中央アジアや中東での戦争と比べるとまるでスケールが違う。小さな島国での同じ民族同士の戦いであるから、大虐殺も起こっていない。ただ、この時、武家政権が誕生したことが、後に日本をモンゴル人から救うことになる。

余談だが、平氏滅亡の立役者の一人であった源義経は兄である頼朝と対立し奥州で自害するが、実は密かに大陸に逃れ、後にチンギス・カンとしてモンゴルを支配したという話がある。

もちろん有り得ない俗説である。

ここで物語を再びテムジンに戻そう。

テムジンがジャムカと別れて移動中、孤児を拾った逸話が『モンゴル秘史』に書かれている。テムジンたちがタイチウト氏族（かつてテムジンを目の敵としていた氏族）の牧草地を通り過ぎた時、彼らは驚いて、その夜のうちにジャムカのところへと移営したのだが、その際、タイチウト氏族の中のベスト族の牧草地にココチュという幼い男の子が取り残されていたのをテムジンたちが発見した。テムジンはその子を保護し、ホエルンに託した。ココチュは同じくホエルンが育てたクチュと共に、後にモンゴル帝国でホエルンとテムゲ（テムジンの弟）の王傅（顧問官）となり、功臣表の第十八位に叙せられることになる。

『モンゴル秘史』にはこの後、独立したテムジンを慕って、かつてイェスゲイと同盟していた多くの氏族がジャムカのもとを離れ急速に集まってくる記述がある。ただ、その時系列はかなり乱暴な感じで、おそらくは何年にもわたる出来事をまとめて書いたものと思われる。

テムジンに帰順した氏族はジャライル氏族、バヤウト氏族など、いずれも後にモンゴル帝国を大きくしていく中で重要な氏族であるが、ここで全部を紹介するのは煩雑になるので割愛する。

ただ、特に読者の皆さんに記憶しておいてもらいたいのが、バルラス族のクビライ、ウリャンカイ族のスベエデイ（スブタイの名前でも知られる）である。二人は後に「四狗」として数々の輝かしい軍功を立てることになる。特にスベエデイの戦略家としての活躍は超人的ともいえるほどで、そのことはいずれ第二巻にて詳しく語ることとする。ちなみにスベエデイは同じ「四狗」の一人であるジェルメの弟ということになっているが、実弟であるかどうか不明であることは前に述べた。ちなみにウリャンカイ族は、テムジンの祖であるボドンチャルが奪ってきて子供を産ませた女の出身部族である。

ところで、なぜ多くの氏族がテムジンの陣営に加わったのだろうか。『モンゴル秘史』にはその理由がはっきりとは書かれていないが、おそらくテムジンの人間的魅力ではないかと思う。同書および『聖武親征録』や『集史』には、テムジンが他氏族を含めて仲間を大切にしたという記述は少なくないからだ。彼は少年時代から義に厚い男であった。

テムジンが多くの仲間たちを魅了した話は『集史』にも書かれている。かつてテムジン一家から離反し、少年のテムジンを捕縛したタイチウト氏族に隷属していたジュリヤト族の一部はタイチウトから離れてテムジンに下ったが、同書の「チンギス紀」には、彼らが語った言葉が記されている。

「タイチウトのアミール（部将）たちは、私たちをいわれなく虐待して苦しめている。しかしテムジンは自分が着ている服を脱いで、それを手渡し、自分が乗っている馬から降りて、それを譲る」

また同書には、ジュリヤト族の仲間たちと別れて、テムジンのもとに馳せ参じたウルク・バアトルという男がテムジンに語った言葉も載っている。

「私たちは夫を失った妻、主人のいない群れ、牧人のいない家畜のように取り残された。（中略）私たちはあなたの友情の名において剣で共に戦い、あなたの敵を倒します」

テムジンはそれに応えて言った。

「私は眠っていた人のようだったが、君は私の前髪を摑んで引っ張って、私の目を覚まさせてくれた。私は座っている人のようだったが、君は私の顎《あご》を引いて起き上がらせてくれた。私は君たちのためにできる限りのことは何でもやろう」

『集史』に書かれているテムジンのこの言葉は意味深長である。なぜなら、この時、テムジンの中で何かが変わったかのように読めるからだ。ジュリヤト族がテムジンに下ったのはいつごろかはっきりしないが（「チンギス紀」も時系列が曖昧である）、テムジンがある時期から急に明確なビジョンを持ったことが窺える。

仲間に対しては寛大で親切であったテムジンを慕って多くの氏族が集まったことは自然な流れであったのかもしれない。そしてこの能力（魅力）こそ、テムジンの最大の武器であったのだろう。もちろん、ジャムカと訣別したことで、来るべき彼との戦いに備えて仲間を増やす必要に迫られたテムジンが外交的な手腕を用いて仲間を集めた可能性もある。だとしてもそれを発揮できるのはやはり一つの才能であろう。

後に彼はバラバラだった（そしてしばしば敵対関係にあった）モンゴルの諸氏族を完全に一つにまとめあげ、さらに周辺の遊牧民たちをも吸収して巨大なモンゴル帝国を作り上げるが、その源泉はここにあったと言えないだろうか。

テムジンのもとに帰参した氏族の中に、バアリン氏族のコルチ・ウスンという男がいた。バアリン氏族の祖はボドンチャルの長男（攫ってきたウリャンカイ族の女とボドンチャルの間に生まれた子）で、その意味では由緒《ゆいしょ》正しき一族だった。巫女《みこ》や祈禱師《きとうし》などシャーマンが輩出する一族で、族長のコルチ・ウスンは大シャーマンであった。モンゴルではシャーマンは運命を司《つかさど》る力があると見做されている。『モンゴル秘史』の記述は時系列が怪しいとされるが、コルチ・ウスンが帰参したのはテムジンとジャムカが袂を分かった直後だと私は考えている。

コルチ・ウスンはテムジンの前でこう言った。

「我々はジャムカと共にいたが、ジャムカとは血統上、腹は同じであっても、種は違う。そして、先日、神からのお告げが下るのを見た」

そのお告げとは、簡単に言うと以下のようなものだった。二頭の牛が現れ、一頭の牛はジャムカに角をぶつけ、別の一頭は「神と協議した結果、テムジンを国の主とする」と言ったという。つまりコルチ・ウスンはテムジンの前で、「テムジンは国の王となる」という神託の言葉を述べたのだ。その後で彼は言った。

「あなたが国の主となったなら、この神のお告げをお知らせした私にどんな恩恵を授けてもらえるのでしょうか」

この言葉から、コルチ・ウスンはシャーマンではあるものの、同時に計算高い男であることも読み取れる。

　テムジンは答えた。

「お告げ通りに、わしがこの国を治めることができたなら、お前を万戸《ばんこ》の長にしてやろう」

　万戸の長というのは、一万人の軍隊を統べる軍団長であり、領主のような存在である。当時のテムジンは、百人からせいぜい数百人の者たちを従えるくらいの力しかなかったと思われる。部下を万戸の長にするというのは、当時のテムジンにとっては夢物語であったろう。

　しかしこれに対してコルチ・ウスンは言った。

「これほど素晴らしいお告げを知らせたのに、万戸の長くらいでは満足できません。万戸の長の地位を得た上で、国中の美女や処女を自由自在に選んで三十人の妻を持たせてください」

　この要求は一見すると相当に厚かましいが、穿《うが》った見方をすれば、敢えてそれを言うことで、自らの神託にそれほどの自信を持っているということをテムジンに示したかったのかもしれない。

『モンゴル秘史』には、テムジンがどう答えたかは書かれていないが、後にコルチ・ウスンは功臣表の第四位に序列され、最終的にその願いも叶えられた。

　コルチ・ウスンがそこまで高い地位を得た理由は、海の物とも山の物ともつかない当時のテムジンに対して、輝ける未来を語ったということが大きかったのではないだろうか。多くの者がテムジンはいずれ天下を取るだろうと考える状況になってからそうした未来を語っても、決して高くは評価されなかったに違いない。

また当時のモンゴル人の間では、シャーマンは人知を超えた力があると思われていただけに、テムジンがコルチ・ウスンの言葉を聞いて、自分には「王となる」運命があると信じた可能性はある。少なくともある種の暗示にかかった可能性は十分ありうる。実際に、モンゴル帝国の大カン（ハーン）になった時、テムジンはコルチ・ウスンの神託によって導かれたと考えたのだとしても不思議ではない。

もっともこのエピソードは別の見方もできる。もともとジャムカに仕えていたバアリン氏族のシャーマンがテムジンのもとにやってきたのは、その方が自分や氏族全体の将来が明るいと見たからである。コルチ・ウスン自らがテムジンの将来性を信じていなければ、「テムジンが国の王になる」という神託を当人に告げなかっただろうし、ましてジャムカと離れてテムジンにつくといった行動にも出なかっただろう。そして、この人望の差がテムジンとジャムカの運命を分けたといえるかもしれない。

テムジン、カンに推挙される

こうして多くの氏族がテムジンのもとに集まったことで、キヤト氏（テムジンが属する大きな氏族）のリーダーたちの間では、テムジンをカンにしようではないかという話になった。カンというのは、テュルク系・モンゴル系の遊牧民集団の君主の称号である。

モンゴル族の歴史のところで書いたように、初めて「すべてのモンゴル」の王となったのがカブル・カンである。系譜的にはテムジンの曾祖父にあたる。カンの位はその後、アンバガイ（二代目。カブルの又従兄弟）やクトラ（三代目。カブルの四男）へと引き継がれていたが、それ以降は出ていなかった。テムジンの父イェスゲイはかなりの力を持ったリーダーだったがカンにはなれなかった。

テムジンがカンに推挙された年代は不明である。『モンゴル秘史』の記述には、ジャムカと別れて間もない時期と読めるが、そんな短期間にテムジンが多くの仲間を引き寄せたとは思えない。少なくとも数年の月日が流れていると見做すのが妥当であろう。おそらくその間に氏族同士で同盟や離反を繰り返しながら、前述したように徐々に味方となる氏族や男たちを集めていったと思われる。

実はテムジンは複数回カンに即位したという説が有力である。テムジンは徐々に彼の「ウルス」（国、領土、あるいは集団）を大きくしていき、その都度、その集団のリーダー役を担っていったのではないかというものだ。つまり最初はキヤト氏においてカンになり、次にその他のモンゴルの氏族を掌握《しょうあく》して大集団のカンとなり、最終的にモンゴル高原の全遊牧民のカンとなったという説である。

『モンゴル秘史』の訳者である村上正二は、チンギス・カンの即位は、一一八九年、一二〇四年、一二〇六年の三回あったと見ることも可能ではないかと述べている。『モンゴル秘史』に書かれているこの時の即位は第一次という見方である。ちなみにテムジンの子孫で清朝時代に『蒙古源流』を書いたサガン・セチェンは、第一次即位の年を村上と同じく一一八九年としている。

この説を採ると、私はこの物語でテムジンの出生年を一一六二年と推定しているので、第一次即位は彼が二十七歳の時ということになる。ボルテは既に長女コジン・ベキ、長男ジョチの下にチャガタイ、オゴデイ、トルイという三人の男子を生んでいる（ボルテはそれ以外に四人の女子を生んでいる）。ちなみにこの四人の男子はいずれも後にモンゴルの大遠征の強大な司令官となる。

ところで、『モンゴル秘史』には、この時、テムジンは彼に従うと宣誓を行なった者たちから「チンギス・カン」という名前を付けられたと書かれていて、これ以降、テムジンではなくチンギス・カンと呼称されているが、私はこれは大いに怪しいと見ている。というのは、今日の研究によれば、チンギスという言葉は、どうやらテュルク語らしく、ローカルなキヤト氏集団がそうした外来語を選んだとは思えないからだ。

『集史』には、一二〇六年にテムジンがカンに即位した折、ココチュ・テブ・テングリというシャーマンが「チンギス・カン」という尊称を名付けたと書かれてあり、呼称については『集史』を採りたい。したがって、これ以降もチンギス・カンではなくテムジンと書く。

さて、テムジンをカンに推挙した者たちは宣誓の言葉を発した。少し長いが全文を引用する。

「多き敵には　先鋒《さきがけ》となりて奔《はし》りて
顔色《かお》よき処女《おとめ》・婦女子《おみなご》を
己が宮居《みやい》に入らしめん
異国人《とつくにびと》の頬《は》の美しき
婦人《おみな》・処女《おとめ》を尻節《しりぶし》の
良き馬駆りて　つれて来たらん
逃げ回る野の獣をば囲猟《まきが》るに
先駆け囲みてやらんぞ　われは
荒野の獣はその腹を一並び寄せてやらんぞ
断崖《きりぎし》の獣はその腿を一並び寄せてやらんぞ
戦いの日に
汝が厳命《のり》に背くとあらば
わが部曲《かきべ》より　娘・妻子より別れさせ
わが黒き頭をば　大地の上に捨ててやれ
平和《やわらぎ》の日に
汝が協議《ちかい》を破るとあらば

わが軍人《いくさびと》どもより　妻子より離れさせ
絶えて主《ぬし》なき地に捨ててやれ」（村上正二訳）

なんとも凄まじい宣誓の言葉であるが、興味深いのは真っ先に出てくる言葉が、敵の女を奪って宮居（後宮《こうきゅう》のこと）に入れるというものであることだ。敵の財産や家畜を奪うということは出てこないのに、美しい女を奪うということが繰り返し述べられているのは、衣類や家畜よりも女性の価値が非常に高かったことを思わせる。

これは私の想像だが、氏族を大きくするには子供をたくさん作ることが絶対条件で、そのため敵を破った時の一番の獲物が女であったのかもしれない。「顔色よき処女・婦女子」は、「容貌の優れた女」という意味よりは「若くて健康な女」という意味ではないだろうか。つまり「子供を生むことのできる女性」である。ちなみにテムジンの母のホエルンもイェスゲイによって強奪された女性であったし、テムジンの妻のボルテも敵対勢力によって一時的に奪われている。

前にテムジンとジャムカとトオリルの連合軍がメルキト族を襲った際も、男の多くは殺しているが、女性たちは連れ帰っている。妻や妾にするためである。そして彼女たちの生んだ子は自分たちの一族として育てたのだろう。

テムジンの十代前の祖先であり、ボルジギンの祖であるボドンチャルもウリャンカイ族の女を奪って妻にしている。つまりモンゴル高原に盤踞《ばんきょ》する遊牧民たちは、このように常に他部族との交配によって成り立っていたと見ていい。その民族もアジア系だけでなくコーカソイドもいたと思われる。前にも述べたように『集史』には、テムジンの一族は髪の毛と瞳の色は黒ではなかったとあるから、当時のモンゴル人は非常に雑多な混血の一族だったといえる。

前述の韻文の「逃げ回る野の獣をば囲猟るに……」以下の文章はモンゴル人がよくやった「巻狩り」がモティーフである。巻狩りとは、鹿や猪《いのしし》などの獲物を四方から取り囲み、それらを一ヵ所に追い込んで、矢を射て仕留める大規模な狩猟方法である。つまり、この部分の内容は、獲物である敵を集めて全滅させるという意味であろう。巻狩りは、当時のモンゴル部族にとっては重要な経済活動で、同時に一種の軍事演習としての側面もあった。

ただ、この宣誓文の中にある「敵」には、幼い子供は含まれない。彼らは敵ではなく、自分たちの仲間として取り入れる存在であった。

ここで皆さんに、前に書いた戦場に置き忘れられたメルキト族のクチュという男の子と、タイチウト氏族の中のベスト族が置き忘れていったココチュという男の子をホエルンが育てたという『モンゴル秘史』に記された話を思い起こしてほしい。二人の子は後にモンゴル帝国でホエルンとテムゲの王傅になっていることから、ホエルンが二人を実の子のように育てたのがわかる。テムジンはたとえ血統が違っても、自分たちの部族で育てた子供は同じ仲間であるという意識を持っていたようで、冷遇したり差別したりする意識はなかったようだ。後に「四駿」の一人としてテムジンを支えることになるボロクルも、『モンゴル秘史』によると、もとはホエルンが育てた敵方の孤児である。

テムジンのこうした血統にこだわらない考えが時のモンゴル族全体の共通概念であったかどうかはわからない。もしかしたら、テムジン独特の考え方であった可能性もある。そうであったとするならば、彼のその懐の深さが多くの氏族を引き寄せた大きな要因の一つであったのかもしれない。

もっともテムジンが子供を拾って育てさせた話は事実ではないのではないかという説もある。クチュの話もココチュの話もボロクルの話も『モンゴル秘史』にしか書かれていないというのが大きな根拠だが、私はそれをもって作り話であるというのはどうかと思う。むしろそんな話を創作する意味がわからない。クチュもココチュもモンゴル帝国の功臣表に載るほどの高官であり、子孫もそれなりの地位についている。そんな人物の過去と血統を捏造する理由が見当たらないからだ。それに『モンゴル秘史』は、子供を拾ったことを、別段、美談仕立てには書いていない。単に、こんなことがあったという風な淡々とした記述である。したがって私は子供を拾って育てた話は事実であると考えている。ただ、その時期に関する記述は実際とズレがありそうだ。

ところで、「宣誓」の最後の言葉はシチリアのマフィアの掟のような恐ろしい内容になっている。これは戦時においてテムジンの命令に背けば、首を刎《は》ねられてもいいとし、平時において（宣誓の）誓いを破れば、追放されてもいい、と言っているのだ。まさしく「血の掟」である。

ちなみに「部曲（カリ・シリ）」という言葉は、『元朝秘史』の研究で名高い言語学者の小澤重男は「財人」と訳している。要するに「わが部曲より　娘・妻子より別れさせ」という言葉は、財産も奪われ仲間からは追放されるという意味であろう。

多くの者たちから推挙を受けてカンの位についたとはいえ、当時のテムジンの集団は後のモンゴル帝国とは比べものにならないほどの小規模なものであった。

それでもテムジンはただちに小さいながらも国家組織のようなものを形作った。そして弟や部下たちにそれぞれの役職を与えている。『モンゴル秘史』には個人名と役職が詳しく書かれ、テムジンのそれぞれに与えた訓示も書かれている。

ここで全部を紹介するのは煩雑になるので割愛するが、カサル（テムジンの弟）、それにクビライ、チグルダイ、カルガイ・トクラウンの四人に刀を帯びさせて言った言葉は有名である。

「荒ぶる者はその項《うなじ》を斬れ
驕《おご》れる者は　その胸を刺せ」（村上正二訳）

これはテムジンの言葉の中でも特に知られたもので、モンゴル帝国の残忍さと恐ろしさを伝える著述家たちにしばしば引用される言葉でもある。

『モンゴル秘史』には、後にモンゴル帝国最強の将軍となるスベエデイがテムジンに述べた忠誠の言葉が書かれている。

「鼠となりて集め合わん
黒き鴉《からす》となりて、外にあるものを拾い合わん
馬覆いの毛布となりて　覆い合わんとぞ試みん
風除けの毛布となりて　家を防ぎ合わんとぞ試みん」（村上正二訳）

要するにテムジンのために高原を奔走《ほんそう》し、また常にテムジンを守り抜くという意味であろう。

最後に、テムジンがボオルチュとジェルメに与えた言葉を紹介しよう。ボオルチュはかつて馬を盗まれたテムジンのために一肌脱いでくれた少年で、後に「四駿」の一人となる男である。ジェルメは一家を構えたテムジンのもとに、ウリャンカイ族の老人が「お傍に置いてください」と言って連れて来た若者であり、後の「四狗」の一人である。

テムジンは二人に言った。

「汝たちは、影よりほかに友もないわしの影となり、尾よりほかに鞭のないわしの尾となってくれた。まさしく汝らこそは、わしの心の支えであった」

そして二人に、側近中の側近として、テムジン配下の者たちを束ねる長（大将軍のような位）になってくれと頼んだ。

この言葉から、いかにテムジンがボオルチュとジェルメを信頼していたかがわかる。おそらく二人は出会った時から変わらずにテムジンに忠誠と友情を誓い続けてきたのであろう。

そして二人は生涯にわたってテムジンを支え続けることになる。

十三翼《よく》の戦い

テムジンはケレイト族のトオリルに使いをやって、カンの座（実質的にはキヤト氏一族の族長）に就いたということを知らせた。

トオリルはそれを聞くと、モンゴル族が主君を得たことは素晴らしいことだと祝福した。そしてこう言った。

「この協議《ちかい》は破るまいぞ

結び目は解くまいぞ

衣の襟《えり》は引くまいぞ」（村上正二訳）

この言葉から両者の間には同盟関係のようなものがあったのが窺える。

テムジンはジャムカにもアルカイ・カサルとチャウルカンを使者として派遣した。ジャライル族のアルカイ・カサルは、以前はジャムカの一族に属していたが、彼のもとを離れてテムジンに帰参した男だった。後にモンゴル帝国の千戸長（千人隊長）となる。もう一人の使者であるチャウルカンはウリャンカイ族のジェルメの弟（従兄弟の可能性もある）で、これも後に千戸長になっている。

その二人から、テムジンがカンになったという報を聞いたジャムカは祝福の言葉を述べなかった。それどころか、彼は二人をなじるように言った。

「汝ら二人はテムジンとわしの間を『脇腹を刺し、肋骨《あばらぼね》を突くように』離れさせた」

そしてこう続けた。

「汝らは、わしとテムジンが一緒にいる時に、どうしてテムジンをカンにしなかったのか。今頃になって、なぜ彼をカンにしたのか」

この言葉の裏には、テムジンが自分と行動を共にしている時には、自分の存在が大きいために、お前たちはテムジンをカンに推挙することが出来なかったはずだという意味が込められている。この言葉に対してアルカイ・カサルたちが何と答えたのかは『モンゴル秘史』には書かれていない。

ジャムカは最後に「テムジンをカンに推挙した限りは、テムジンのために尽くせ」と言ったが、これはあくまで儀礼的な言葉に過ぎず、本心からの激励の言葉ではないのは明らかである。

それから間もなくテムジンとジャムカの間でトラブルが生じる。

ある時、ジャムカの弟（従弟の可能性もある）のタイチャルが、ジャラマ山の南のオレゲイの泉近くの草原に住んでいたテムジンの部下であるジャライル族のジョチ・ダルマラの馬群を盗んだ。

ジョチ・ダルマラは単身でタイチャルを追跡した。そして夜に追いつくと、乗っている馬のたてがみに身を伏せて近づき、弓でタイチャルを射殺し、馬群を取り戻した。

弟を殺されたジャムカは怒り狂い、復讐のために自らのジャダラン氏を含め、多くの氏族を集結させた。その中には積年にわたってテムジンに敵意を抱いていたタイチウト氏族もいた。ジャムカはそれらの兵を率いて、テムジンに向かって軍を進めた。

ここで疑問に思うのは、ジャムカの仇は弟を殺したジョチ・ダルマラであってテムジンではないのではということだ。つまりジャムカは弟の復讐という名目で、テムジンを攻めたかったように見える。そう考えると、タイチャルの行動自体が戦争のきっかけを作りたかったからではないかという見方もできる。

ジャムカたちがテムジンのところに向かっている時、ジャムカの軍にいたイキレス氏族の二人が隊を抜け出して、テムジンに襲撃を知らせた。

テムジンはただちに仲間たちに号令をかけてジャムカの軍をダラン・バルジュトという地で迎え撃つ準備をした。

この時、テムジンの集団の宿営は円陣形をしており、中央にいるテムジン一家を守るように団営（クリエン）が輪を成して囲んでいた。これは当時のモンゴル集団の典型的な陣でもあった。団営は全部で十三あったことから、この戦闘は「十三翼の戦い」あるいは「ダラン・バルジュトの戦い」と呼ばれている。

『モンゴル秘史』には十三の団営がどのような一族で形成されていたかについての記述はない

が、『集史』や『聖武親征録』には詳しく書かれている。ここではその詳細は省くが、テムジンが直接統率する団営は二つ（一つは彼自身の団営で、もう一つはホエルンの団営）で、ほかは先代のカンであったクトラ・カンの子孫やカブル・カンの子孫など、多くがキヤト氏の集団で占められていた。つまりテムジンが絶対的な支配力で統率していた集団というよりは、キヤト氏族たちの支持によって成り立っていた一団と言える。

『モンゴル秘史』によると、ジャムカ軍もテムジン軍もともに三万人の軍勢とあるが、これは大袈裟な数字であると思う。テムジンがジャムカと別れて数年でそこまでの勢力を築けるはずはないし、ジャムカにしても同じである。

いったい戦争に投入できる兵というのは基本的に男性である。当時のモンゴル人の場合だと十代半ばから三十代後半というところだろう。仮にこれを全男性の半分とすると、三万の軍隊を組織するには少なく見積もっても十二万人以上の人口を必要とする。いかにテムジンに人間的魅力があっても、数年でそこまでの規模の集団を作り上げるのはさすがに無理がある。それに十二万人の集団となると、十三の団営ではおさまらない。したがって実際の兵力規模は三万よりもはるかに少ない数だったと思われる。根拠もない数字で申し訳ないが、双方の軍勢は数千もなかったのではないか。

ただ、テムジンにとっては初めて自らが指揮する本格的な戦闘であった。前にボルテを取り戻すためにメルキト部族を襲撃した戦いがあったが、それはトオリルとジャムカの連合軍に参加するという戦いであった。つまりジャムカとの戦いこそ、実質的なテムジンの初陣《ういじん》といえた。

そしてその戦いでテムジンは負けた。

戦いの詳細は残されていないが、テムジンの軍はジャムカに打ち破られ、オナン河のジェレネ狭間《はざま》に逃走するはめとなった。

ジャムカは勝ち誇って言った。

「テムジンの奴をオナンのジェレネに敗走させたぞ」

テムジンは後に何度もジャムカと戦うことになるが、緒戦では完敗を喫した。


しかしこの敗戦によるダメージはそれほどではなかったようだ。おそらく不利と見たテムジン側が素早く退却戦術を取ったためであろう。

奇妙なことに、この「十三翼の戦い」は、『集史』や『聖武親征録』では逆にテムジンが勝利したことになっている。『モンゴル秘史』と『集史』の齟齬《そご》は珍しくないが、正反対のことが書かれているのは異例である。もっとも「十三翼の戦い」に関しては、今日研究者の間では『モンゴル秘史』が正しいという見方が多数を占めている。村上正二は『集史』について、「明らかに編者（ラシード・アッディーン）の捏造《ねつぞう》である」と書いている。

その理由はおそらく『集史』の成立年代にある。同書は十四世紀初めにイルハン国で編纂されたが、チンギス・カンは同王朝にとっては大英雄であり、その彼が敗れたとは書きにくかったのかもしれない。一方、『モンゴル秘史』はそれよりずっと前に編まれ（最初に編纂されたのはチンギス・カンが亡くなって間もなくだと思われる）、これまでに何度も語っているように、チンギス・カンのありのままの姿を記そうという姿勢がある。したがって彼が敗れたという事実もそのままに書き残したのであろう。

この戦いがいつ頃起こったかについては諸説ある。ドーソンの『モンゴル帝国史』の訳者である佐口透は一一八九年頃と述べているが、おそらくその前後であろう。なお『集史』では、テムジン対ジャムカというよりも、テムジン対タイチウト族の戦いとして書かれている。

この戦いで注目すべきは、ジャムカが捕虜としたチノス氏族の御子《みこ》たちを七十の鍋で煮殺したことだ。さらに首領の首を斬り落とし、それを馬で引きずって見せたと『モンゴル秘史』にある。

チノス氏族はタイチウト氏族の支族であった。つまりジャムカから見れば、彼らはジャムカ派からテムジンのもとに走った裏切り者でもある。ただ、チノス氏族は系譜的には母方はキヤト氏に近く、そうしたこともあってテムジン側についたのかもしれない。面白いのは『聖武親征録』に、「ジャムカは狼を七十二の鍋で煮た」という記述があることだ。これは「チノス（狼）」という言葉をそのまま漢訳したために起こったミスと考えられる。

ジャムカは裏切り者を殺すことで、仲間たちに自分の絶対的な力と非情さを見せつけようとしたのかもしれないが、この行為は逆効果となった。なぜならこれ以降、ジャムカから離れて、テムジンに帰順する者が増えていったからだ。ジャムカが大鍋で同胞を煮殺すという残虐な処刑方法を取ったことで、彼に従っていた部族長たちの目には「ジャムカは首領としてふさわしくない」と映ったのかもしれない。

その結果、この戦いを境にして、皮肉なことに敗れたテムジンの方が逆に勢力を伸ばすことになった。その意味では『集史』や『聖武親征録』がテムジンの勝利と書いたのはあながち間違いだともいえない。


『モンゴル秘史』には、「十三翼の戦い」の後、ジャムカの陣営にいたモンリク・エチゲが七人の子と一緒にテムジンのところに戻って来たとある。モンリクはかつてテムジンの父のイェスゲイに仕えていた譜代の臣で、彼の死を看取った男である。しかしこのタイミングで戻ってきたということは、タルグタイ・キリルトク率いるタイチウト氏族がホエルンたちから去った折にテムジン一家と離れ、以後はタイチウト族と行動を共にしていたとも考えられる。実際、同書にはこの時までモンリクの名前は一切出てこない。

一方、『集史』では、モンリクはずっとテムジンたちのもとにいたということになっている。この場合、どちらの記述をどこまで信頼するかだが、前述したように、モンリクは『モンゴル秘史』において功臣表の序列一位となっており、またラシードによると、彼はイェスゲイの死後、テムジンの母のホエルンを妻にしていることから、テムジン一家と生活を共にしていたと考えるのが自然かもしれない。

ただ、『モンゴル秘史』にはモンリクがホエルンを娶ったという記述はない。これほど重要なことがうっかり書き落とされたとは考えにくいので、ここには何か編者の意図があるのではないかという見方もできなくはない。つまりテムジンがそのことを快く思っていなかったのではないかというものだ。とはいえ、エチゲは「父」を意味する言葉なので、同書はそう記述することで、彼がテムジンの義理の父ということを示していたのかもしれない。

しかし、モンリクがずっとテムジン一家と暮らしていたとすると、なぜ『モンゴル秘史』に、「十三翼の戦い」の後でモンリクがジャムカのところから戻ってきたとわざわざ書いているのかがわからない。

ここで私は敢えて大胆な推察をしてみたい。この時、帰参したのはモンリクではなく、彼の子供たちではないだろうか。つまりタイチウト氏族がテムジン一家を見捨てた時、利に敏《さと》いモンリクの子供たちは父やテムジンたちと別れてタイチウトと行動を共にしたのではないか。実際、モンリクの息子は後に非常に尊大な態度を取るようになり、大きなトラブルを引き起こしている。そのことに関しては第二巻で述べる。もっとも、この推察には文献的な裏付けがあるわけではない。

さて、ジャムカ側からの寝返りはモンリクたちだけではなかった。ウルウト氏族のジュルチェデイも一族の一部を率いてテムジンのもとに帰参した。ウルウト氏族の祖はボドンチャルで、テムジンのキヤト氏とは同じ父系の一族である。

ジュルチェデイの名前は「女真族の母から生まれた」という意味らしい。女真族は金帝国を作った狩猟民族である。前章で書いたように金帝国はモンゴル人にとって憎みてあまりある敵であったが、テムジンは女真族の血を引くジュルチェデイをその血統で差別したり冷遇したりすることはなかったようだ。というのは、ジュルチェデイはその後、数々の殊勲《しゅくん》をあげ、モンゴル帝国の大勲臣になり、功臣表では第六位に位置するまでになっているからだ。

またウルウト氏族と同じくボドンチャルを祖とするマングト氏族の族長クイルダル・セチェンも一族の一部を率いてテムジンのところにやってきた。クイルダルはジュルチェデイと共にテムジンのアンダとなり、後に功臣表の第二十一位に名を連ねる。

ウルウト氏族とマングト氏族はともに刀と槍に秀でた者が多く、テムジン軍の部隊の中核を担っていく。後にジュルチェデイとクイルダルは戦場で大活躍することになる。

こうして、ジャムカに敗れたにもかかわらず多くの氏族がジャムカのもとを離れて自らのところに参じてくれたことをテムジンは大いに喜んだ。

同じ頃、テムジンに帰順した者の中に重要な人物がいる。かつてテムジンが少年時代にタイチウト氏族に囚われの身となった時、彼を救ってくれたソルカン・シラの家族である。水の中に身を潜めていたテムジンが彼の家の中に逃げ込んだ時、一時は追い返そうとしたソルカン・シラだったが、息子のチラウンの言葉でそれを思い直してテムジンを匿ってくれたのだった。

「雀が鷹に追われて草むらの中に逃げ込んだら、草むらは雀を助ける。今こうして我が家に逃げてきた者にどうしてそんなことを言うのか」と言ったチラウンの言葉がなければ、世界史は大きく変わっていた。その意味では世界を変えた一言だった。

ソルカン・シラが属するスルドス氏族はもともとタイチウトの隷臣であり、彼らはテムジンを逃がした後も、タイチウトに従っていた。しかし「十三翼の戦い」の後、家族で長年の主人であったタイチウト氏を離れて、テムジンのところにやってきたのだ。

『モンゴル秘史』によると、テムジンはソルカン・シラとその家族に言った。

「かつて私の手枷を外し、首枷を緩めてくれたのは、お前たち家族だ。なぜもっと早く私のところにやってこなかったのだ」

ソルカン・シラは答えた。

「いつも心の中でカンを頼りにしていましたから、急ぐ必要はなかったのです。もし、私一人が急いでカンのところに来ていたなら、タイチウトの族長たちは、残った家族を殺していたことでしょう。ですから、まさにこの機会に、カンのもとへとやってきたのです」

こうしてテムジンは命の恩人たちを部下に持った。前述したようにソルカン・シラは後にモンゴル帝国の千戸長になり、その子チラウンは「四駿」の一人となっている。

ちなみにソルカン・シラの帰順は、『モンゴル秘史』によると、一二〇一年のタイチウトとの戦いの最中ということになっている。しかしこれはおそらく時系列の誤りと思われる。モンゴル史研究家の吉田順一は、「十三翼の戦い」の後くらいではないかと推察している。私もそうだと思う。というのは、『モンゴル秘史』の一二〇一年だと、テムジンの年齢は四十近い。いかに二人が少年時代の命の恩人とはいえ、それから二十年以上の月日が流れた後で仕えても、そこまで出世しないのではないかと思えるからだ。チラウンがモンゴル帝国の最高幹部の「四駿」の一人になったということは、テムジンの苦境時代から彼を支えたからだと考えるのがしっくりくる。

『集史』によれば、チラウンはきわめて勇敢で雄々しかったという。ある戦場で馬から落ち、そこに敵の騎兵が殺到したが、彼は槍を持って彼らに立ち向かい、敗走させた。テムジンはそのことに驚嘆して、「この勇者に匹敵する者を見たことがない」と言った。

あるいは、ソルカン・シラ一家がテムジンとタイチウトとの戦いの最中に帰順したというのは事実かもしれない。もっともその戦いは『モンゴル秘史』にも『集史』にも載っていない小競り合い的なものだったのではないだろうか。『モンゴル秘史』には、その戦いでソルカン・シラの娘のカダアンの夫がテムジンの兵に殺されたという記述が出てくる。この時、カダアンがテムジンのことを「カン」ではなく「テムジン」と呼ぶ描写がある。これも一二〇一年より前のことではないかと私が考える根拠である。

第四章

テムジン、モンゴル族を束ねる

ジュルキン氏族との乱闘

こうして多くの氏族と同盟を結んだテムジンは、ある日、同じキヤト氏の支族であるジュルキン氏族との親睦《しんぼく》のために、オナン河の林の中で酒宴を開いた。

この時、酒宴の席で二つのトラブルがあったと史書は述べている（これは『モンゴル秘史』『集史』『聖武親征録』すべてに書かれている）。

その一つはジュルキン氏族の族長サチャ・ベキの母を頭として酒袋を開けたことがきっかけで起こった事件だった。この序列のことで、サチャ・ベキの亡き父の正夫人と第二夫人が機嫌を損ねたのだ。

二人の女性は場を仕切っていたテムジン側の大膳職《バウルチ》（料理長）を打擲《ちょうちゃく》した。

彼女たちがこんな振る舞いをしたのは、自分たちジュルキン氏族の方がテムジンのボルジギン・キヤト氏よりも上だという意識があったせいかもしれない。というのは、ジュルキン氏の祖はカブル・カン（初代カン）の長男である。テムジンの父のイェスゲイはカブル・カンの次男の息子であるから、血統的にはジュルキン氏族の方がキヤト氏の嫡流《ちゃくりゅう》といえなくもない。ちなみにジュルキン氏は勇猛で知られる一族で、その名も「無敵《ジョルキメス》」からきている。

大膳職は皆の前でプライドを大いに傷つけられ、泣きながら言った。

「イェスゲイ・バアトルとネクン・タイシ（イェスゲイの兄）が死んだからといって、こんな風に叩かれなければならぬとは」

宴席の他愛ないトラブルに見えるが、この逸話は私たちに様々なことを示唆してくれる。

まず、モンゴルでは族長が亡くなった後も、その夫人たちにはかなりの権限があること。そして（現在の）若き族長の生みの母であろうと、父の正夫人や第二夫人より上に見ることは礼儀に反するらしいことがわかる。おそらく大膳職はそのあたりをうっかりしたのであろう。

もう一つ、大膳職の「イェスゲイらが生きていたら、こんな目には遭わされていないはずだ」という言葉は、暗にテムジンの威光、あるいは統率力の弱さを非難しているように見える。

たしかに彼の言うように、もしテムジンが絶大な権力を持っていたなら、ジュルキン氏族の二人の未亡人が彼の面前で大膳職を侮辱するような真似はできなかったであろう。つまり、この時のテムジンの権威はまだその程度のものであったと考えられる。

ただ、大膳職もジュルキン氏族の二人の未亡人も、テムジンという人物を見誤っていた。テムジンはおそらくこのことで内心相当な怒りを持っていた。彼が怒りを抑えたのは、親睦の宴会の場を、そんなことでぶちこわしにしてはならないと考えたのだろう。今後のことを考えると、ジュルキン氏族との同盟関係は大切なものだったからだ。

しかし、ジュルキン氏族の二人の未亡人の行いによって、両氏族の間に緊張状態が生じたことは間違いない。そして間もなく第二のトラブルが起こった。

酒宴の間、テムジンの馬を見張っていた異母弟のベルグテイが、ジュルキン氏族の男が革の手綱《たづな》を盗むところを目にした。

ベルグテイはただちにその男を捕まえた。するとジュルキン氏族側で酒宴を取り仕切っていたブリ・ボコという男が仲間をかばった。ブリ・ボコはカブル・カンの三男クトクトゥ・モングルの息子である。ボコというのはモンゴル語で「力士」を意味し、格闘力に優れた男だった。ただ「力士」といっても、日本の相撲力士とは違い、レスラーのような存在だった。

ベルグテイは「組み合って勝負しようではないか」と右袖を脱いで素肌になった。実は彼もまたテムジンの一族では力士と知られた男であった。

ところが、ブリ・ボコはベルグテイと組み合うことなく、いきなり刀で斬りつけた。ベルグテイは右肩を斬られて傷を負ったが、刀を抜いて応戦することはせず、その場を立ち去った。その様子をたまたま木陰《こかげ》にいたテムジンが見ていた。

彼はベルグテイに問うた。

「お前は、なぜ、こんな目にあわされたのか」

ベルグテイは答えて言った。

「傷はたいしたことはありません。私のことで、ジュルキン氏族と争うようなことになってはいけません。せっかく親しくなった氏族同士がこんなことで争うのはやめてください。傷はすぐに治ります」

ベルグテイは自分がブリ・ボコと斬り合うことになれば、両氏族同士の大衝突になるかもしれないと思い、我慢することを選択したのだった。

だが、ベルグテイの思慮ある言葉を聞いても、テムジンの怒りはおさまらなかった。そして彼自ら報復に出た。

『モンゴル秘史』では、テムジンは「酒桶の醸し杵を抜き取って、打ち合いをして、ジュルキン〔族の者〕を打ち負かして」（村上正二訳）という淡々とした記述であるが、現実はそんなものではなかったはずだ。おそらく両氏族間で乱闘のようなものが起こったのだろう。この話は『集史』にも書かれていて、二つの集団は木の枝（棍棒？）で打ち合ったとある（ただし双方とも刀は抜かなかったようだ）。もちろんテムジンも大いに暴れたことと思われる。

そしてどうやらこの乱闘を制したのはテムジン側だったようだ。というのは、テムジン側はジュルキン族の二人の未亡人を捕縛したからだ。このことを見ても、テムジンが彼女たちの発言と行いに相当腹を立てていたのがわかる。

両氏族はいったん訣別したが、『モンゴル秘史』によれば、ジュルキン氏族側から「仲良くし合おうよ」と言われたので、テムジンは二人の未亡人を解放した。そして、同盟関係を維持していこうと、互いに使者を遣わせることになった。

ただ、『集史』の記述では、テムジン側から二人を解放したように読める。彼は両者が敵対関係でいるのはよくないと考えたのかもしれない。

ウルジャ河の戦い

テムジンがジュルキン氏族との和解交渉を行なっているまさにその時、彼の運命を変える大きな出来事が起こった。

これは「ウルジャ河の戦い」(現代モンゴル語では「オルズ河の戦い」)と呼ばれるもので、「金朝・ケレイト族・テムジンの連合軍」対タタル族の戦闘である。この戦いは『モンゴル秘史』や『集史』だけでなく、中華の歴史書『金史』にも記されている。しかも年代もはっきりしていて、一一九六年である。テムジンが三十四歳のときだ。

ちなみに『金史』は、元朝時代に編まれた金朝の歴史書で、女真族の興起から金の滅亡までが全百三十五巻にまとめられている。

「ウルジャ河の戦い」のそもそものきっかけは、中華の北部を治めていた金がタタル族討伐の軍を出したことである。その理由を述べる前に、当時のモンゴル高原に睨みを利かせていた金という国についてあらためて語ることにする。

金は女真族が創った中華帝国である。彼らはもともと満洲から沿海州《えんかいしゅう》一帯に暮らしていたツングース系の狩猟民族だ。モンゴル系の契丹人が建てた遼に約二百年間支配され、圧政に苦しんでいたが、一一一四年に女真族のリーダー完顔阿骨打《ワンヤンアグダ》が反乱軍を率い、一一一五年に遼から独立して国を建て、国号を「大金」とする（一般には金あるいは金朝と呼ばれる）。

その後、金は同じ中華帝国の宋と連携して、遼を南北から挟撃する。そして一一二五年、ついに遼を滅ぼして積年の恨みを晴らした。ちなみに遼の残党（契丹人）はモンゴル高原の西へ逃れ、西遼（カラキタイ）を建てる。

金は遼を駆逐した後、約束を守らず背信行為を繰り返す宋に怒り（宋は遼の残党と手を結んで金を攻めようともした）、今度は宋を攻めた。

金軍はたちまち宋の首都である開封《かいほう》を包囲したが、宋が賠償金を支払うと言ったので、和睦《わぼく》して軍を引き揚げた。しかし、宋は約束した賠償金を支払わず、逆に金へ軍隊を送り込んだ。このあたりの宋のやり口を見ていると、女真族を蛮族と見下していたのが窺える。

これに怒った金は再び宋を攻め、開封を陥落させると、皇帝の欽宗《きんそう》の一族を捕らえた。これにより一一二七年に宋は滅んだ（この時、南に逃れた皇帝の一族が南宋を建てたので、滅んだ宋は歴史学的に「北宋」と呼ぶ）。金は宋の皇帝や上皇だけでなく多くの皇族たちを連行し、皇后や皇女などを娼婦に落とした。この一一二六年から一一二七年までの一連の事件を宋側は「靖康《せいこう》の変」と呼んでいる。

こうして遼に代わって中華の北部を支配した金ではあったが、南は南宋と接し、西はタングト族の西夏と接しているだけに、二つの国境付近は常に緊張状態にあった。北部には金を脅かすほどの強大な国はなかったが、常に掠奪を狙う油断のならない遊牧民たちの存在があった。

前に初めてモンゴルのカンとなったカブル・カンが金へ侵攻したと書いた。『大金国志』（『金史』とは別の史書。信憑性が乏しいと言われている）には、一一四〇年代にモンゴルが金の領土を侵し、その対応に苦慮した金が二十七の城を与えて和議を結んだと記されているが、当時のモンゴルに金を脅かすほどの軍事力があったとは考えにくく、実際は何度か掠奪行為を繰り返した程度と見るのが妥当である。ただ、金がモンゴル族に手を焼いていたのは事実であろう。というのは、彼らはいつ襲撃してくるかわからず、かといって常に防衛態勢を整えているわけにはいかないからだ。有名な「万里の長城」は歴代の中華帝国が遊牧民の襲撃を防ぐために作ったものだ。金もまた数次にわたって長城（界壕として知られる）を建造している（今も金代に作られた長城の遺構は残っている）。

一方、中華帝国が遊牧民を討つのは容易ではなかった。その理由は、定住しない遊牧民は守るべき都市を持たず、逃走する時はモンゴル高原をどこまでも逃げるからである。これを追って完全に服属させるのは極めて困難であった。

金は遊牧民たちへの対応策として、歴代の中華帝国の「夷《い》をもって夷を制す」（『後漢書』より）という政策を踏襲した。すなわち遊牧民同士をいがみあわせるというものである。

金は国境近くに住んでいたタタル族を手なずけた。おそらく中華の財物や穀物などを与えて、その代わりに他の遊牧民たちから金の国境を守らせたのだろう。前に書いたように金に服属し、国境警備隊のような存在となった者たちを「乣《ちゅう》」と呼ぶ。

モンゴルの二代目カンとなったアンバガイは乣のタタルによって捕らえられ、その身柄を金に送られた。金はカブル・カンに対する恨みからアンバガイを木馬に打ち付けて処刑した。『モンゴル秘史』にも『集史』にも、この時アンバガイが言ったとされる「復讐を成し遂げてくれ」という悲痛な内容の言葉が残されている。その後、三代目のカンとなったクトラ（カブルの四男）やイェスゲイ（クトラの甥）は何度もタタルと戦うことになるが、こうした状況は金にとっては理想的なものだった。

ちなみに『モンゴル秘史』によるとイェスゲイはタタルに毒殺されたとあるが、この話は前にも書いたようにおそらく創作であろう。しかしモンゴルにとって、またテムジンにとってタタルが宿敵の部族であったことは間違いない。

ここでタタル族についても少し説明が必要かもしれない。実は「タタル」（タタール）という言葉は注意を要する。

歴史用語としての「タタル人」は一般に、北アジアのモンゴル高原を中心に活動したモンゴル系の騎馬遊牧民の総称である。もともとタタルとは、六〜八世紀にモンゴル高原と中央アジアを支配したテュルク系である突厥が、モンゴル高原東部方面のモンゴル系の諸民族を総称して呼んだ言葉である（タタルとはテュルク語で「他の人々」を意味する言葉であったと言われる）。その後、その言葉は中華の地に入り、漢人たちは「韃靼《だったん》」などと表記した。

十二世紀にモンゴル族と争っていたタタル族は、もとは突厥が名付けたタタルの中の「三十姓タタル」を祖先とする集団らしい。その後、彼らはモンゴル高原の中部から東部に広く分布するようになり、また自分たちをタタルと自称するようになった。

モンゴル帝国建国後、テムジンの孫のバトゥがヨーロッパに攻め込んだ時、ヨーロッパ人はギリシャ神話にある「地獄（タルタロス）」から、モンゴルの支配下となっていたテュルク系諸部族を含めて「タルタル人」と呼んだ。そのためロシアでは今もモンゴル人に支配されていた時代を「タタールの軛《くびき》」という言葉で表現する。「軛」とは牛や馬の首に付ける道具である。西ヨーロッパでは「ロシア人の皮をはぐと、タルタル人が出てくる」という言葉もあるくらいだ。

現在のタタールスタンやバシコルトスタンなどに暮らすタタール人はヴォルガ河の中流域の先住民に、後から移動してきたトルコ（テュルク）系民族が混血して生まれた民族といわれている。彼らは十三世紀にバトゥが創始したキプチャク・ハン国に服属し、当時はロシア人によって「タタル人」と呼ばれていたが、二十世紀になって、かつて征服者であったモンゴルの別名であるタタル人を自称するようになった（それまではブルガル人などと自称）。現在、総人口は約五百五十万人といわれている。

金朝とタタルの説明を終えたところで、テムジンの物語に戻ろう。

金に臣従し、長年にわたって他の遊牧民に圧力をかけていたタタル族であったが、一一九五年頃、金との関係にひびがはいった。

きっかけは次のような次第である。その少し前、金は敵対する遊牧民の諸部族をタタル族と共に討伐したが、この時、タタル族は戦利品を金へ渡さなかった。金軍を率いていた指揮官はタタル族の族長を厳しく叱り、戦利品を没収したが、この対応に不満を抱いたタタル族は金との臣従関係を絶った。そしてそれ以後、金の領土に入って掠奪行為を行なうようになった。

金の皇帝章宗《しょうそう》はただちに右丞相《うじょうしょう》完顔襄《かんがんじょう》にタタル討伐を命じた（丞相《じょうしょう》は最高位の官職）。

そして、この戦いに、テムジンが参戦することになったのである。

『金史』によると、完顔襄の率いる金軍は東西の二つに軍を分け、ウルジャ河の南に流れるケルレン河を目指して進んだ。東軍は一時タタルに包囲されて窮地に陥るが、西軍を率いていた完顔襄は東軍を包囲していたタタルに夜襲をかけこれを打ち破った。完顔襄はその戦功を九峰の石壁に彫り付けて金に凱旋《がいせん》したと記されている。

『モンゴル秘史』と『集史』によれば、テムジンは、完顔襄がウルジャ河を遡ってタタル族を追っているという噂を耳にした。もっともドーソンは『モンゴル帝国史』で、金が遊牧民の諸部族に対し、反乱者に向かって進撃せよと命じたと書いており、それは充分にありうる。北方の遊牧民同士を争わせることは中華帝国の伝統的な政策だったからだ。

いずれにしても、テムジンはこれを積年の恨みを晴らす千載一遇《せんざいいちぐう》のチャンスと見た。『モンゴル秘史』によると、テムジンは父のアンダでもあり、自らの庇護者《ひご》でもあるケレイトのトオリルに使者を送り、こう伝えた。

「昔からタタル族は我らの父祖を殺《あや》めた仇です。今、この機会に我らは力を合わせようではないか」

トオリルは使者に答えて言った。

「我が子テムジンの考えに賛成である。早速、我らはタタルどもを飲み込んでしまおうぞ」

実はトオリルもかつて祖父マルクズ・ブイルクがタタルに捕まって金に送られ、そこで木馬に釘で打ち付けられて処刑された過去を持っていた。これはアンバガイ・カンの処刑方法と同じであることから、金が遊牧民を処刑する一般的な方法であったのかもしれない。ただ、この時は、マルクズ・ブイルクの末亡人が智計を用い、彼を捕らえたタタルの部族たちを皆殺しにして屈辱を晴らしている。とはいえ、タタルがケレイトにとっても長年の敵であることは間違いない。というわけで、ここでテムジンとトオリルのタタル討伐の連合軍が結成された。


ところが奇妙なことに、『集史』の「チンギス紀」や『聖武親征録』によると、この少し前、一一九五年頃、トオリルはケレイトの民も土地も失った状態であったとある。

彼がそうなった理由は、かつてトオリルに殺されかけたところを逃げ出した弟のエルケ・カラが、西方のナイマン国に助けを求め、彼に同情したナイマン族の攻撃によって、トオリルがケレイトの地を追われたからだという。トオリルは一時、西遼に逃れていたが、そこも安住の地ではなく、再びモンゴル高原を彷徨っていた。この時、彼はわずか五頭の羊と二、三頭のラクダしか持たなかったという。時系列は違うが、同じ記述が『モンゴル秘史』にもある。このトオリルを庇護して再びケレイトの王にしたのがテムジンであると、『集史』「チンギス紀」や『聖武親征録』にも書かれている。

ここで私は物議を醸すかもしれないことを書く。もしかしたら多くのモンゴル史研究家から大非難を浴びるかもしれないが、蛮勇を振るって書くことにする。

私は『集史』「チンギス紀」と『聖武親征録』に書かれている、テムジンがトオリルを助け復権させたという記述は間違いではないかと思う。

落ちぶれ果てたトオリルがケレイトの民を取り戻すためには、テムジンによる大規模な軍事的援助が不可欠であると考えられるが、『集史』「チンギス紀」にも『モンゴル秘史』にも、テムジンがそうした行動を起こしたという話は書かれていないからだ。テムジンがエルケ・カラ率いる強大なケレイトの軍を破ったのが事実であるなら、史書には大々的に書かれているはずだが、すべての史書にはそうした記述はまったくない。

また前述したように、『集史』の「部族篇」（ケレイト部族の項）は、エルケ・カラを追い払って、トオリルを再びケレイトの王に就けたのはイェスゲイと書いている。数十年の時を経て、同じ出来事が起こったとは考えにくい。したがって、一一九五年頃に、トオリルがケレイトの民を失って、わずか五頭の羊と二、三頭のラクダと共に彷徨っていたのをテムジンが助けたという「チンギス紀」の記述は、編者の何らかの勘違いと見たい。

さらに、テムジンがトオリルを助けてケレイトの王に復位させたというのが事実なら、その後のテムジンとケレイトの関係はテムジンが優位となるはずだが、実際にはそうはなっていない。ここではトオリルは一一九五年頃には既に十分な兵力を持っていたものとして物語を続ける。

トオリルはテムジンの使者が来て三日目には早くも軍勢を整えて、自ら出陣した。テムジンは和解交渉中のジュルキン氏族の族長サチャ・ベキとその弟のタイチュにも使者を送り、「我らが父祖の仇を共に討とうではないか」と伝えた。酒宴でのトラブルはいったん措《お》いて連合軍として戦おうと提案したのだ。

しかしジュルキン族は六日待っても一向にやってこなかった。それでテムジンはジュルキン族の加勢を諦め、トオリルと共に、ウルジャ河のほとりに砦《とりで》を築いて立て籠もるタタル族を攻めた。そしてこの戦いでタタルの族長のメグジン・セウルトゥを殺した。金軍とも連合したであろうこの戦闘が「ウルジャ河の戦い」と呼ばれるものである。

ドーソンの『モンゴル帝国史』は、この戦いを「テムジンの初陣」という見出しを付けて書いているが、テムジンは既にボルテを取り返すためにメルキトと一度戦っているし、その後ジャムカとも戦っているので、初陣というのは正しくない。しかし、単なるモンゴル高原の氏部族間の抗争ではなく、大国である金王朝と関わりを持って、初めて国際的な歴史舞台に登場したという点で、記念碑的な戦いであることはたしかである。

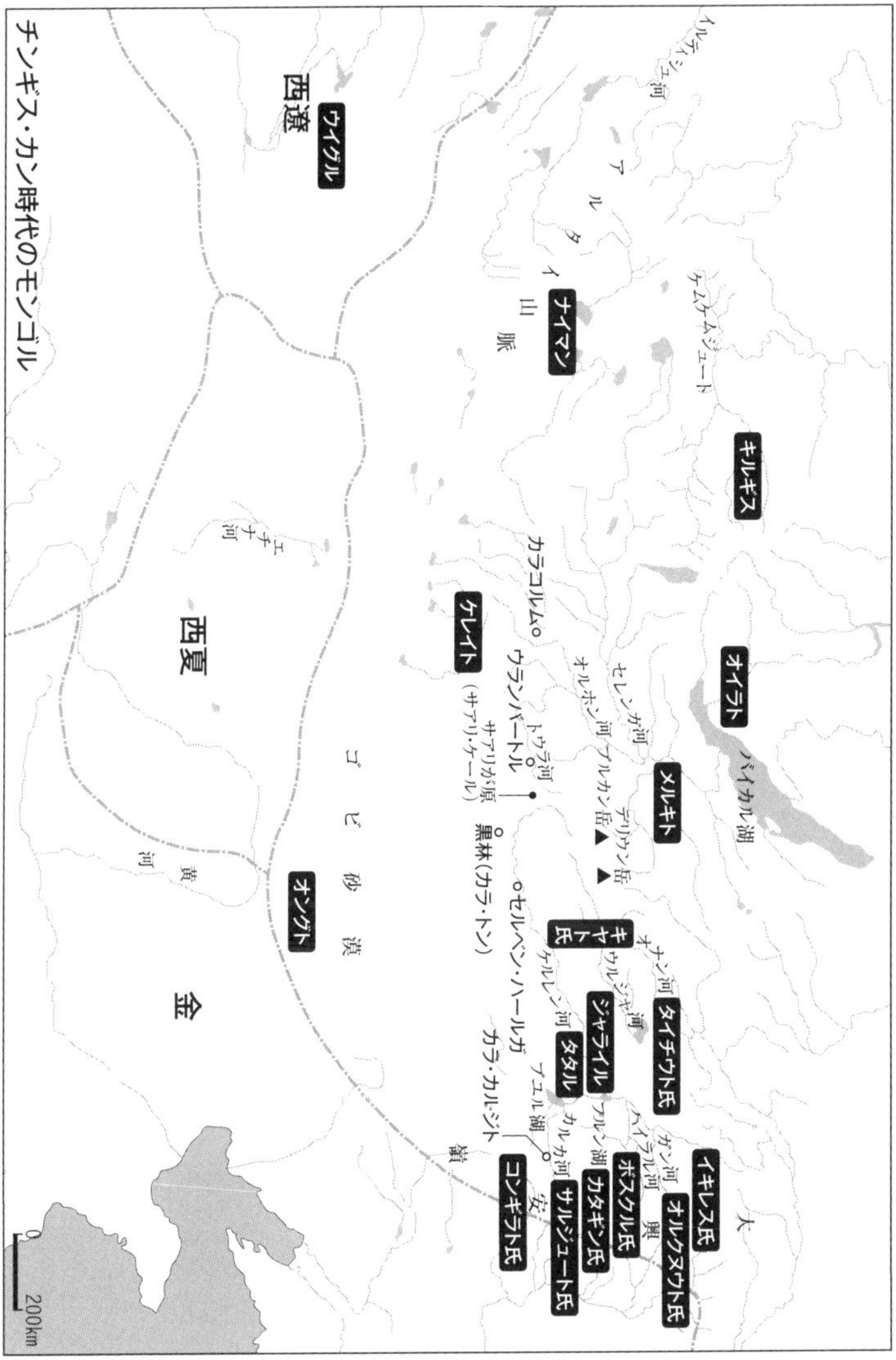
チンギス・カン時代のモンゴル
西遼
ウイグル
イルティシュ河
アルタイ山脈
ナイマン
ケムケムジュート
キルギス
エチナ河
西夏
カラコルム
ケレイト
ウランバートル
トゥラ河
サアリカ原
（サアリ・ケール）
オルホン河
セレンガ河
ブルカン岳
デリウン岳
オイラト
メルキト
バイカル湖
ゴビ砂漠
黒林（カラ・トン）
セルベン・ハールガ
黄河
オングト
金
キヤト氏
オナン河
ケルレン河
ウルジャ河
タイチウト氏
ジャライル
タタル
カラ・カルジト
ブユル湖
カルカ河
ブルン湖
ハイラル河
ガン河
ボスクル氏
カタギン氏
サルジュート氏
コンギラト氏
イキレス氏
オルクヌウト氏
大興安嶺
0
200km

『モンゴル秘史』にも『集史』にも、この時の双方がどのような戦い方をしたのかの記述はないが、当時の騎馬遊牧民の戦いは基本的に騎兵による戦闘である。

タタル族もモンゴル族も、幼い時から馬の扱いは非常に優れている。彼らは馬に乗りながら、両手で弓を操り、矢を射ることができる。この能力こそが農耕民族の軍に対する大きなアドバンテージであった。

そして敵に接近すると、剣での斬り合いに入るが、これも当然、馬に乗ったまま行う。彼らは攻める時も退却する時も常に騎馬であり、馬に乗った遊牧民の強さは圧倒的と言えた。兵の数が同じなら農耕民族では太刀打ちできなかったであろうと思われる。ただ、いったん馬から落ちたモンゴル兵は恐れるに足りないといった表現が『モンゴル秘史』や『集史』には幾度も出てくる。それゆえに馬から落ちたチラウンが槍一本で敵の騎兵を敗走させたことは、テムジンを驚嘆させたのである。

「ウルジャ河の戦い」で、テムジンとトオリルの連合軍がタタルを一方的に打ち破った勝因は、タタルが既に金軍からダメージを受けていたからだと思われる。また史料にはないが、テムジンたちには金軍から武器の支援があった可能性もある。

『モンゴル秘史』によると、テムジンは戦利品として、タタル族から銀の乳母車や大珠の付いた衾《しとね》を奪い取った。同書がそうした戦利品を具体的に書いているのは、これらが当時のモンゴル人には滅多に触れることのない品物であったからである。タタルは長年、金と友好関係にあったので、こうした豪華な品物を所有していたのだろう。『集史』にも、「このような貴重な品物をかつて見たことがなかったモンゴル人の間で評判になった」と書かれている（「チンギス紀」）。

テムジンとトオリルが反乱軍を制圧したと聞いて、金の司令官であった完顔襄は大いに喜んだ。そしてトオリルには「王」という称号を与えた。これ以降、トオリルは「オン・カン」（あるいはワン・カン）と呼ばれることになる。この本でも以後はオン・カンと書く。

読者の皆さんは、十字軍の敗北後、西ヨーロッパのキリスト教国の間で、「プレスター・ジョン伝説」が広まった話を覚えているだろうか。イスラム教国の東側にプレスター・ジョンという名の王が支配するキリスト教の国があり、やがてその王がイスラム教国を滅ぼしてくれるだろうという願望が込められた伝説だ。実は長年にわたってプレスター・ジョンはオン・カンだという誤解があった。実際にマルコ・ポーロは『東方見聞録』でオン・カンこそがプレスター・ジョンであると書いている。こうした誤解が生じたのは、オン・カンはジョン（ヨハネ）と音の似る「オン（王）」という称号を持ち、また彼も彼の率いるケレイト族もキリスト教徒だったからではないか（前述したように、彼らはネストリウス派を信仰していた）。言うまでもないことだがプレスター・ジョンは想像上の人物であり、オン・カンにとっては与《あずか》り知らぬ話である。

話をテムジンに戻そう。完顔襄はテムジンに「ジャウト・クリ」という称号を与えた。この称号の意味は歴史学者の中でも意見が分かれていて、主要な説としては、「漢人隊長」（漢の中の外人部隊の長という意味か）、あるいは「百人隊長」という二つがある（もう一つ、乣の隊長という説を唱える人もいる）。モンゴル史学者の白石典之は「百人隊長」説を取る。それに従えば当時のテムジンの勢力が窺える。動員可能な兵士を百人持っているということは、数百人くらいの民を率いていたと見ることが出来る。

完顔襄はテムジンに向かってこう言った。

「汝らがメグジン・セウルトゥを討ち取ったことは大きな功績である。早速アルタン・カン（皇帝章宗）に上奏しよう。テムジンにはジャウト・クリよりも上の称号である『招討《しょうとう》』を与えるように取り計らおう」

招討とは金の官職の一つで、辺境の地の防衛を司る役職である。実際にテムジンにこの官職が与えられたかどうかは疑問だが、この戦いによって、テムジンが金の部下のような存在になったことはたしかなようである。金にすれば、遊牧民を押さえつける役目をタタルからテムジンにすげ替えたにすぎない。

ところで、先ほど『金史』に「完顔襄はその戦功を九峰の石壁に彫り付けた」とあると書いたが、この「九峰石壁戦勝碑」はモンゴル国ヘンティ県バヤンホタク郡の岩山、セルベン・ハールガの南斜面の花崗岩《かこうがん》に今も残っている。この石碑は二つあり、一つは女真文字（金が創った文字）で彫られ、もう一つは漢字で彫られている。漢字の石碑が発見されたのは一九九一年、発見者は前出の白石らの調査団と、北アジア考古学者の加藤晋平である。そしてこの石碑に、この戦いが「明昌七年」（一一九六年）と書かれていたことで、「ウルジャ河の戦い」の年が確定した。

なお、女真文字の石碑にも漢字の石碑（いずれも全文は解読されていない）にもテムジンの名前は書かれていない。おそらく、戦勝の記念となる石碑に、蛮族の力を借りて勝利したということを記したくなかったからであろう。


『モンゴル秘史』には、モンゴル軍の兵士がタタルの住処を掠奪した時、一人の幼児が捨てられているのを見つけた話が書かれている。その子は黄金の耳輪や鼻輪を着け、緞子《どんす》に貂の裏を付けた腹掛けをしていた。ホエルンはその子のいでたちを見て言った。

「おそらくこの子は身分の高い子であろう。私の六番目の子として育てよう」

子供はシギ・クトゥク（『モンゴル秘史』ではシキケン・クドクゥ）と名付けられた。彼は利発で勇敢な子であったという。

ただ『集史』の記述では、シギ・クトゥクが拾われた時期も養母も違う。同書によると、モンゴルとタタルとのある戦いの後、その住処からシギ・クトゥクが発見された時、テムジンは子供がいなかったボルテにその子を育てさせたとある。となると、その時期は一一九六年ではなく一一八〇年くらいということになるだろうか。シギ・クトゥクはボルテとテムジンを実の両親のように慕い、ボルテが死んだときには墓を手で打って「我が母よ！」と言って慟哭《どうこく》したと書かれている。

同書にはシギ・クトゥクは二代目ハーンとなったオゴデイからは「兄」と呼ばれ、四代目ハーンとなったモンケ（テムジンの孫）よりも上座に坐ったとあるが、テムジンの息子たちよりも年長なら頷ける話である。彼は後にチンギス・カンの中央アジア大遠征に同行して様々な活躍を見せているが、『モンゴル秘史』にも残るこれらの事績を見ても、『集史』の記述が正しいと思われる。

私がなぜこんなささいなことに言及しているかというと、『モンゴル秘史』の記述はしばしば時系列がずれているということを読者の皆さんにあらためて頭に入れておいてもらいたいからである。もっとも『集史』も『聖武親征録』も大同小異で、モンゴル史やテムジンを研究する場合、これが実に厄介なことなのである。特に『モンゴル秘史』は、その特徴の一つに、ある出来事を記述する場合、それに関する事件や人の物語をまとめてしまうということがある。たとえば数年の間に起こった複数の事象が同じ時期に起こったかのように記述されるのだ。

ところが面白いことに、複数の史書を読むことによって、これまで見えてこなかった（書かれてこなかった）真実の可能性が見えてくることもある。たとえば、もしシギ・クトゥクが一一八〇年代の前半に拾われていたタタルの子とするなら、テムジンとタタルは「ウルジャ河の戦い」以前にも、史書には書かれていない小規模な戦いを何度も繰り広げていたことが推察されるのである。

余談だが、『集史』「部族篇」のタタル部族の項にはシギ・クトゥクについての逸話がいくつか書かれてあり、それを読むとたしかに非常に勇敢な少年であることがわかる。

彼が十二歳の時、テムジンの遠征中、タイチウト族の男がやってきて五歳のトルイ（テムジンの四男）を攫おうとした事件があった。この時、シギ・クトゥクがボルテと共に男の手を摑んで、それを阻止した（その後、遠征から戻ったテムジンが男を追跡して殺した）。

　また彼が十五歳のある日、極めて寒い大雪の中で一族が移営中、進路の彼方を羚羊《れいよう》（ガゼル）の群れが走り過ぎた。それを見たシギ・クトゥクは移営を指揮していたベスト族のクチュクルに「ぼくなら、あの羚羊に追いつける」と言って、雪の中を走っていった。夜、シギ・クトゥクの姿が見当たらないことに気付いたテムジンは、彼が羚羊を追いかけていったと知ると、「この大雪と酷寒では、子供は死んでしまうではないか」と烈火のごとく怒って、彼を止めなかったクチュクルを荷馬車の棒で打った。

　その夜遅く、皆が床に就いた頃、シギ・クトゥクが戻ってきた。そしてテムジンに言った。

「三十頭以上いた羚羊のうち三頭以下は取り逃しましたが、残りはすべて殺して雪の中に置いてあります」

　テムジンはこうした出来事から、勇気と剛毅さを持ったシギ・クトゥクを心から愛したとある。

ジュルキン氏族滅亡

さて、テムジンが敗走するタタル族を討伐している時、留守営に事件が起こった。

ここで読者の皆さんに知っておいてもらいたいのは、モンゴル高原に住む遊牧民たちの戦闘時の行動だ。彼らは常に一族や家財道具のすべてを伴って移動するが、男たちが戦場に赴く際には、兵士以外の老幼婦女は戦場の背後地に設営した留守営に待機させ、後方で兵站《へいたん》基地としての役目を担わせた。兵站とは物資の配給や整備を行う仕事の総称である。

この時、タタル族を追走するテムジンの留守営は前線からかなり離れていたと思われる。その留守営がジュルキン氏族の者たちに襲われたのだ。

彼らが「ウルジャ河の戦い」の前にテムジンから送られた加勢の依頼を無視したことは前述した。おそらく酒宴のトラブルを恨みに思ってのことであろうが、留守営襲撃はさらなる報復だった。

『モンゴル秘史』には、ジュルキン氏族は留守営にいた十人を殺害し、五十人の衣服を剝ぎ取ったとある。おそらく衣服だけでなく、多くのものを掠奪したと思われる。殺されたのはそれに歯向かった老人たちだろう。

その知らせを受けたテムジンはただちに兵を率いてジュルキン氏族を追った。

そして「コドエが島」の七つの丘にいたジュルキン氏族に襲いかかると、多くの者を捕らえた。族長のサチャ・ベキとタイチュの兄弟二人は逃げたが、テムジンたちは追撃してこれも取り押さえた。

『モンゴル秘史』によると、テムジンは捕虜となった二人に言った。

「かつて、我らは何と申し合わせたか」

これはテムジンがキヤト氏の族長としてカンになった時に、一族のリーダーたちが誓った言葉のことを指している。

すなわち、

「戦いの日に
汝が厳命に背くとあらば
わが部曲より　娘・妻子より別れさせ
わが黒き頭をば　大地の上に捨ててやれ」

という言葉である。

サチャ・ベキとタイチュの二人は答えた。

「たしかに我らは申し合わせた言葉に従わなかった。その報いとして、我らをその言葉通りにすればいい」

『モンゴル秘史』を読んでいて思うのは、当時のモンゴル人の潔さである。死を免れないと悟った時、彼らは決してうろたえたり、無駄な命乞いをしたりはしない。かつてテムジンとカサルに弓で狙われたベクテルも、少年であるにもかかわらず従容《しょうよう》として死を受け入れている。

これは私見であるが、後にモンゴル人が諸国家や諸部族に対して無敵の戦いを繰り広げた大きな理由の一つが、「死を恐れずに戦う」ということではなかったろうか。もっとも人間である限り誰もが死を恐れるのは当然で、それはモンゴル人も同様であろう。しかし死を前にしての覚悟の決め方に他民族とは違うものがあったように思う。

テムジンはサチャ・ベキとタイチュの言葉を聞くと、その言葉通りに二人を処刑した。

ただ、『集史』では、この時、サチャ・ベキとタイチュは妻子や少数の部下と逃げおおせ、テムジンたちに捕縛されて殺されたのは翌年となっている。前に書いたように、『モンゴル秘史』は時間的に隔たりのある事件を一つにまとめてしまう傾向があり、二人の処刑は『集史』の記述が正しいのかもしれない。

また史書には記されていないが、氏族の主だった男たちは全員殺されたものと思われる。いずれにせよ、この時にジュルキン氏族は滅んだ。

テムジンはこうしてジュルキン氏族の牧草地を奪い、彼らが率いていた多くの兵や民も吸収した。また彼らと行動を共にしていたジャライル部族の氏族であるチャアト氏族を臣従させた。この時、チャアト氏族の首長の息子グウン・ウアはムカリとブカという二人の子供をテムジンに差し出した。ムカリとブカの兄弟はその後、テムジンの優秀な部下となり、数々の軍功を挙げることになる。特にムカリは一万人の部隊を指揮する万戸長（万人隊長）となって大活躍し、「四駿」の一人として功臣表の第三位に位置づけられるほどの高い評価を得て、ボオルチュ（功臣表第二位）と並んで、モンゴル帝国創成期の大勲臣となる。

ムカリは一二二三年に五十代半ばで亡くなっている。そこから逆算すると、彼がテムジンに預けられたと見られる一一九六年頃には二十代半ばだったということになる。このことは私たちにあることを教えてくれる。つまりもとは敵方であった氏族の男であっても、優秀な働きをすれば、功臣表の三位にまで出世できるというテムジンの許容力の大きさである。

それまでのモンゴル族の間で何よりも重要視されたのは、血統であった。しかしテムジンはそうした伝統に囚われず、能力に重きを置いて人材を用いた。そのあたりの人材登用術は、我が国の織田信長に似たところがある。モンゴル帝国があっという間に巨大になった大きな要因の一つがそこにあったと見ることが出来る。

もっとも、ムカリに関しては、『モンゴル秘史』の記述の年代が間違っていて、実際にはもっと早い時期にテムジンに仕えていたという可能性が考えられる。不思議なことに、『集史』にはムカリがいつテムジンの部下となったかは書かれていない。「四駿」の一人であり、功臣表の第三位にある人物なのに、テムジンとの出会いが書かれていないのは謎ではある。

『モンゴル秘史』には、この時、グウン・ウアの弟のジェブケはジュルキン氏族の隷臣であるフウシン氏族の幼児ボロクル（『モンゴル秘史』ではボロウルとなっている）をホエルンに与えたと書かれている。ボロクルもまた後に「四駿」の一人となり、テムジンを支えた最高幹部となる。しかしその活躍の記述から、この時に幼児であったというのは辻褄《つじつま》が合わない。

ボロクルの生年は不詳だが、一一七〇年代に生まれたと考えられる。この本で何度も登場する東洋史の大家ポール・ペリオはボロクルがホエルンに与えられたのはそれ以前のことで、誤ってこの時期の話として記述されたものだろうと推測している。これは前に書いたタタル族の孤児シギ・クトゥクのケースと同じである。

ところで、テムジンがジュルキン氏族を打ち破ったことは単に復讐を遂げただけにとどまらなかった。前述したように彼らが支配していた牧草地と遊牧民の諸集団を取り込んだことで、一気に大きな勢力を得たのだ。

テムジンはジュルキン氏族との戦いを終えた後、部下としたブリ・ボコと弟のベルグテイに組み合うことを命じた。二人には遺恨があった。ジュルキン氏族との酒宴の席でトラブルがあった時、ブリ・ボコが刀でベルグテイの肩に傷を負わせたことだ。そのことがきっかけとなって、キヤト氏族とジュルキン氏族が乱闘となり、結果的に両者が訣別したのだった。

ブリ・ボコは非常に力の強い男で、かつてベルグテイと組み合った時、片腕と片足でベルグテイを押し倒して抑え込んだこともあった。ベルグテイも力の強いことで知られる男であり、その彼を片手と片足で抑え込むということはよほどの怪力の持ち主であったのだろう。

しかし、テムジンの命令でベルグテイと組み合った時、ブリ・ボコはテムジンを恐れて、わざと倒れた。ベルグテイに勝てば、罰を受けるかもしれないと考えたのだろう。それでベルグテイはブリ・ボコを何とか抑え込むことができた。

ベルグテイがその姿勢のままテムジンの方に目をやると、テムジンは下唇を噛んだ。これは「殺せ」という合図だった。

ベルグテイはブリ・ボコに馬乗りになり、羽交《はが》い締《じ》めにすると、膝で彼の背骨を折った。

瀕死となったブリ・ボコは、

「ベルグテイには負けたことがなかったのに、カンを恐れてわざと倒れたばかりに、命を落とすことになった」

と自嘲の言葉を残して死んだ。

『モンゴル秘史』はテムジンがなぜ二人を戦わせたのかを書いていないが、前にブリ・ボコに刀で斬られたベルグテイに、その復讐をさせたいという思いがあったに違いない。そしてその結果如何《いかん》にかかわらず、ブリ・ボコを殺すつもりだったと思われる。そうすることで、自分の威光を、従えた者たちに知らしめようとしたのだろう。

ブリ・ボコもまたそれを察し、処刑されるよりも力士としての死を選んだのかもしれない。これもまたモンゴル人らしい潔さといえる。

タイチウト氏との戦い

テムジンはジュルキン氏族を滅ぼした後、タルグタイ・キリルトク率いるタイチウト氏族と戦っている。

読者の皆さんはタルグタイの名前を覚えておられるだろうか。かつてイェスゲイと共に行動していたが、彼の死と同時に多くの民を奪って、ホエルン一家を置き去りにした男である。さらにその後、少年であったテムジンを捕らえて殺そうとしたこともある。

タイチウト氏とキヤト氏は同じ父系一族であるが、今や互いに不倶戴天《ふぐたいてん》の敵となっていた。「十三翼の戦い」も反テムジンの指揮官はジャムカだったが、兵の多くはタイチウト氏族だった。

テムジンとタイチウト氏族は何度も戦っているが、一一九六年頃と見られるある戦い（場所不明）で、テムジンがタイチウトの兵を打ち破った。タイチウト軍は壊滅し、タルグタイ・キリルトクは森へ逃げ込んだ。

この時、タイチウトに仕えていたバアリン氏族（ボドンチャルを祖とする一族）のシルグエトゥと二人の子アラクとナヤアは、タイチウトを見限ってテムジンに帰順しようと移動中、森の中でタルグタイ・キリルトクを発見した。

シルグエトゥ父子はテムジンへの土産にしようと、タルグタイ・キリルトクを捕まえた。『モンゴル秘史』には、この時、タルグタイ・キリルトクは「馬にも乗れぬ」状態であったと書かれている。村上正二によれば、同書の編者はタルグタイの名前をモンゴル語の「タルグン（「太った」という形容詞）」からきていると解して面白おかしく、肥満ゆえとの意で、「馬にも乗れぬ」と書いたのかもしれぬが、「タルグト族出身の母から生まれた」と解すべきであろうといっている。

いずれにせよ、シルグエトゥ父子は捕縛したタルグタイを車に仰向けにして乗せた。

この時、タルグタイの弟や息子たちが彼を取り返すためにやってきた。アラクとナヤアは恐れて逃げたが、シルグエトゥは逃げなかった。

シルグエトゥはタルグタイの体の上に跨《また》がって刀を抜くと、彼に向かって言った。

「お前の子供たちや弟たちがお前を奪い返しに来た。こうなれば俺はお前を助けたところで、裏切り者として殺される。どうせ死ぬ運命なら、お前を殺して道連れにする」

そして抜いた刀で、その首を斬ろうとした。

その時、タルグタイは大きな声で、息子たちや弟たちに叫んだ。

「シルグエトゥはわしを殺そうとしている。わしが死ねば、その亡骸《なきがら》を奪い返したところで何の役にも立たぬ。シルグエトゥがわしを殺さぬうちに、立ち去ってくれ」

彼はさらに続けた。

「テムジンは幼いころから『目に火あり、顔に光ある』子だったから、わしは取り残された彼をわざわざ引き取り、いろいろと教えてみたら、利発な子であった。一時は殺してしまおうかと思ったものの、殺すことはできなかった。今やテムジンも大人になった。彼は思いやりのある男になり、深い知性のある男になったという噂だ。きっとわしを殺すことはないだろう。息子たちよ、早く立ち去ってくれ。さもないとシルグエトゥがわしを殺してしまう」

タルグタイ・キリルトクの言葉は、いかに窮地に陥ったとはいえ、実に見苦しい言葉に思われる。自らの行動を糊塗《こと》し、テムジンのお情けに一縷《いちる》の望みを懸けているのだ。『モンゴル秘史』には多くの敵将の死が書かれているが、これほどまでに生に執着するモンゴル人はむしろ珍しい。

父の悲痛な言葉を聞いた息子らは、

「たしかにここで無理矢理に父を奪い返そうとしてもシルグエトゥが父を殺してしまうだろう。それなら、殺されないうちに立ち去ったほうがよい」

と考え、父を置いて立ち去った。

彼らが姿を消してからアラクとナヤアは戻って来た。そして父のシルグエトゥと一緒にタルグタイ・キリルトクを乗せた車を運んだ。

一行がクトクルという地に着いた時、ナヤアがふと思いついて言った。

「我々がタルグタイをテムジンに引き渡せば、テムジンは『主君を手にかけた奴など信頼が置けぬ』と言って、我々を斬り殺すかもしれない」

そして彼はこう提案した。

「むしろ、ここでタルグタイを解放し、『やはり主君を見捨てかね、途中で逃がしてやりました』とテムジンに告げて、帰順したいと言う方がいいのではないか」

ナヤアの言葉から、当時の部族の間でテムジンがどのような男と思われていたかがわかる。テムジンは自分のもとへやってくる者に対しては鷹揚《おうよう》で寛容な男であることは知れ渡っていたが、同時に裏切り者には容赦しないということも知られていたということである。

ナヤアの言葉に、父のシルグエトゥと兄のアラクも賛成した。そこで彼らはタルグタイ・キリルトクを解放し、テムジンのところに向かった。

テムジンに目通りが叶った三人は打ち合わせ通りに語った。それを聞いたテムジンはこう言った。

「己の主君のタルグタイを手にかけたとあれば、お前たちを斬り捨てるところであった。しかしながら、主君を解放したお前たちの心根は殊勝である」

そして父を説得したナヤアには特に恩賞を与えた。

なお、ナヤアは生涯にわたってテムジンに誠心誠意を尽くして奉仕し、主君の覚えめでたく異例の出世をはたした。『モンゴル秘史』によれば、後に万戸長となり、モンゴル帝国の大勲臣の一人となった。

しかし一方で仲間内の評判はよくなく、「処世術に長けた誠実味のない男」と見られていたようだ。そのため「偽善者のナヤア」「おしゃべりのナヤア」という渾名《あだな》もあった。たしかにテムジンへの帰順のエピソードは、どことなく計算高さが見える。またタルグタイの息子たちが父を奪い返そうとやってきた時、いったんは逃げ出しており、父のシルグエトゥが胆力を見せてタルグタイの息子たちを追い返した後に戻ってきている。『モンゴル秘史』の編者はもしかしたら、彼をあまり好意的な目で見ていないのかもしれない。また『集史』には、ナヤアは百年以上も生き、二代目ハーンとなったオゴデイの時代に、「昔、自分はテムジンとボルテの結婚式に出席した」と語ったという記述がある。それはおそらく彼の嘘である。

いずれにしてもタルグタイ・キリルトクは九死に一生を得た。そして彼はその後も一族を率いてテムジンに戦いを挑むことになる。

史料におけるテムジンの空白期間の謎

モンゴル史についての重要な史料となるのは『モンゴル秘史』それに『集史』『聖武親征録』『元史』であるが、その中でテムジンの生涯について最も詳細に描かれているのが『モンゴル秘史』である。

ところが奇妙なことに『モンゴル秘史』には、一一九六年にタタル族を打ち破ってから一二〇一年までの五年間のテムジンの記述がまったくない。

しかしこの「空白の時代」はテムジンにとって非常に重要な期間のはずである。なぜならその間に彼がモンゴル高原において大きく力を伸ばす地固めをしたと思われるからだ。にもかかわらず、その間の彼の行跡が書かれていないというのは非常に不自然である。年齢的には彼が三十代前半から後半の頃だ。

ただ、『集史』や『聖武親征録』や『元史』を注意深く読むと、どうやら『モンゴル秘史』の編者は、一二〇一年以前に起こった様々な出来事をそれ以降の出来事として記述してしまったと考えられる。おそらく時系列にこだわりのなかった編者が、その間の出来事を適当に他時代の話にまとめてしまったことで、結果として時間的な空白を生んでしまったのであろう。

前に書いたが、これは『モンゴル秘史』の特徴（欠点）の一つで、「ウルジャ河の戦い」の後にテムジンに帰順した氏部族のことを「十三翼の戦い」の前後に書きこんだ可能性もある。『モンゴル秘史』が第一級の史料であることは言を俟《ま》たないが、時系列に関しては注意が必要である。

そういうわけで、ここからしばらくは『集史』と『聖武親征録』『元史』、ドーソンの『モンゴル帝国史』にしたがって物語を追っていくことにする。

テムジンがジュルキン氏を支配した翌年の一一九七年の秋、彼とオン・カン（トオリル）の連合軍はメルキト族に向かって遠征した。

テムジンの軍はメルキトの四つの氏族（『モンゴル秘史』では三つ）のうちの一つをセレンガ河付近のモナチャという地で打ち破り、戦いに勝利したことによって得た多くの戦利品のすべてをオン・カンに贈った。このことから、当時のテムジンとオン・カンの同盟は対等ではなく、主従関係に近いものであったことが想像できる。もともとオン・カンはケレイト国の王であり、金からも正式に「王」の称号を戴いた大物である。これ以降、彼のもとには様々な部族が集まったようだ。

翌一一九八年、オン・カンはテムジンに相談することなく、兵を集めて、メルキト族を攻撃した。両者はブウラ・ケエルという地で戦ったが、メルキト族は打ち破られた。オン・カンは族長トクトア・ベキの娘と妻を奪って自分の妻にした。そして多くの戦利品を得たが、それらをテムジンには一切分配しなかった。

これらの一連の戦いの結果、もともとモンゴル高原の中心地に近いあたりまで迫っていたメルキト族は、バイカル湖の東側に退いた。これによりテムジンとオン・カンのモンゴル高原での勢力が一気に増した。

さて、実はここで『モンゴル秘史』以外の史料にも不思議なことが生じている。『集史』も『聖武親征録』も『元史』も、テムジンの一一九八年の足跡が空白になっているのだ。

これはたまたま何の事件も戦いも起こらなかったからだとは思えない。というのは、その前の数年、そしてこれ以降も戦いの連続であるテムジンが一一九八年だけぽっかりと平安の時を過ごしたと考えるのは不自然だからである。前述したように同年のオン・カンのメルキト討伐にもテムジンは参加していない。『モンゴル帝国史』にはオン・カンが「テムジンに相談することなく」出陣したと書かれているが、実際はテムジンが参戦できなかった事情があった可能性もある。

ここからは私の想像だが、この時期、テムジンは金朝の手先となって、金朝に敵対する遊牧民と戦っていたのではないだろうか。メルキト族との戦いに不参加だった理由はもしかしたらそれかもしれない。『金史』にはテムジンの名前は出てこないが、同年に金朝がタタルの残党やコンギラト族と戦っていたという記録がある。となれば、彼らがそれらの戦いに、「ジャウト・クリ」という称号を与えたテムジンを使った可能性は高い。

これが事実とすれば、テムジンにとっては決して名誉なことではない。むしろ恥ずべき過去ともいえる。「ウルジャ河の戦い」は、モンゴルのための戦いといえたが、金朝の走狗《そうく》となって他の遊牧民を駆逐したのであれば、そうとはいえない。とすれば、『集史』も『聖武親征録』も敢えて、その間の行跡を伏せたとは考えられないだろうか。語り継がれた話をできる限り記述しようとしているかに見える『モンゴル秘史』も、それだけは秘したのかもしれない。もちろん文献的な証拠は一切ないが、テムジンのその後の行動を見ていると、金朝から何らかの庇護あるいは援助を受けていたのは間違いないようだ。金朝がそれらの見返りを要求したことは大いに考えられる。

ナイマンとの戦い

『集史』も『聖武親征録』も一一九九年からテムジンの行動の記述が復活する。

一一九九年、テムジンとオン・カンは、モンゴル高原の西方に位置するナイマン（『集史』では「ナイマン・カン国」と書かれている）に向かって軍を進めた。これはかなり大きな軍事行動である。

ナイマンはナイマン族が建てた王国である。彼らはモンゴル高原の西北部とアルタイ山脈の周辺（イルティシュ河上流の地域）を支配していた。言語はテュルク系で、ケレイト族と同じくネストリウス派キリスト教を信仰していた。支配地を接している関係で、ケレイト族とは昔から何かと因縁があった。

前に、オン・カン（当時はまだトオリルと呼ばれていた）がケレイト族の領袖になる時、多くの兄弟を殺したと書いた。この時、兄弟の中で難を逃れたエルケ・カラはナイマンに助けを求め、ナイマンは彼を援助してトオリルを追放した。つまりトオリルにとってナイマン族は仇敵ともいえる部族だった。

ナイマンは強大な王国だったが、テムジンとオン・カンが軍を進める少し前に内紛が起こっていた。王が死んだ後、息子のタヤン・カンとその弟ブイルク・カンが仲違いして、分裂状態になっていたのである。『集史』によれば、王の死後、彼の愛妾《あいしょう》を手に入れようとして二人の息子が争ったためとある。これによりナイマンの軍や土地も兄弟によって二分され、互いに敵対関係になった。言わずもがなのことだが、内紛は国力を大きく落とす。

テムジンとオン・カンがナイマンを攻めようと考えたのは、彼らの弱体化を見てのことだったと思われる。

この時の遠征で、オン・カンとテムジンは弟のブイルク・カンを攻めた。しかし、彼の兄であるタヤン・カンは弟のために軍を派遣しなかった。それを見ても兄弟の確執がよほど深いものだったと察せられる。

テムジンらはブイルク・カンを敗走させると、多くの民と家畜を奪った。

ブイルクはいったん北方のキルギス族（現在の中央アジアのキルギス人とは別種の集団）が支配する地方に逃げた。しかし、ナイマン族はコクセウ・サブラクという将軍が軍を組織してテムジンとオン・カンと一戦交えるための準備を整えていた。コクセウ・サブラクの勇名は当時周辺に鳴り響いていたらしい。

オン・カンとテムジンもコクセウ・サブラクを打ち破るために陣を張った。しかし夜になったため、明日の決戦に備えて、そのまま宿営した。

この時、オン・カンの陣営にジャムカがいた。おそらく前年か同年に彼の陣営に入っていたと思われるが、テムジンはそのことを知らなかった可能性が高い。知っていればオン・カンと連合しなかったと思われる。

「十三翼の戦い」以降のジャムカの行動は不明だが、同族の捕虜を大量に虐殺したことによって多くの氏族が彼のもとから去ったため、勢力を減じていたようだ。そこで彼はモンゴル高原東部で急速に力を付けていたオン・カンに接近したのではないだろうか。そのあたりはいかにも利に聡《さと》いジャムカらしい行動といえる。

私はジャムカがオン・カン陣営に入ったのにはもう一つの目的があると考えている。それは、テムジンとオン・カンの同盟にヒビを入れることである。ジャムカから見ればテムジンは同じモンゴル族のライバルである。近年、急速に力を増しつつあるテムジンをそのままにしておけば、モンゴルの覇権は完全に彼のものとなる。ジャダラン氏族の領袖としてこれは絶対に認めるわけにはいかない。しかしオン・カンとテムジンが訣別し、自分がテムジンに代わってオン・カンの庇護を受けることができたら、上手くいけばモンゴル族のカンにもなれる——ジャムカはそう考えていたのではないだろうか。オン・カンがメルキト族から奪った戦利品をテムジンに与えなかったのは、ジャムカの進言を聞いたからという可能性もある。

『モンゴル秘史』には、ナイマンとの決戦を明日に控えたオン・カンの陣営で、ジャムカがオン・カンに向かって言ったという言葉が記されている。

「テムジンはナイマンの使者と通じている関係である。彼がここへ来るのが遅れたのは、実はナイマン国に行っていたためだ」

この時、オン・カンの重臣の一人はこう言った。

「ジャムカはこんな媚《こ》びへつらいを弄してまで、あのような真面目な兄弟（テムジンのこと）に悪態をつくのか」

しかしオン・カンはジャムカの言葉を信じたようだった。

彼は陣営の各所に囮《おとり》のかがり火を焚かせたまま、テムジンたちには気付かれないように、兵たちを全員、退かせた。この話は『モンゴル秘史』『集史』ともに書かれている。

翌朝、テムジンが決戦のために軍を揃えてオン・カンの陣を見ると、そこはかがり火だけの蛻《もぬけ》の殻だった。

「やつらは我らを見殺しにするつもりで逃げたのか」

テムジンの軍だけでコクセウ・サブラク率いるナイマン軍と戦うことはできない。テムジンは、すぐさま陣を引き揚げ、サアリが原という地に宿営した。

ちなみにこのナイマン出征の出来事は、『モンゴル秘史』では一一九九年ではなく一二〇二年頃のこととなっており、しかも多くの事実関係が他の史料と大きく異なっている。しかし様々な史料から、ナイマンとの戦いは一一九九年であると私は考えている。

さて、ナイマンの勇将コクセウ・サブラクは撤退したオン・カンの軍を追った。実はここで不思議なことが起こる。サブラクは後から退却したテムジンの軍ではなく、オン・カンの軍と戦っているのだ。

もしかしたらテムジンはオン・カンが取ったルートとは別の退却路を選んだのかもしれない。あるいはサブラクは最初からオン・カンを標的にし、夜のうちにオン・カンを追跡していたのかもしれなかった。

サブラクはオン・カンの部隊を急襲すると、オン・カンの息子セングンの妻子や民、家財を奪い取った。さらにオン・カンが後方に置いていた大部分の民や馬群、糧食なども掠奪した。オン・カンの部隊が壊滅したのを見て、前の戦いで敗れてオン・カンの部下にされていたメルキト族のトクトアの二人の子も、自らの一族の民を引き連れてオン・カンの部隊から離脱した。

多くの民（兵も含む）や妻子、さらに馬や食料を奪われて困窮したオン・カンはテムジンのところに使者を送った。

「ナイマンに我が民、家財、妻子のすべてを掠奪された。我が子よ、お前の四人の駿馬を送ってほしい。そして我が民や家財を取り返してほしい」

テムジンを置き去りにして逃げておきながら、自らが危うくなるとテムジンを「我が子よ」と呼んで助けを求めるとは、オン・カンという人物は狡猾というよりはご都合主義タイプに見える。

ところで、彼の言葉にある「四人の駿馬」というのは、いわゆる「四駿」のことであり、すなわちボオルチュ、ムカリ、ボロクル、チラウンの四人である。注目すべきは一一九九年の時点ですでにテムジンの「四駿」は大いにその名を知られた勇将であったということだ。『モンゴル秘史』によると、ムカリとボロクルがテムジンの部下となったのは一一九六年頃、チラウンが帰順したのは一二〇一年となっているが、オン・カンが四駿の派遣を要請したことは他の史書にも記されていることからも、同書の年代記述が信頼できないのがわかる。これまでに何度も述べてきたが、「四駿」は単なる優秀な武将というだけではない。テムジンの側近中の側近でもある。おそらく何年にもわたってテムジンの手足となって働き、多くの殊勲を立て、それはオン・カンの耳にも届いていたのだろう。

それはともかく、テムジンはオン・カンの言葉を聞いて、大いに呆れたのではないだろうか。こちらを窮地に陥れておきながら、「助けてほしい」とはあまりにも虫がいい態度である。

しかしテムジンはオン・カンを救うために、「四駿」に兵を与えて送り出した。彼がそうした理由はどの史書にも書かれていない。ケレイト族を率いるオン・カンとの同盟は必要だと考えたのか、あるいはかつてボルテを取り戻す時に助けてもらったという恩義があったためだろうか。

「四駿」が軍を率いて戦場に駆けつけると、オン・カンの息子のセングンが苦境に陥っていた。ボオルチュらはナイマン軍からセングンを救い出した。

『集史』「チンギス紀」には、この戦いに際して、モンゴル人ならではの馬のエピソードが書かれている。

ボオルチュが戦場に赴く前、彼はテムジンにこう言った。

「自分は力強い馬を持っていないので、あなたの持つ素晴らしい馬が欲しい」

テムジンはジギ・ブレという名の馬をボオルチュに与えて言った。

「この馬を速く走らせようとするなら、鞭でたてがみを撫でよ。打ってはならない」

ボオルチュはジギ・ブレを予備の馬として戦いの場に向かった。そして窮地にあったセングンを助け出すと、彼に自分が乗っていた馬を与え、自らはジギ・ブレに乗った。ところがいくら鞭打ってもジギ・ブレはまったく走らなかった。ボオルチュはやむなく馬を降りて走った。しかしすぐにテムジンの言葉を思い出し、ジギ・ブレのところに戻って跨ると、たてがみを鞭で撫でた。すると馬は雷光のように走り出し、先に逃走したセングンたちに追いついた。ボオルチュはそこで軍を立て直し、ナイマン軍を破った。

こうして四駿と彼らが率いた軍は、ナイマンがオン・カンから奪った妻子、民、財物、家畜などを取り返した。

テムジンはそれらをすべてオン・カンに返還した。

オン・カンは心より感謝し、テムジンに言った。

「昔、わしはイェスゲイにも、このように奪われた民を取り戻してもらったことがあった。今、その息子に四人の駿馬を派遣して助けてもらった。この深き恩を何としても返したい。天神地祇《てんじんちぎ》よ、ご加護あらしめ給え」

おそらくこの時に、オン・カンとテムジンの関係は、それまでの主従関係からほぼ対等の立場になったのではないだろうか。オン・カンとテムジンによるナイマン攻略戦は結局は失敗に終わったが、テムジンにとっては得るものがあったといえるかもしれない。

オン・カンは息子を救い出してくれたボオルチュに対しても感謝の気持ちを表したいと言った。

『集史』によると、オン・カンはある時、贈り物をしたいとボオルチュを招待した。ボオルチュはテムジンの護衛の任についていたが、テムジンは彼がオン・カンの招待を受けることを許可した。この時、ボオルチュは箙《えびら》（矢を入れる容器）を外して、オン・カンを訪れた。オン・カンはボオルチュを歓待し、彼に高価な上着と黄金の盃を十個与えた。

ボオルチュはテムジンのところに戻ると、「私の過失です」と言った。テムジンが「なぜか」と訊ねると、ボオルチュは答えた。

「テムジン様の箙を外して、このようなガラクタ（黄金の盃など）を貰うためにオン・カンのところへ行ったことです。もし私の留守中にテムジン様の身に何か起これば、落ち度は私にあります」

テムジンはその言葉を聞いて、大いにボオルチュを賞賛して言った。

「その盃を取り給え。これは君のものだ」

一見すると、何ということもない逸話だが、これはオン・カンによるボオルチュ引き抜き工作の話である。オン・カンは戦場におけるボオルチュの活躍を見て、自らの部下にしたいと思ったのだろう。実際にボオルチュに対してそうした交渉を行なったのかもしれない。しかし高価な財物によってもボオルチュの気持ちを変えることはできなかった。それでもボオルチュは実際に黄金の盃を貰ってしまったことを「過失だった」とテムジンに謝罪したのだろう。

テムジン、東部連合と戦う

その年（一一九九年）の終わりか翌一二〇〇年の初め頃、メルキト族の族長トクトア・ベキはモンゴルのタイチウト氏族に使者を送り、共に力を合わせてテムジンを倒さないかと提案した。

その提案はキヤト氏を不倶戴天の敵と見做しているタイチウト氏にとっては歓迎すべきものだった。タイチウト氏の有力な指導者たちは砂漠に集合した。その中にはタルグタイ・キリルトクもいた。

それを知ったテムジンは一二〇〇年の春、オン・カンとサアリが原で会見し、タイチウト氏族を倒すことで意見が一致した。

戦いは一二〇〇年の春にオナン河で行なわれた。この戦いは「オノン河畔の戦い」と呼ばれる。

この戦いにおいて、テムジンとオン・カンの部隊はタイチウトの軍をほぼ一方的に打ち破った。タイチウト氏族は族長のタルグタイ・キリルトクが戦死し、壊滅的なダメージを蒙った。

タルグタイ・キリルトクを討ち取ったのは、かつてタイチウトの隷臣であったスルドス氏族のソルカン・シラの子、チラウンである。『集史』「部族篇」には、小柄なチラウンが長身で恰幅のいいタルグタイと戦った様子が詳しく書かれている。チラウンは槍でタルグタイを狙ったが、槍の柄の端が地面に当たり、その反動でタルグタイを下から突く形になった。タルグタイは陰部から胴体に槍を突き刺され、馬から落ちた。瀕死のタルグタイは言った。

「わしは心臓が切断されても死なないと思っていたが、ソルカン・シラの小倅《こせがれ》ごときに討ち取られるとは」

こうして、かつて少年のテムジンを捕らえて殺そうとまでしたタルグタイは死んだ。その場所はウラングスト・トラスという地である。

ところで、この戦いはなぜテムジン側の圧勝となったのだろうか。メルキト族やタイチウト氏族たちは、自らがテムジンたちに攻め込んだのであるから、それなりの戦力を持っていて、勝機もあると見ていたはずである。にもかかわらず完敗した。

これは私の想像だが、テムジンの軍とタルグタイらの軍の雌雄《しゆう》を分けたのは戦いの熟練度の違いだったのではないだろうか。戦争において日常の訓練は非常に重要なものだが、近代以前の戦争においては実戦に勝る訓練はない。テムジンとオン・カンの兵士は一一九六年からずっと戦い続けてきた。この数年、彼らは戦場を馬で駆け巡り、馬上から夥しい矢を射かけ、白兵戦で数えきれないほど刀と槍を振るってきた。その経験がものを言わないはずがない。

もう一つは武器の量と質ではないかと思う。オン・カンとテムジンは金朝に服属していた関係で、金朝からより高度な武器を入手していた可能性がある。モンゴル兵の武器としては剣や槍も大事だが、何よりも重要なのは矢である。矢の先に使われる鏃《やじり》は鉄で作られているが、これは貴重品である。当たり前のことだが、鉄は鉄鉱石から作り、そのためには製鉄の技術がなければならない。当時のモンゴルの諸氏族の多くが大掛かりな製鉄施設を持たず、畢竟《ひっきょう》、鉄製品の多くを金朝からの輸入に頼っていた。剣や槍は何度も使えるが、鏃は消耗品である。それだけに、消耗を恐れずに矢をいくらでも射ることができるとなれば、戦場では大きなアドバンテージとなる。さらに言えば、勝利した側は戦場で矢を回収できるが、敗走した軍は矢を回収できず、戦力差はさらに広がることになる。

とまれ、この戦いで、テムジンは長年の仇であったタルグタイ・キリルトクを倒し、タイチウト氏族をほぼ潰滅に追い込んだ。テムジンはジュルキン氏族に続いて、同じモンゴル族の氏族を二つ滅ぼしたことになる。

テムジンが二つの有力氏族を潰滅させたことで、モンゴル高原は激動の時代に突入した。長い間、モンゴル高原東部の遊牧民は、金朝とそれに服属するタタル族によって抑えつけられていた。それは言い換えれば、多くの遊牧民たちにとってある種の均衡が保たれた状態だったといえる。しかしモンゴルのテムジンとケレイト族のオン・カンがタタル族を破り、モンゴル高原東部の新たな支配者としての足掛かりを作ったことで、その均衡が破れたのだ。

キヤト・ボルジギン以外のモンゴルの諸氏族、それにメルキト族やナイマン族といったテュルク系の遊牧民たちが警戒の度合いを強めたのは当然といえる。

まず動いたのは、同じモンゴル族のカタギン氏族とサルジュート氏族である。『モンゴル秘史』と『集史』によると、もともとこの二つの氏族はアラン・ゴアが光とまぐわって生んだ子供の子孫で、モンゴルでは有力氏族だった（最初の息子の子孫がカタギン氏で、二番目の子の子孫がサルジュート氏である）。

テムジンはアラン・ゴアの三男であるボドンチャル（アラン・ゴアは光とまぐわう前に二人の男子を生んでいるので、正確には五男）の子孫であるから、三つの氏族は遠い祖先を辿ると同族といえる関係だったが、両氏族とテムジンとは昔から関係が良くなかったようだ。

現代の研究によれば、両氏族はテムジンが支配していたオナン河周辺よりかなり東を本拠としていたらしい。現在のモンゴル国の東、中華人民共和国の内モンゴル自治区東北部のフルンボイルあたりではないかと推察されている。両者は地理的に離れていたのもあって、それまで氏族間で紛争に発展することはなかったようだ。

テムジンとカタギン氏族・サルジュート氏族が決定的に険悪な関係になったのは、かなり昔に起こったある出来事が原因だった。

『集史』「チンギス紀」に書かれているその逸話は一一八〇年代の初め、テムジンが二十歳前後の頃のことである。おそらくジャムカと共に暮らしていた時だと思われる。

ある日、テムジンはジャムカと相談して、カタギン氏族とサルジュート氏族に対し、「同盟を結びたい」という趣旨を伝えるために使者を送った。使者はテムジンの言葉を伝えたが、それは韻を踏んだ寓意《ぐうい》に満ちた言葉だったため、カタギン氏族とサルジュート氏族は使者の言葉を理解できなかった。

当時のモンゴルでは、氏族間で使者を送る時、直接的な要求ではなく、謎かけのような形で伝えることが珍しくなかったという。『モンゴル秘史』にも韻文詩のような文章はいくつも出てくるし、前に書いたジャムカとテムジンが別れるきっかけとなったジャムカの言葉も、ある種の謎かけの言葉であったのだろう。

この時、二つの氏族の中にいた一人の聡明な若者が使者の言葉の意味を汲《く》み取った。彼はそれを周囲の者にわかりやすく説明した。

「テムジンは使者を通してこう言っている。『我々の親族でなかった諸族でさえ、今や我々の友人となって団結している。我々はもともと親族であるのだから、団結して友人となり、ともに楽しむべきだ。そうしなければならない』と」

しかし二つの氏族の族長はその説明を聞いても、テムジンの提案に同意しなかった。彼を若造と舐めていたのか、あるいは以前からキヤト氏族をよく思っていなかったのかもしれない。

カタギン氏とサルジュート氏の族長は、テムジンの使者に対しても敵意を剝き出しにし、大鍋から血で煮た羊の内臓を取り出して、彼の顔にぶちまけた。そして彼をさんざんに罵倒し、嘲笑をもってテムジンのもとへと送り返した。

戻った使者から顚末を聞かされたテムジンはおそらく激怒したことであろう。とはいえ、その後、両者は正面切って戦うことはなかったようだ。前述したように、両者の住んでいた地域がかなり離れていたことが一番の理由だったと思われる。

ただ、それから十数年の時を経て、状況は大きく変わった。テムジンはオン・カンと同盟を結んでタタル族を攻略して弱体化させ、さらに同じモンゴルの一族であるジュルキン氏族を滅ぼし、タイチウト氏族をほぼ壊滅させた。今やテムジン率いるキヤト・ボルジギン氏族はモンゴル族の中で一大勢力を築きつつあった。

カタギン氏族とサルジュート氏族は、このことに脅威を感じたに違いない。テムジンの力がさらに大きくなれば、当然ながら彼が支配する人も土地も増える。そうなると、やがては自分たちの支配地を脅かす事態にもなりかねない。もともとルーツが同じ一族とはいえ良好な関係ではなかった相手だけに、より一層の敵対感情を募らせたとしても不思議はない。その感情の裏には、テムジンがタタルに代わって金の臣下になったことへの反感のようなものもあったのかもしれない。また、かつてテムジンの使者を侮辱して追い返した負い目もあっただろう。

二つの氏族が連合してテムジンたちを攻めようとしたのは、氏族の安全保障の観点からも当然の成り行きかもしれなかった。一族の脅威となりうるものは早くに摘み取っておかねばならないと考えたのだろう。

このカタギン氏族とサルジュート氏族の連合軍に、ドルベン氏族も加わった。『モンゴル秘史』によれば、ドルベン氏族はアラン・ゴアの最初の夫の兄の子孫とある。つまりボドンチャルの一族とは血の繋がりがなく、ボルテ・チノ（蒼き狼）の流れを汲む一族だった。さらにコンギラト族も加わった。読者の皆さんはコンギラト族の名前を覚えているだろうか。テムジンの妻ボルテの出身氏族（正確にはコンギラト族の支族であるボスクル氏族）であり、テムジンとは縁戚関係にある氏族だった。このことが後の戦いに微妙に影響する。

これだけの氏族が連合したのは、今や多くの氏族にとってテムジンとオン・カンが大きな脅威になっていたということの証である。これらの氏族はいずれもモンゴル東部に住んでいた者たちであることから、研究者の間では「東部連合」と呼ばれることもある。また、この時の連合軍にはタタル族の残党も加わっていた。

一二〇〇年の夏、東部連合とタタル族の残党の族長らは、「打倒テムジン」を掲げ、アルクイ泉に集結した。テムジンがタイチウト氏族をほぼ潰滅させたのは同年の春であるから、彼らの対応は非常に迅速といえる。彼らにとってはテムジンという存在の脅威がそれだけ深刻なものであったという証である。

『モンゴル秘史』や『集史』を読んでいて思うのは、当時のモンゴル高原に住むすべての氏部族は常に安全保障上の危機に晒されていたということだ。生存と安全が担保されている者などどこにもいなかった。

すなわち（自分たちを脅かしかねない）敵を滅ぼさない限り、平和は確保されないということである。同盟関係は暫定的な安全を保障するものではあるが、それさえもいつ反故《ほご》にされるかわからない。国境のない地に住んでいる限り、その状況は永遠に続く。このあたりの感覚は海に隔てられた島国に育った日本人にはどうしても理解しにくいものがある。中国および中央アジアの諸民族・諸国家間における外交のしたたかさ、またいざ戦争となった時に行なわれる徹底した殺戮は、そうした感覚を把握して初めて理解しうるものなのかもしれない。

その意味では、この時のカタギン氏族らの「東部連合」にとっては、テムジンを叩き潰すことが自らの氏部族と家族を守るために絶対に必要なことだったといえる。

彼らは同盟結成の集会の場で、モンゴル族の間でこれより強いものはないという最高の誓いをなした。それは共に刀で雄馬と雄牛と雄犬を斬り殺し、こう叫ぶというものだ。

「おお、天神地祇よ、聞け、いかなる誓約を我らが行うかを！　これら（の雄）は、これらの動物の根であり、雄の始まりである。もし、我らが誓約を守らず、契約に違反するならば、我らもこれらの動物のようにするがよい」（『集史』「チンギス紀」金山あゆみ訳・未刊）

一説には聖なる白い馬と牛を犠牲にするとされており、『聖武親征録』にはこの時、白馬を胴斬りした（腰斬白馬）という記述がある。

こうして彼らは共にテムジンを倒すことを誓った。

彼らの兵がテムジンに向かって進んでいる時、コンギラト族の中のボスクル氏族の長であったデイ・セチェン（ボルテの父）は、このことを娘婿に報せるために密かに使者を送った。彼は「東部連合」の一員としての役目よりも、娘への情を取ったのだ。あるいはテムジンの将来性を見ていたのかもしれない。

岳父《がくふ》からの報せによって、カタギン氏らが攻めてくると知ったテムジンとオン・カンは、オナン河の近くのクトゥン・ナウルという場所から出陣した。そして両者はブイル・ナウル（ボイル・ノール）湖畔で対峙した。ちなみにそこは一九三九年のノモンハン事件の戦場の近くである。

テムジン、首に矢を受ける

後に「ブイル・ナウルの戦い」と呼ばれるこの戦いで、テムジンはまず三人の親族を部将として先鋒隊に送り込んだ。クトラ・カン（三代目のカン）の息子のアルタン、テムジンの従兄弟クチャル（テムジンの伯父ネクン・タイシの息子）、叔父のダリタイ・オッチギン（イェスゲイの弟）である。ダリタイ・オッチギンはかつてイェスゲイがホエルンを奪った時、二人の兄であるネクン・タイシと共に行動した男である。

オン・カンは一人息子のセングンと弟のジャカ・ガンボ、それと重臣の一人を先鋒隊とした。ジャカ・ガンボはかつてテムジンの妻ボルテがメルキト族に攫われた時、兄のオン・カンと共に救出の軍を出したこともある。

テムジンたちは斥候《せっこう》（敵情を偵察するための少人数の部隊）を出したが、やがてその一人が戻ってきて、「敵の先鋒部隊も接近中」という報せをもたらした。それを知った先鋒隊は敵の先鋒隊と接触して、「話し合うべき者は誰か」と訊ねて交渉に入った。そこで双方の先鋒隊同士が話し合い、「明朝、決戦しよう」ということになった。

現代の感覚からすると妙な感じだが、これは双方による一種の宣戦布告のようなものだったのかもしれない。村上正二によると、当時のモンゴル族の間では、戦争における武士道的しきたりのようなものが残っていたという。少し前の時代だが、アンバガイ・カンの息子のカダアン・タイシがメルキト族のトクトアと戦った時、傷付いたトクトアが、カダアンに使者を送って、「モンゴル人は今日まで戦いの場所や日時をあらかじめ決めてから戦争をやって来たものだ。今度もこの慣習に従って戦争をやろうではないか」と告げた事例を村上は挙げている。「ブイル・ナウルの戦い」でも、双方の先鋒隊が古式に則《のっと》って、戦いの場所と日時を取り決めたのであろう。そして両軍の先鋒隊はともにいったん本隊へと戻った。

上記のエピソードは『モンゴル秘史』の記述によるが、実は同書は、この戦いを後年起こる「コイテンの戦い」とまとめて記している。『モンゴル秘史』は「コイテンの戦い」を非常に重要な戦いと見做していて、様々な逸話をその戦いの中に挿入しているのだ。それゆえ、以下の記述も含め、実際にいつの出来事なのかは定かではないが、『集史』の伝えるところでは、この「ブイル・ナウルの戦い」は双方の軍がまともにぶつかった激戦だったようだ。

史書には戦いの具体的な様子は描かれていないが、『モンゴル秘史』には非常に重要な出来事が書かれている。それは戦いの最中に、テムジンが遠い嶺《みね》より放たれた矢によって愛馬を射られ、さらに彼自身も首に矢を受けたという事件だ。後年、テムジンは戦いの場において前線に立つということはなくなったが、この頃はまだ彼自身が最前線で戦っていた。

矢の傷は深く、そこから血が止まらなかったが、幸いにして陽が落ちて戦闘はいったん止んだ。両陣営は互いに距離を取って、翌日の決戦に備えた。

テムジンは対陣したまま馬から降りた。この時、テムジンに寄り添ったのはジェルメ・ウヘである。かつてテムジンがボルテと結婚した直後に、ウリャンカイ族のジャルチウダイという老人が「お傍に侍らせてください」と言って連れて来た男である。ウヘ（暴れ者、豪傑）と呼ばれるほど勇壮な男で「四狗」の一人に数えられる。

ジェルメは気を失っているテムジンの血を吸い続け、口が血だらけになっても、他の者に任せず、テムジンの傍に居続けた。ジェルメがずっと血を吸い続けたのは、もしかしたら矢に毒が塗ってあるのに気付き、それを吸い出していたのかもしれない。

夜半になり、テムジンはようやく意識を取り戻した。

「喉が渇いた」

テムジンはそう言ったが、陣営には彼の喉を潤すものはなかった。つまりそれだけ激戦であったということだ。

ジェルメは敵陣の中に馬乳があるかもしれないと考えた。彼は服をほとんど脱ぎ捨てて裸に近い格好となると、対峙している敵陣の中に潜入を試みた。

ジェルメは万が一、敵に見つかって捕まった場合、「テムジンのところから投降するためにやってきた」と言うつもりだった。服を脱いだのは、その際に「自分が投降しようとしているところを見つけた味方の兵に、衣服を剝がされて殺されかかった。しかし隙を見て逃げて来た」と言って敵を欺《あざむ》くためだった。

幸運にもジェルメは誰にも見つからずに敵陣に潜り込むことができた。彼は車両に駆け上がって馬乳を探したが、見つからなかった。しかし車の上に大きな蓋桶に入った乳酪《にゅうらく》（ヨーグルトのようなもの）を見つけたので、それを奪った。そして再び闇に紛れて自陣に戻ることに成功した。なんとも豪胆な男であるが、テムジンのために見せた忠誠心の高さに驚く。

ジェルメは自陣に戻ると、水を探し出して乳酪と混ぜ、倒れているテムジンに飲ませた。テムジンはそれを飲み、「我が心の眼が明るくなってきたぞ」と言った。これはおそらく意識がはっきりしてきたという意味であろう。そしてようやく体を起こすことができた。

やがて日が出て周囲が少し明るくなると、テムジンは自分の周囲が血だらけであることに気付いた。ジェルメが自分の首から吸い取った血を吐いた跡であることを知ると、テムジンは「なぜ血を遠くに吐かなかったのか」と訊ねた。

ジェルメは答えた。

「遠くに吐きに行けば、あなたの傍を離れることになってしまうため、吸った血をこの場で吐きました。しかし吐けなかった血はいくぶんか飲んでしまいました」

テムジンは、ジェルメが飲み物を得るために敵陣の中に侵入したということを知って怒った。

「もし、お前が敵に捕まれば、わしがこのような状態になっていることを吐かされていたかもしれないではないか」

ジェルメはその叱責に対して、敵を欺くために服を脱いだことを述べた後で、こう言った。

「仮に疑われたとしても、敵の馬を奪えば、必ず逃げおおせて戻ってこられました」

それを聞いたテムジンは言った。

「わしはなんとバカなことを言ったのか。かつてメルキトに宿営を襲われた時、お前はわしの命を救ってくれた。今また、血を吸い取って我が命を救ってくれた。そしてわしの喉の渇きを癒すために、大胆不敵にも敵陣に乗り込み、飲み物をもってきてくれた。これら三つの勲功は我が心に深く留めておくぞ」

『モンゴル秘史』にも『集史』にも、「四駿」「四狗」が自らの命を懸けてテムジンを守り抜く逸話がいくつも出てくる。それらはある程度の脚色はあるかもしれないが、私は大筋は真実ではないかと考えている。というのは、テムジンの成功は、多くの部下たちの献身的な行為によって成し遂げられたものだからである。逆に言えば、そうした部下がいなくては、あれだけの大帝国を築けるはずがなかっただろう。

テムジンは生まれながら多くの部下を持っていた帝王ではない。父の死によって同族から見捨てられた弱小氏族であったにもかかわらず、彼自身の人間的魅力によって、多くの部下を引き寄せたのだ。それだけに、主従の結びつきは非常に強いものがあったと思われる。

さて、再び戦いの場面に戻ろう。『モンゴル秘史』によれば、日が昇ると、敵の陣営からは兵がほとんど消えていたという。敵は翌日の決戦を回避したのだ。おそらく前日の激戦はテムジン有利の戦いであったのだろう。『集史』にも、「極めて激しく会戦したが、最終的にテムジンが勝利を収めた」とある。ただし『モンゴル秘史』にも『集史』にも、「東部連合」諸氏部族の主だった領袖が打ち取られたという記述はなく、テムジンが彼らを完全に打ち破った戦闘ではなかったようだ。

それでもテムジンはこの戦いで多くの敵を捕虜にした。テムジンは捕虜たちを、自分の馬を射た者は誰かと尋問した。

すると、一人の男が「それは自分だ」と名乗り出た。男はジルゴアダイという名で、もとはタイチウト氏族の隷臣だった。

ジルゴアダイは言った。

「そのことでカンから死を命じられれば受けましょう」

そしてその後に、「もし、お恵みがあれば、あなたのために献身的に尽くしましょう」という意味のことを述べた。

その言葉を聞いたテムジンは大いに感心した。そしてこう言った。

「捕虜となった者は、自分が敵を殺したことや仇をなしたことは、（報復を恐れて）隠すものだ。しかしお前は恐れることなく、自分がわしに矢を射たことを包み隠さずに言ってくれた。お前のような男こそ、僚友（ノコル）とすべき人物だ」

テムジンはジルゴアダイに「これからはジェベと名乗れ」と言って、自分に仕えよと命じた。

ジェベとは「矢の尖った先」（鏃）という意味である。ジェベは後に「四狗」の一人となり、スベエデイと共にモンゴル帝国屈指の将軍となる。

テムジンは処罰を恐れずに堂々と真実を告げたジルゴアダイの態度を「稀なもの」と称賛したが、その彼を召し抱えるテムジンこそ当時のモンゴル人としては稀な領袖であった。何度も言うように、こうしたテムジンの性格が後に彼をして大帝国を築かせる要因の一つになったのだろう。

少し話が逸れるが、『集史』「チンギス紀」には興味深い一節がある。それはバヤウト氏族の、思慮深く洞察力のあるとされる、ソルカンという老人の言葉である（ソルカン・シラとは別人）。老人がそれを語ったのがいつ頃のことかはわからないが、一一九五年以前のことと思われる。それはこのような言葉である。

「ジュルキン氏族のサチャ・ベキは支配権を獲得しようと努めているが、これは彼の事業ではない。ジャムカ・セチェンは己の事業を推進するために、常に人々に互いの足を引っ張り合わせ、様々な氏族に欺瞞《ぎまん》に満ちた策略を仕掛けているが、これも成功しないだろう。ジョチ・カサル（テムジンの弟）も同じような志向を持っている。彼は自分の力と射撃の巧みさを拠り所としているが、彼もまたうまくいかないだろう。権力への渇望を有し、顕著な威力を示していたメルキト族のアラク・ウドゥル（ちなみに『集史』「部族篇」にも類話があり、そこではタタル族となっている。また『聖武親征録』でもタタル族となっている）でも、何一つうまくいくまい。しかしテムジンはと言えば、統べ治めるために必要な容貌、習慣、能力を備えており、彼は疑いもなく皇帝の境遇に到達するであろう」

『集史』はこのソルカンという老人の素性を明らかにはしていないが、バヤウト氏族はテムジンがジャムカと訣別した後でジャムカの一団からテムジンに帰順した氏族であるから、老人はテムジンとジャムカをよく知る男で、しかも両者の人間性をしっかりと見抜いていたのだろう。彼はおそらくテムジンの性格から、いずれ彼が全モンゴルを統一するかもしれないと見ていたのだ。老人が語る「能力」とは、これまで私たちが見てきたテムジンの人心掌握術と包容力、それに人材主義ではないだろうか。

ソルカンの言葉の中で興味深いのは、カサルの名前があることだ。カサルもまた野心を持つ男だったのかもしれないが、様々な点で兄には及ばないと、この老人は見做していたようだ。

話をジェベに戻すと、この一連の逸話は、『モンゴル秘史』によれば、一二〇一年のコイテンでの会戦においてということになっているが、前述したように、同書は一・一〇二年に起きたとされる「コイテンの戦い」を非常に重要視しており、その前後の戦いの逸話をまとめて放り込んでいる。私は様々な史料に鑑みて、一二〇〇年の夏（あるいは秋）に行なわれた「ブイル・ナウルの戦い」の最中に帰順したと見ている。

『集史』にもジェベの帰順の話が書かれているが、内容は『モンゴル秘史』と少し違う。『集史』によると、ジェベの本名はジルクタイとなっていて、ある戦い（いずれの戦いか不明）で、彼はチラウンが乗っていた馬を射たとある。ただ、投降したジェベがそれを正直に語るのを見て、テムジンが「この者は戦にふさわしい」と言い、ジェベという名を与えたという点は同じである。

一二〇〇年の夏〜秋頃に「東部連合」との戦いで一応の勝利をおさめたテムジンとオン・カンだが、その年の冬に、オン・カン陣営であるトラブルが起きた。それはオン・カンの弟のジャカ・ガンボが引き起こした舌禍《ぜっか》事件である。

ちなみに彼の本名はケレイテイだが、一般にはジャカ・ガンボと呼ばれている。ジャカはチベット語で「広大な」という意味で、ガンボは同じく「完成した者あるいは覚者」という意味の言葉である。彼がチベット語の通り名を持つ理由は、子供の頃にチベット仏教を信仰していたタングト族の西夏の捕虜になっていたことがあったからだ。「広大な」「覚者」という呼び名が付けられたのは、彼が優秀な人物であったからだろう。

なお現在のモンゴル国でもチベット仏教の影響は強く、チベット語由来の名前を持つ者は多い。モンゴル出身の大相撲の第六八代横綱、朝青龍《あさしょうりゅう》の本名ドルゴルスレン・ダグワドルジもチベット語由来の名前である。もっともモンゴルがチベット仏教を取り入れるのは、ずっと後のことである。

『集史』によれば、ジャカ・ガンボの舌禍事件は、オン・カンに対する不満から起こった。その昔、オン・カンは自分がケレイトのカンになるために、多くの兄弟を殺したが、同母弟のジャカ・ガンボは殺さず、彼もまた兄の下で有能な武将となっていた。しかし彼は兄とはそりが合わなかったようで、その後、何度か離反と臣従を繰り返している。面白いことにテムジンとジャカ・ガンボは仲が良く、アンダの契りを結んでいる。

一二〇〇年の冬、オン・カンの移営に伴う移動の最中に、ジャカ・ガンボは自分の部下たち三人に、兄に対する不満を述べた。

「兄は気が滅入るような性分で、一つの場所に落ち着いて平安を得るということができない。そして悪い性格によって、自分の目上と目下の一族をすべて滅ぼした。それが原因でカラキタイ（西遼）の土地を去らざるを得なくなった。こんな性格であるから、自分たちの国では平穏な暮らしができないだろう。俺たちはこんな兄とどうやっていけばいいのだ」

おそらく信頼する部下相手ということで、つい口を滑らせたのだろう。

しかし部将の一人がオン・カンにそれを告げた。オン・カンは怒って、他の二人の部将を捕まえ、彼らの顔に唾を吐いた。その場にいた部将の全員がオン・カンに倣って同じことをした。

それを知ったジャカ・ガンボは、このままでは自分の身も危ないと思ったのか、幾人かの部将たちを引き連れて、オン・カンのもとを去った。この逸話は『モンゴル秘史』にも若干細部は違うもののほぼ同じ内容が書かれている。

兄のもとを逃れたジャカ・ガンボはナイマン族のところへ身を寄せた。ナイマン族は王の死後、息子のタヤン・カンとその弟のブイルク・カンが争い、それにより支配地も兵士も二分されていたことは前に書いた。両者の確執は深く、テムジンとオン・カンがブイルク・カンと争った時も、タヤン・カンは弟に加勢しないほどだった。

ジャカ・ガンボが身を寄せようとしたのはタヤン・カンの方である。彼はタヤン・カンに使者を送った。

「オン・カンは自分を腐った内臓のように見ている。私はそんな兄を嫌悪しており、隠しだてのない心をもってあなたのところに向かいます」

そしてタヤン・カンのところへ赴いた。

このあたりの動きを見ていると、ジャムカもそうだが、当時のモンゴル高原の遊牧民たちは、自らの安全保障のために、部族を超えて同盟と離反を繰り返していたのがわかる。まさに「昨日の敵は今日の友」である。

以上の逸話はテムジンのその後の戦いにさして影響があるわけではないのだが、ここで私がジャカ・ガンボのことを詳しく書いているのには別の大きな理由がある。というのは後に彼の娘がテムジンの息子の妻となり、モンゴル帝国の偉大なハーン（大カン）を生み出すことになるからだ。後に詳しく語ることになるが、その娘ソルカクタニ・ベキは教養豊かなインテリ女性だった。そのことから、父であるジャカ・ガンボもまた当時の遊牧社会にあってはなかなかの教養人だったのではないかと想像する。もっとも当時のケレイト族はウイグル文字を使うなど、モンゴル高原の遊牧民の中では文化度が高い部族だった（モンゴル族は文字を持たなかった）。

さて、一二〇〇年の冬、テムジンはダラン・ネムルゲスという地で、タタル族の残党に対してかなりの打撃を与えた。この時のタタル族の陣営には、メルキト族とタイチウト氏の残党もいた。なお、テムジンの陣営にオン・カンは入っていない。この戦いは「ダラン・ネムルゲスの戦い」と呼ばれる。

『集史』には、この時、テムジン陣営にトラブルが生じたと書かれている。タタル族との戦いがほぼ終わった頃、コンギラト氏族がテムジンに帰順したい旨を告げにやってきた。コンギラト氏族はキヤト氏族とは長年にわたって婚姻関係を結んできた氏族である。テムジンの母のホエルンは、コンギラト氏族の支族であるオルクヌウト氏族出身であり、テムジンの妻のボルテは同じくその支族のボスクル氏族出身である。

コンギラト氏族は前に「東部連合」の一員としてテムジンと戦ってはいたが、今や彼と合流した方が有利だと考えたのだろう。この合流に関しては、前もって使者を遣わしていたと思う。ところが、やってきたコンギラト氏族に、テムジンの弟のカサルの軍が襲いかかった。これはカサルたちに連絡が届いていなかったか、あるいはタタル掃討《そうとう》戦の混乱の中で何か行き違いがあったのかもしれない。

コンギラト氏族はカサルの「背信行為」に怒り、テムジンとの合流を辞めて、ジャムカ側につくことになった。騒動の顚末を知ったテムジンはカサルに激怒し、厳しく叱責した。これが後のテムジンとカサルの不仲の原因となる。

再び、反テムジンの連合軍

年が明けて一二〇一年、前年の夏に「打倒テムジン」で連合を組んだ氏部族が再び同盟を結んだ。ただこの連合についての記述は、史書によってかなり内容が違う。

『モンゴル秘史』によれば、この時の同盟は先の「東部連合」に加えて、イキレス氏族、コルラス氏族、オイラト族、ナイマン族、メルキト族、そしてタイチウト氏族の残党を加えた十一の氏部族が集まったとある。

またこの時、多くの氏部族が集結したのはアルクイ泉とあるが、そこは一二〇〇年の夏に「東部連合」が団結した場所なので、おそらく誤りである。

一方、『集史』には、この時のメンバーにナイマン族とメルキト族とオイラト族の名前はない。集結場所はガン河のほとりとなっていて、こちらが正しいと思われる。ただ、前にも書いたように『モンゴル秘史』の編者が、後年の「コイテンの戦い」に連なる複数の出来事をまとめて記しているのは明らかである。そこでこれ以降の話は『集史』を参考に進めることにする。

一二〇一年（季節は不明）、カタギン氏族をはじめとするいくつもの氏部族はガン河のほとりで会議を開いた。その会議に重要な人物がいた。それはテムジンの宿命のライバルといえるジャムカである。私は、この時に多くのモンゴルの氏部族に声を掛けて会議を開いた中心人物はジャムカではないかと考えている。その根拠は、この会議の席上で「ジャダフン氏族のジャムカをグルカンにしよう」ということが決まったからだ。

グルカンとは、「すべてのカン」という意味で、「カン」より地位が上である。もともとはモンゴル高原のはるか西に位置する西遼（カラキタイ）の王の称号であるが、この時、モンゴル高原の遊牧民たちがその称号を使ったのは、西遼に対して強い憧れを持っていたせいかもしれない。西遼はかつて中華の北を支配した遼の末裔であり、女真族の金に追われて中央アジアの西方に逃れたが、その国力は相当なものがあった。

テムジンはあくまでもキヤト氏のリーダーとしてのカンだが、ジャムカが戴冠したグルカンは、より多くの氏族の支持を得たリーダーであるだけに、名目上はテムジンよりも上に立つものだった。

もっとも、反テムジン（および反オン・カン）で集まった氏部族たちが、会議の席でいきなりジャムカをグルカンにしようという流れになったとは思えない。ジャムカが事前に諸族に根回しし、彼らの「反テムジン」の感情を利用して、会議でも主導権を握り、自らをグルカンに推挙するように持っていった可能性が高いと私は思っている。「狡猾なジャムカ」と呼ばれる男であるだけに、それくらいの権謀術数は用いたと思われる。とはいえ、多くのモンゴルの氏族にとっても、テムジンという男を排除しておきたいという思惑は共通したものであるから、敢えてジャムカの誘いに乗ったということもあったのだろう。

　各氏部族の首領たちはこの会議で、テムジンに向かって出陣することを決めた。


　この時、たまたまコリダイという男が、自分の娘の嫁ぎ先の家に用事で訪れていた。コリダイがどの氏族出身でどういう人物かは不明だが、テムジンに好意を持っていた人物だったのだろう。彼はジャムカをグルカンとする同盟軍がテムジンを攻める計画を知り、それをテムジンに報せようとした。

『集史』によれば、この時コリダイは娘の婿から非常に足の速い馬を借りた。彼はジャムカの宿営地を通り過ぎる時に彼の部下に見つかったが、馬に鞭を入れると、馬はあっという間に追跡者を振り切ったとある。こうしてコリダイはテムジンの宿営地まで辿り着いた。

　テムジンはコリダイからジャムカの計画を聞くと、ただちに軍勢を整え、イェディ・ゴルカンという場所で、ジャムカを迎え撃ち、彼の率いる軍を破った。『集史』には「ジャムカを攻め、彼を撃破した」というあっさりした記述しかないが、実際、戦闘はテムジン側の圧勝だったのかもしれない。

　なお、この時の戦いでコンギラト族はあらためてテムジンに下った。そこから察するに、ジャムカ側はほとんど戦うことなく投降あるいは逃走したのかもしれない。この戦いは「ハイラル河畔の戦い」と呼ばれる（『聖武親征録』では「ハイラル・テニホルハンの戦い」となっている）。

「東部連合」もしかり、「反テムジン」軍は多くの氏部族の同盟軍でありながら、二回ともテムジンに撃破されている。前にも書いたように、私は双方の兵の練度と戦術に大きな差があったと見る。テムジンの兵は、一一九六年のタタル攻略戦以降、毎年のように戦っている。その経験の違いは大きな差となって現れるだろう。またテムジン自身も戦いを経るごとに戦術を学んでいったはずだ。

会戦は将棋やチェスに似たところがある。それは戦場においていかに自軍の駒を効果的に配置し、戦力を集中させるかという点においてである。そしてこれはひとえに司令官の作戦と判断力にかかっている。戦場で兵たちをうまく連携させることができなければ、あたら戦力があっても敗れることはままある。

後年、テムジンは、モンゴル高原から打って出て、周辺の諸国家相手に連戦連勝することになるが、それはモンゴル兵の強さに加えてテムジンの戦術も大きかったと思われる。おそらく「東部連合」と戦う頃には、彼は自分なりの戦術を身につけつつあったのではないだろうか。

一方、「東部連合」の方は指揮系統が統一されていなかった可能性が高い。氏部族がいくら多くとも、それをまとめる指揮官が存在せずに、各自がバラバラに戦っていたのでは「烏合《うごう》の衆」である。

また両軍の兵士の戦意の差も大きかったと思われる。「戦争は、『意思×力』の積で決まる」という言葉がある。「意思」とは「戦意」であり、「力」とは「兵力」である。したがって兵力がいかに優れている軍隊であっても、戦意がゼロなら戦力としてはゼロになる。またいかに戦意が高くても兵力がゼロなら、これまた戦力はゼロになる。

テムジンの兵士は「四駿」「四狗」に代表されるように、主君に対する忠誠心が非常に強い。テムジンのためならば、我が身を犠牲にするのも厭《いと》わないという兵士が敵方の兵士に比べて圧倒的に多かったのではないだろうか。もちろん、多くの兵にそう思わせるだけの魅力がテムジンにはあったということである。

テムジンの勝利は後世に創作されたものではない。現実にテムジンは全モンゴル高原を統一し、さらに中央アジア全体を制覇したのだから、ほとんどすべての戦いにおいて勝利を得たのは歴史的事実である。

翌一二〇二年の春、テムジンはモンゴル高原の東方にいたタタル族の残党を「ウルクイ・シルゲルジトの戦い」で打ち破った。これにより、テムジンの勢力はモンゴル高原東方において一層強大なものとなった。

この戦いでは注目すべきことがあった。それはテムジンが厳しく軍律を定めたことだ。『モンゴル秘史』によれば、その一つは「戦いが完全に終結するまでは、敵の財物に目をくれるな」ということだった。現代の我々から見れば当然のことのように思えるが、実はそれまでのモンゴル人の慣習にはないものだった。というのは遊牧民の戦いの一番の目的は敵の財物を奪い取ることだったからだ。したがって敵を蹴散らしてしまえば、残った財物を兵たちが我先にと奪うのが戦場の常だった（指導者に捧げる分以外の戦利品は奪った者の権利で、早い者勝ちであった）。

ところがテムジンはそれを禁じたのだった。彼にとって戦いとは敵を完全に葬り去ることであり、目先の財物に目をくれてはならないという考えを彼は持っていた。敵を打ち破ってから、戦利品は全て平等に分ければいいと考えていたのだ。その先進性が当時のモンゴルの諸氏族の領袖たちとテムジンとを分ける大きな要素だった。

テムジンが定めたもう一つの軍律は、「敵の迎撃が激しければ最初のところに退却しろ」というものだった。これも一見、当たり前のようだが、わざわざこれを命令文にしたのは、それ以前は各兵がてんでばらばらに戦っていたということかもしれない。

つまりこの軍律は指揮系統の徹底化に眼目があると私は見ている。同時にテムジンは「戦いは不利になることもある」と考えていたことを示している。劣勢に陥った時にすばやく軍を立て直さなければ、全軍が崩壊する恐れがある。この軍律からテムジンが極めてプラグマティックな考え方をする人間であることがわかる。戦闘というものを常に俯瞰的かつ柔軟に見ていたのである。そしてテムジンはこの二つの軍律違反に対し、「これを破る者は斬る」という厳しい罰則を設けた。

ところが、タタルとの戦いにおいて、三代目のカンであるクトラの息子のアルタン、テムジンの叔父のダリタイ・オッチギン、同じく伯父のネクン・タイシの息子クチャルが、「戦いが完全に終結するまでは戦利品を奪うな」という軍律を破った。彼らの軍は戦闘が完全に終了する前に、戦利品の獲得にいそしんだ。つまり彼ら三人は従来の戦い方をしたというわけだ。彼らはもしかしたら、自分たちはキヤト氏の名門であり、またテムジンの親類であるから、多少の軍律違反は大目に見てもらえると考えていたのかもしれない。

しかしテムジンは親族といえど、この違反行為を認めなかった。部下のクビライとジェベを彼らの軍に派遣して、戦利品をすべて没収した。

この話は『モンゴル秘史』『集史』ともに記しているもので、テムジン軍の軍律の厳しさと同時に、彼の権限が以前とは比べものにならないほど強くなっていることを示すエピソードである。

注目すべきはクビライとジェベはキヤト氏族ではないことだ。つまり外様《とざま》ともいえる氏族出身でありながら、本家筋ともいえるキヤト氏の重鎮たちを厳しく取り締まったのだ。これはテムジンが血統や一族の絆よりも、能力を重視して指揮系統を作っていた証拠でもある。そのあたりの人材登用術もまたテムジンの先進性である。

ただ、叱責を受けた上に戦利品を没収された三人がこれを恨みに思ったのは間違いない。彼らはまもなくテムジンのもとを離れてオン・カンと行動を共にするようになる。そして後にテムジンを裏切ることになる。

タタル族、滅亡

ところで、「ウルクイ・シルゲルジトの戦い」において、テムジンは捕虜にしたタタルの兵をほとんど皆殺しにしている。これは以前の戦いとは大いに異なる。

これまでは同じモンゴル人同士の戦いでは、首領級の人物は処刑しても、一般の兵を皆殺しにはしなかった（テムジンの軍に吸収していた）。しかしタタル族は同族という意識がなかっただけにこうした果断な処置が下されたのだろう。あるいはモンゴルにとっては、かつて二代目カンであるアンバガイが彼らに捕らえられて金朝に引き渡された恨みを晴らす意味もあったのかもしれない。

テムジンが開いた軍議では、「車両の車轄《しやかつ》を超える背の男の子は皆殺しにする」と決まった。車轄とは、車輪の軸を留めるくさびのことである。当時のモンゴル人の車両の車輪はかなり大きかったようだが、仮に直径が一メートル八〇センチあったとしても、車轄は九〇センチくらいの位置である。それ以下の身長の男子だと、だいたい三歳以下になる。つまり幼児以上の男子は全員処刑ということだった。もちろん助けられた子供らは奴隷となる。

この大虐殺によって、かつてアンバガイ・カンが語ったとされる、

「五つの指の爪はがすまで
十の指先をすり減らすまで

わが讎をば果たしおおせよ」

という復讐がテムジンによって成し遂げられたことになる。

ただ、この時、テムジンたちにとって予想外のことが起きた。タタル族の実質皆殺しという軍議の結論が出た直後、その部屋から出たテムジンの異母弟ベルグテイが、捕虜となっているタタル（の中のトトクリウト・タタル族）の領袖のイェケ・チェレンにその結果を伝えた。彼がなぜそんなことをしたのかの理由は『モンゴル秘史』には書かれていないが、もしかしたら驕《おご》った優越感からの発言だったのかもしれない。

イェケ・チェレンは驚いて、捕虜の兵たちにそれを知らせた。おそらく捕虜たちは馬を奪われて武装解除はされていたものの、拘束状態ではなかったようだ。同書にはその数は書かれていないが、千人単位の数であったと思われる。

捕虜たちはどうせ処刑される運命ならと、徹底的に抗戦する道を選んだ。たとえ武器がなくとも屈強な兵たちが死に物狂いで抵抗すれば、それを制圧するのは容易ではない。そのためテムジンたちの兵の方にも少なくない犠牲者が出た。例によって同書の記述は淡々としたものだが、タタルの抵抗とその後の虐殺現場は、阿鼻叫喚《あびきょうかん》の地獄絵図であったことだろう。

ベルグテイが引き起こした事態にテムジンは怒り、今後、ベルグテイは重要な軍議に出席することはまかりならぬと命じた。たとえ弟であっても、処分を甘くするということはなかった。

この時の戦いでは、テムジン配下の多くの部将がタタル族の女性を妻（あるいは妾）にしたと『集史』に書かれている。彼らはおそらく彼女たちの情にほだされ、テムジンの命令に背いて多くのタタル族の子供を殺さなかった。それを知ったテムジンは、弟のカサルに「(匿われた) 千人の子供を殺せ」と命じた。しかしカサルもまたタタル族の女性を妻にしており、彼女への愛情と、子供たちへの憐憫《れんびん》から、五百人だけを殺して残りを匿った。それを知ったテムジンは激怒し、「カサルの誤りの一つがまさにこれだ」と言った。『集史』にはこの後の顚末は書かれていないが、残りの五百人の子供も殺されたのであろう。

いずれにせよ、この一連の虐殺によってタタルは部族としてはほぼ壊滅した。長年にわたって中華帝国からも恐れられたタタル族はこうして歴史上から姿を消すことになる。

タタル族滅亡に際し、欠かせない話がもう一つある。それはイェスイとイェスゲンという二人の女のエピソードである。

テムジンは戦いの後、前述のイェケ・チェレンの娘イェスゲンを娶り、妃《きさき》とした。美しいイェスゲンはテムジンの寵愛を受けたが、ある日、「姉のイェスイは私よりも美しく、また気高く、彼女こそカンにふさわしい女である」と言った。しかしイェスイは戦いが起こる少し前に結婚しており、戦乱によって行方がわからないままだった。

テムジンはイェスゲンに言った。

「汝の姉が汝よりも美しいというのが本当ならば、捜し出してみよう。しかしもし見つけた場合、汝は妃の座を姉に譲ることができるのか」

イェスゲンは答えて言った。

「姉を一目でもご覧くだされば、その美しさがわかるでしょう。テムジン様が姉をお気に召せば、私は喜んで妃の座を姉に譲ります」

　テムジンはイェスゲンの殊勝な言葉に感心し、早速、兵たちに命じて、行方知れずとなっているイェスイを捜索させた。

　兵たちは森の中に夫と共に潜んでいたイェスイを見つけて、その身柄を確保することに成功した。その際、彼女の夫は森の奥へ逃げた。

　こうしてイェスイがテムジンのところに連れて来られると、イェスゲンは立ち上がって、自分が坐っていた妃の座を姉に譲り、自らはその下座についた。テムジンはその場でイェスイを娶って妃にした。

『元史』によると、イェスイはテムジンの第三夫人、イェスゲンは第四夫人となっている（第二夫人に関しては後に語る）。

　このイェスゲンの行動の逸話を、村上正二は、当時のモンゴル婦人の徳の一端を示すために挿入されたものと見ているが、そのあたりが私にはよくわからない。実際にイェスゲンはテムジンの偉大さを目の当たりにし、尊敬する姉のイェスイこそテムジンの妃になるべきだと思ったのかもしれないが、別の見方もできないだろうか。

　つまり愛する夫と逃げおおせた姉に比べて、憎い敵の首領の女にされた自分は不公平だと考えなかったのだろうかという見方だ。もちろんこの考え方は現代人のもので、当時の遊牧民の女性の価値観とは大きく違っているかもしれないことは承知している。しかし自分の父や一族を殺した敵の首領の妃にされるということは、決して喜びではなかったと思う。もっともイェスゲンの性格もまた姉妹の関係性もわからないので、この考察自体に意味はないのかもしれない。ただ、イェスゲンの美徳の話として書かれていることに私は違和感を持ったのだ。

もちろん全く違う解釈もある。イェスゲンは姉の身を案じたからこそ、テムジンが姉を捜すように仕向けたという見方だ。一時は戦乱から逃げおおせたとしても、いずれどこかでモンゴル兵に見つかれば、姉は彼らの慰み者となる。またそうならないとしても、部下もない状況で草原や森で夫婦二人きりで生きていくのは容易ではない。そんな苛酷な人生を送るくらいなら、テムジンの妃として生きる方が姉の為だと考えたのかもしれない。はたして何が真実かはわからない。『モンゴル秘史』はイェスゲンの心の底までは書いていないからだ。

ところで『モンゴル秘史』には、あまり後味のよくない後日談が書かれている。それは次のような話だ。

ある日、野外でテムジンがイェスイとイェスゲンの二人の間に坐って酒を飲んでいる時、イェスイが大きなため息をつくのを見た。

テムジンはイェスイが誰かを目にしたと察した。そしてその人物とはもしかしたらイェスイの夫かもしれぬと考えた。

テムジンはすぐにボオルチュとムカリらを呼び、ある命令を与えた。それは「部族の者たちを集めて立たせ、己の部族の民とは違う者を見分けろ」というものだった。

ボオルチュらが早速その指示に従うと、一人のうら若い気の弱そうな男が、すべての部族の民から離れて立っていた。そこで周囲の者が「汝はいかなる人か」と訊ねてみると、男は言った。

「私はタタルの領袖イェケ・チェレンの娘イェスイを嫁に貰った男です。森の中で敵に捕らえられそうになったので、逃げましたが、今ようやく戦乱もおさまったようなので、大勢の中では見つかるまいと思って、こうして戻ってきたのです」

そのことを聞かされたテムジンは言った。

「それこそ反乱を起こそうと思って、盗人に身をやつしてやってきた者だ。いかなる隙を狙ってやってきたのか。こういう怪しげな奴が出ないように車轄を超える男は殺してしまったはずなのに」

そして「ただちに始末せよ」と命じた。

こうしてイェスイの元夫は斬られて死んだ。

私はこの時のテムジンの心には明らかに嫉妬があったと思う。イェスイのため息を見ただけで、彼女の心にはまだ元夫への思いがあると判断したからこそ、部族のすべての男を調べたに違いない。そこにイェスイの元夫が紛れ込んでいたなら、亡きものにしようと思ったのだ。

この時、テムジンの心には、かつてボルテを奪われた記憶がよぎらなかったであろうか。愛する女を奪われた苦しみに共感できたなら、彼に同情できたはずである。それとも、イェスイを元夫に返す意思のなかったテムジンは、むしろ彼を殺して楽にしてやりたいと思ったのだろうか。

もっとも、こうした考え方は、さきほどのイェスゲンの心理を想像したのと同様、大いに現代的な感覚によるものかもしれない。この時のテムジンの決断は、単に勝者と敗者の違いを、イェスイにも一族の者にも、そしてイェスイの元夫にも明白に知らしめるというだけのものだったのかもしれない。

ちなみにイェスイはテムジンにとっては重要な妃となった。後に彼が自らの後継者を決めるきっかけとなったのはイェスイの言葉であったし、彼の最期となった遠征に、多くの妃の中からただ一人同行したのも彼女であった。

ところで、「ウルクイ・シルゲルジトの戦い」におけるテムジンの三つのエピソードを読むと、彼の権力が以前とは比べものにならないほど強く、絶対的なものになっているのがわかる。

もちろん戦いの日々の中で、テムジンの性格が変化したということもあるだろう。環境が人を変えることは心理学者の説明を聞くまでもない。現代においても、徴兵されて戦場に放り込まれた者がそれまでの市民生活では考えられないような行動をするケースは枚挙にいとまがない。

ましてテムジンは大きな一族を率いるリーダーである。一つの判断ミスが一族を滅亡させる要因にもなりかねない。ちょっとした油断や甘さが命取りになる世界なのだ。彼の両肩にのしかかる責任と重圧は以前とは比べものにならなくなっていたはずである。

勝利と敗北は常に紙一重だ。いつ自分が敗者の側に回るかわからない。敵兵を殺す時、一歩間違えば、自分がこうなったかもしれないと思う時もあっただろう。たとえば、イェケ・チェレンの二人の娘を娶った時、もし自分たちが敗れていたなら自分の娘たちが敵の女にされていたという思いがテムジンの脳裏を走らなかったと断言できるだろうか。その意味では、彼の軍律の厳しさは必然であったともいえる。

私は『モンゴル人の物語』を書き始めるにあたって、一つの問いを自らに課した。それは、モンゴル高原の片隅に細々と暮らしていた弱小遊牧民が、なぜ世界史上最大の帝国を築くことができたのかというものだ。これは多くの歴史学者にとっても大きな謎である。そしてその答えは一つではない。複雑な理由が絡み合い、またいくつかの偶然が重なったことで、このような奇跡が起きたに違いない。

ただ私はその理由の一つに、テムジンと配下の者にとって、「戦い」が生活の中に組み入れられたことがあるのではないかと考えている。一一九六年以降、テムジンと彼に率いられたモンゴル兵たちは、一部、謎の空白期間を除いてひたすら戦い続けているのだ。そうしなければ自分たちの安寧《あんねい》を保つことができなかったからだが、その結果、まさに戦いこそが日々の習慣となってしまったといえるのではないか。

前にも書いたが、モンゴル族の女性や子供や老人は常に後方に控えて、兵站を担当する。時には戦場となった跡地で矢などの武器や防具を拾い集める作業もある。つまり兵と民の別がなく、常に一族全体で戦っているといえる。そしてテムジンと配下のモンゴル氏部族にとっては、これが決して一時的なものではなかったのだ。

この後も、彼らは継続的に戦いに身を投じる。そしてその戦いはさらに規模を大きくし、より激しいものになっていくのだ。世界史を見渡しても、これほど戦い続けた民族はない。十四世紀から十五世紀にかけてイギリスとフランスが戦った「百年戦争」も、実際には戦闘のない期間の方が長く、『三国志』で知られる中華の「三国時代」にしても、実際の戦いはそれほど多くはない。

しかしテムジンと配下のモンゴル人は生涯にわたってひたすら戦い続けた。しかも驚くべきは、それが一代ではなく数代にも及ぶものだったということだ。巨大なモンゴル帝国を築き、元朝を興して南宋を滅ぼすまで、彼らはなんと八〇年以上も戦い続けたのだ。敵を屠《ほふ》り、財物を掠奪するということが日常となったのは、一一九〇年代からのテムジンの戦いの日々によって培《つちか》われたものがあったからではないだろうか。

第五章

テムジン、モンゴル高原を制圧

コイテンの戦い

テムジンがタタル族をほぼ滅ぼしたことで、モンゴル高原の勢力図は大きく塗り替えられた。その中心にいるのはオン・カンとテムジンだ。しかしこの状況はモンゴル高原に住む多くの氏部族たちにとっては由々しき事態だった。彼らにとって、その状態が続くことは自分たちの安全が脅かされることになるからだ。

一二〇二年の秋、ブイルク・カン率いるナイマン族がオン・カンとテムジンを叩き潰そうと決意した。ブイルク・カンは一一九九年にオン・カンとテムジンが戦った男である。ブイルク・カンはモンゴル高原の多くの部族を集めて連合軍を組織した。

この時の連合軍は前のモンゴル族の「東部連合」とはまた違って、トクトア・ベキ率いるメルキト族、クドカ・ベキ率いるオイラト族が加わった。トクトア・ベキはかつてテムジンからボルテを奪った男である。テムジンにとっては長年の敵であり、これまでも何度も戦っている。そしてこの連合軍の中には、テムジンの宿敵、ジャムカの姿もあった。

連合軍が向かっていると知ったテムジンとオン・カンはただちに軍勢を組織し、迎撃態勢に入った。

両軍はコイテンという地で対峙した。この地は現在のどこか比定されていないが、「コイテン」という言葉は「寒い」という意味で、非常に天候の変わりやすい低湿地の場所であったらしい。

この戦いは『集史』には次のように書かれている。テムジンとオン・カンはナイマンの軍隊が接近した時、一時的に金が作った長城の内側（金側）に退却した。オン・カンの息子セングンの軍は金側に入る前に連合軍に見つかったが、そこで戦闘は起こらず、連合軍はいったん後方に退却して、セングンの軍も金側に入ったとある。

ここで注目すべきは、テムジンらが一時的に金朝側に入って陣を敷いたということだ。これはテムジンとオン・カンが金朝と密接な関係を持っていたことの証左である。史料には書かれていないが、もしかしたら金朝から何らかの軍事的援助があった可能性もある。

『モンゴル秘史』も『集史』も、この時の双方の軍勢がどれくらいかは書いていないが、両軍とも、合わせて一万人あるいはそれ以上の兵士がいたのではないだろうか。

後に「コイテンの戦い」として知られるこの戦いは、テムジンの命運を決める大きな戦いとなった。

ナイマン族を主力とする反テムジンの連合軍は、「コイテンの戦い」に臨んでナイマンの族長ブイルク・カンとオイラト族の族長クドカ・ベキが「ジャダの呪術」を用いた（『集史』ではナイマン人が呪術を用いたと記述)。

　これは特殊な能力を持ったシャーマンが、牛馬の胃の中にできるといわれるジャダという結石を水に沈めて起こす魔法のようなもので、雨を激しく降らせるというものだ（ジャダ石については他にもさまざまな説がある）。つまりブイルク・カンとクドカ・ベキはそうした能力を持つ人物と見做されていたということだ。

　ところが二人がこの呪術を使って風雨を起こしたものの、その風雨はテムジンの軍勢の上に降り注ぐことはなく、逆にブイルクたちの頭上に降り注いだ。

　現実には呪術で風雨を起こすことはできない。しかしこの時、荒天が反テムジン連合軍を見舞ったのは事実のようで、『集史』にも同様の記述がある。ただし『集史』では、雪と地吹雪が起こったとある。

　これにより、連合軍の兵たちは潰滅的なダメージを受けることになる。『モンゴル秘史』では、兵たちは進むこともできず、淵の中に倒れていき、「天神《あまつかみ》のご加護が得られなかった」と嘆いたという。つまり「ジャダの呪術」がテムジンには効かず、逆に連合軍に吹雪を与えたということだが、『モンゴル秘史』は、テムジンの力がジャダの呪術をはね返したと書いているようにも読める。

『集史』では、連合軍の兵は地吹雪から逃れようとしてコイテンの地にはまりこみ、多くの兵の手足が凍傷になり、さらに多くの馬や兵が崖から転げ落ちて死ぬほどの激しさであったとある。

おそらく、この時の自然現象は偶然の産物であろう。両軍の兵士が激突する前に、激しい雨あるいは雪が降り注いだのだと考えられる。その時、連合軍が陣を張った場所は、そうした風雨や吹雪を避けるに適さない場所であり、そのために多くの兵が悲惨な状況に陥ったのであろう。

モンゴル高原は冬となると氷点下五〇度以下になることもある。この時の季節は秋だが、突如として局地的にみぞれ交じりの雨が降り、気温が一気に低下したというのは十分に考えられる。

またモンゴル高原ではしばしば猛烈な砂嵐が生じる。強い風によって巻き上げられた砂礫《されき》が、人馬を激しく打つという。もしかしたら、この時コイテンで起こった吹雪は、それに近いものだったのかもしれない。そこに激烈な低温が重なったとすれば、連合軍が甚大な被害を受けたのも理解できる。

一方、金朝側に陣を張っていたテムジンたちは、その天候被害を受けなかったと思われる。モンゴル高原では、こうした局地的な悪天候は決して珍しいことではない。あるいは金朝の長城は、そうした天候が変化する境目に築かれた可能性もある（長城は山の尾根に沿って築かれていることが少なくない）。

いずれにしても、これにより連合軍側は致命的なダメージを蒙った。『モンゴル秘史』によると、ナイマン族、メルキト族、オイラト族は、それぞれ別々の方向に退却したとある。

この時、敗走する連合軍の中にいたジャムカは、退却の際に仲間を攻めている。彼の背信的行為は『集史』にも書かれており、同書によると、彼は仲間であった諸部族に掠奪を働いた上で、テムジンのところにやってきて帰順することを表明したとある。実際にテムジンに隷属したかはともかく、その行為はいかにもジャムカらしい場当たり的なものである。

『モンゴル秘史』は「コイテンの戦い」を非常に重要な戦いと見做していて、後年、チンギス・カンの伝記などでも、この戦いは彼の人生の大きなターニングポイントとして書かれることが多いが、連合軍は戦う前に自然現象（災害？）によって潰滅したというのが実情のようである。ただ、「ジャダの呪術」をもはね返したことにより、モンゴル人の間でテムジンのカリスマ性が一気に高まったのは事実であり、その意味では「コイテンの戦い」はやはり重要な戦いであったといえる。

この戦いの結果、モンゴル高原の東半分はテムジンとオン・カンの二人が制した形となった。これにより彼らの安全は確保されたかに思えたが、別の見方をすれば、新たな緊張の生じる種子が播《ま》かれたともいえた。

二人にとって敵がいなくなったということは、互いの存在が新たな敵となりうる状況に他ならなかったからだ。これはモンゴルとケレイトという異なる部族の宿命であったのかもしれない。つまりある種の必然ともいえた。

しかしテムジンもオン・カンも表向きはそんな素振りは見せなかった。というのも二人は義父子の関係であり、個人的な信頼で結ばれていたからだ。オン・カンの年齢はわからないが、息子や孫の年齢から判断すると、六十歳前後であったと思われる。テムジンは四十歳になっていた。

その冬、二つの部族は長城の近くのアブジア・コテゲルという場所で越冬した。ここはコンギラト族が住んでいた砂漠地帯である。

この時、両者が同じ場所で越冬したのは、お互いの牽制があったからではないかと私は考えている。つまり同盟関係を維持しているということをアピールするためにも、互いに離れることができなかったのではないだろうか。

とはいえテムジンはオン・カンと事を構える意思はなかったように見える。というのは、オン・カンとの同盟を強化するために、長男のジョチの妻として、オン・カンの娘チャウル・ベキを求めたからだ。そして、その代わりとして自分の娘であるコジン・ベキをオン・カンの孫（セングンの息子）に与えると申し出た。これは明らかに、将来的にモンゴルとケレイトが争うことがないようにとの配慮である。ここには他意がないように思える。なぜなら、テムジンのこれまでの行動を見る限り、彼は権謀術数を用いたり、味方のふりをして騙し討ちをしたりということは一度もなかったからだ。テムジンはオン・カンと姻戚関係を結び、長く続いた闘いの日々に終止符を打とうとしたのかもしれない。

ちなみにこの頃、ジョチは二十代前半から半ばくらいである。既に何年も前から弟のチャガタイやオゴデイやトルイと共に父に付き従い、幾多の戦いを経験していた。『モンゴル秘史』

や『集史』には彼らの戦いの描写はないが、戦闘に参加していたのは間違いない。

しかしテムジンの案は実を結ばなかった。『集史』には「これは実現せず、それが原因で彼らの間に気まずさが生じた」と書かれているだけだが、『モンゴル秘史』にはそのいきさつがかなり詳しく書かれている。

曰く、テムジンの願いを知ったセングンが父オン・カンにこう進言した。

「わが方の親族《みうち》［のもの］が彼らのところに赴くならば、門の傍《かたわら》に立って永劫《とわ》に奥の間を仰ぎ見るようになったことでもあろう。彼らの親族［のもの］がわが方に来るならば、奥の間に坐して門の傍を見おろすようになったことであろうぞ」（村上正二訳）

この言葉の解釈は我々には難しいが、意味するところは、オン・カン家とテムジン家では身分が違うということのようである。セングンは明らかにテムジンたちを一段下に見ていたのである。オン・カンは息子の言葉を聞いて、テムジンの申し出を断ったようだ。

『モンゴル秘史』にはテムジンはオン・カンとセングンの態度に失望したと書かれているが、実際には単に失望という感情にとどまらないだろう。オン・カンが姻戚関係を結ぶことを拒否したということは、将来的には敵対関係になる可能性もあるということを意味していたからだ。

面白いことに、このエピソードはマルコ・ポーロが『東方見聞録』に書いている。彼が元朝に着いたのはテムジンの死のおよそ五十年後であるから、元朝に語り継がれていた話を聞いたのであろう。

同書では前に述べたようにマルコ・ポーロはオン・カンのことを「プレスター・ジョン」と書き、テムジンのことはチンギス・カーン（このカーンとは大カンのことである）と書いている。同書によると、チンギス・カーンは自らの妻としてプレスター・ジョンの娘を望んだとある。プレスター・ジョンは激怒して、チンギス・カーンの使者にこう言った。

「わが娘を娶りたいなどと、いったいチンギス・カーンはなんという厚顔なのか。わが臣下であり奴僕である分際を忘れたのか。とっとと帰って彼にこう返事しろ。『余は娘を彼なんどに与えるくらいなら、生きながら彼女を焼き捨てたほうがましだと思っている』と。また『主君に無礼を働くような不忠者・反逆人はどうあってもほってはおけない。余は義務として彼を必ず死罪に処せねばならないだろう』と申すがよい」（『東方見聞録』より愛宕松男訳）

同書には、使者からこの言葉を聞いたチンギス・カーンは激怒し、ついに両者は完全に決裂したとあるが、あるいは現実もこれに近いものだったのかもしれない。

『モンゴル秘史』や『集史』を読むと、このことがあった後、冬を過ぎると、二人は互いに宿営地を離れたようである。表立っての訣別ではないものの、両者ともに距離を取ろうとしたのかもしれない。

さて、まさにこのタイミングで再び怪しい動きをする人物が登場する。テムジンの宿命のライバル、ジャムカである。

一二〇三年の春、テムジンとオン・カンの間に隙間風が生じたと見たジャムカは、ダリタイ・オッチギン、アルタン、クチャルたちと、テムジンを追い落とす謀議を開いた。

ダリタイ・オッチギンはテムジンの叔父であり、アルタンはクトラ・カン（初代カンであるカブル・カンの四男であり、三代目のカン。イェスゲイの叔父にあたる）の息子であり、クチャルはテムジンの伯父のネクン・タイシの息子（テムジンにとっては従兄弟）である。三人ともテムジンの親族であり、彼の陣営にいたが、タタル族との戦闘の際、軍律を破って戦いの最中に戦利品を漁ったためにテムジンの叱責を受けた上で戦利品を没収された恨みを持っていた。そこでテムジンを裏切る謀議に参加したというわけだ。史書には書かれていないが、ジャムカはそのあたりの情報も入手していて、三人に声をかけたものと思われる。なお、この謀議にはドルベン氏族はじめいくつかの氏族の領袖たちも加わった。

ジャムカは謀議の後、セングンのもとを訪れて言った。

「テムジンは実はナイマンのタヤン・カン（ブイルク・カンの兄）と通じている。使者の交流もある。彼は口では、オン・カンのことを父などと言っているが、本心は違う。あなた方親子はテムジンを信頼してきたが、事態が悪くならないうちに手を打つべきである。もしテムジンに向かって出陣するならば、私もそれに加わろう」

アルタンとクチャルも言った。

「われらの母のホエルンの子供らの、兄は殺し、弟はうち捨ててやりましょうぞ」

ここで言う兄とはテムジンのことであり、弟とはカサルたちである。彼らはテムジン憎しの感情で、同胞や身内をケレイトと共謀して倒そうとしたのだ。

ジャムカに従ったいくつかの氏族の領袖たちも、口々に言った。

「彼らの手を取り、足を取ってやろう」

「テムジンの民を奪ってやろう。そうすれば彼らは何もできない」

「セングン皇子よ、あなたが出陣するなら我らは喜んで従う」

セングンはこれらの言葉を聞いてすっかりその気になった。彼はかつてナイマン族との戦いにおいて窮地に陥ったところをテムジンに助けてもらったことがあるにもかかわらず、その恩義を忘れ、テムジンを討とうと考えたのだ。

彼は早速、父のオン・カンのところへ使者を遣わし、彼らの言葉を伝えた。

しかしオン・カンは息子ほどには単純でも恩知らずでもなかった。彼はセングンの使者に対して、息子に次のような言葉を伝えるように言った。

「わしが息子のように思っているテムジンに対して、お前たちはどうしてそのように悪く言うのか。今さらわしがそんな思いになるならば、天の神にも愛されないぞ。ジャムカは口の上手い男だから、そのようなことを言うのだ」

戻った使者からその言葉を聞いたセングンは、再び父に使者を送って、次の言葉を伝えさせた。

「多くの男たちが、テムジンは信用ならない者と口をそろえて言うのに、どうして彼らの言葉が信じられないというのですか」

それでもオン・カンのテムジンに対する信頼は変わらなかった。

そこでセングンは自ら父のもとへ赴いた。そして父に直接言った。

「父上がテムジンのことを思っている時でも、テムジンの方は我々のことを何とも思っておりませぬぞ。あなたが飲み物にも噎《む》せ、食べ物にも閊《つか》えるほどに耄碌《もうろく》されたならば、テムジンは果たしてケレイトの民を私に継がせるようなことをするでしょうか」

この言葉からは、オン・カンがテムジンを息子のように思っていることへの嫉妬が窺える。彼は、オン・カンが衰えた時には、テムジンはケレイトを乗っ取るに違いないと言ったのだ。

しかしオン・カンはそれでもテムジンを攻めることに同意しなかった。

セングンは怒って門を飛び出していった。オン・カンは息子のそこまでの心情を見て、彼を呼び戻した。

そしてこう言った。

「たとえ天の神に愛されなくなっても、どうしてテムジンを見捨てられようかと言っただけではないか。お前がやりたいようにやれ。すべてお前が取り計らえ」

オン・カンはテムジンに対する信頼を捨てることができないにもかかわらず、親子の情にほだされて、ついにセングンがテムジンと敵対行為を取ることに同意したのだった。このやりとりは『集史』にもほぼ同じ内容で書かれている。

父の言葉を聞いたセングンは早速、テムジンを葬り去る計画を立てた。それは次のようなものだった。

以前、テムジンが言ったオン・カンの娘チャウル・ベキをジョチの嫁にほしいという申し出を了承したふりをし、結納の口実でテムジンを呼び寄せて、その場で殺してしまおうというものだ。

セングンらはその計画に沿って、テムジンに使者を遣わし、結納の酒宴に来てほしいという旨を伝えた。

オン・カン側から思いがけない返事を受け取ったテムジンは大いに喜んだ。これでもうケレイトと争うようなことはないと胸を撫で下ろしたかもしれない。

彼は早速わずか十人の従者を引き連れてオン・カンのところへ出発した。

テムジン、オン・カンと戦う

結納の儀を行なうためにオン・カンのもとへ向から旅の途中、テムジン一行は父イェスゲイの代からの臣であるモンリクの家に泊まった。『集史』によると、モンリクはホエルン（テムジンの母）の夫ということになっている。前述したように『モンゴル秘史』にはその記述はないが、モンリクのことを「父」（エチゲ）と書いている。

モンリクはテムジンから、オン・カンのところへ結納の酒宴に行くという言葉を聞いた時、顔色を変えた。

そしてこう言った。

「以前、お前がオン・カンにチャウル・ベキを求めた時、彼らはあっさりと断ってきたではないか。今頃になって、突然、娘をやるからといって結納に呼ぶのは何かおかしい。息子よ、気を付けよ」

その言葉を聞いたテムジンもすべてを察した。

モンリクはこう助言した。

「オン・カンには、『春になったが、わが方の馬たちが痩せているので、馬を養ってから、そちらに行くことにする』とでも言って、招待を辞退する方がいい」

テムジンはその言葉を受け入れ、自らはオン・カンのところへは出向かず、二人の男に「結納の内酒を飲んでくるように」と言って、使者として遣わした。

セングンたちは、テムジンの代わりに二人の男がやってきたのを見て、自分たちの計画が見抜かれたのを悟った。

こうなればぐずぐずしている猶予はないと判断したセングンは、テムジンを捕らえるために、明朝に兵を繰り出すことを部将たちと話し合って決めた。

この協議に加わっていたアルタンの従兄弟のイェケ・チェレン（以前、テムジンが戦ったタタル族の領袖と同じ名前だが別人）というキヤト氏の有力者が家に戻り、妻にこう言った。

「明朝、テムジンを捕らえようと、今、協議をしてきたところだ。このことをテムジンに伝えたら、どんな褒賞《ほうしょう》をもらえるかな」

　妻は驚いて言った。

「そんなでたらめなことを言うものではない。従者たちが聞いて本気にしたらどうするのだ」

　この会話からイェケ・チェレンはテムジンに好意を寄せていたことがわかる。今はアルタンに従ってセングンのところにいるが、もとはテムジンの陣にいた男である。もちろん単に褒賞目当てでそう言った可能性もある。ともあれ妻はそれを危険な行為と考えていたようだ。

　ところが、この会話をたまたま馬乳を届けに来たイェケ・チェレンの従者で馬飼い役のバダイなる男が聞いてしまった。

　バダイは持ち場に戻ると、同じ馬飼い役のキシリクにイェケ・チェレンの発言を知らせた。驚いたキシリクはそれを確かめるために主人のゲルに向かった。

　ゲルの外では、イェケ・チェレンの息子ナリン・ケエンが鏃《やじり》をやすりで磨いていた。ナリン・ケエンはなぜか憤っていた。そしてこう言った。

「我らの一族が話し合った大事な秘密を万が一にも漏らすような奴がいたら、そいつは舌を抜かれるぞ。しかし、いったんそれを口にした者がいた以上、その話が広まるのは止められない」

　それからキシリクに向かって言った。

「すぐにメルキトの白毛と口白の栗毛の馬二頭を用意して、夜のうちに発《た》て」

　キシリクはバダイのところに戻ると、

「お前の言っていることは本当だった。我らでテムジン様のところへこれを伝えにいこう」と言った。

これらの会話から、ナリン・ケエンもキシリクもバダイもテムジンに敬意を持っていたことがわかる。ナリン・ケエンはテムジンの又従兄弟にあたる。またキシリクとバダイももとはテムジンの配下のような男たちだった。三人はアルタンたちがテムジンを裏切ろうとしているのを快く思っていなかったようだ。

二人は早速、メルキトの白毛と口白の栗毛の馬二頭に跨って、テムジンのところに向かった。『モンゴル秘史』には、二人は出発前に、小舎で一頭の子羊を殺し、床板で煮たとある。それが何のためか書かれておらず、なぜそんな記述があるのかわからないが、たまたま語り継がれた物語の中で抜け落ちずに残ったエピソードかもしれない。こうした話があるのが『モンゴル秘史』のリアルさである。

二人はその夜のうちにテムジンのところに着いたとあるので、セングンの宿営地とはそれほど離れていなかったのかもしれない（数十キロくらいか）。しかも、ナリン・ケエンがわざわざ指定したということは、足の速い馬であったのだろう。

二人はテムジンの宿営地に辿り着くと、彼の前に伏して、自分たちが見聞きしたことを語った。そしてこう付け加えた。

「疑う余地はありません。彼らはテムジン様を捕まえようと企んでいます」

テムジンは二人の言葉を信じ、その夜のうちに移動を開始した。

『モンゴル秘史』や『集史』を読んでいて驚くのは、テムジンは何度も危地に陥るが、そのたびに助ける者が現れることだ。とくにテムジンが攻められようとしている時、敵方の中に、それを知らせようとする者が出現する。その情報のお陰で窮地を脱したことは幾度もある。これは単に偶然が重なったとはいえないだろう。テムジンには敵方の者たちをも惹きつける魅力があったと見做すべきである。「十三翼の戦い」で敗れた後、勝者であったジャムカ側から多くの者が離れてテムジンに帰順したというのもそれゆえだろう。

テムジンは貴重な情報をもたらして自らの窮地を救ってくれた者たちを厚遇している。この時の二人も例外ではない。バダイはモンゴル帝国の功臣表の第五十五位にランクされ、キシリクは第五十六位にランクされている。二人は、ただの馬飼いから大功臣として千戸長に昇り、特別にダルカンという、罪を九度犯しても罰されず、子々孫々まで免税特権を与えられるという特殊身分を得た。この大出世の糸口となったのは、この時の活躍に他ならない。

テムジンたちは退却速度を上げるために、不要な荷物や家財を捨てた。このあたりの潔さと素早さも彼の特徴である。逃げるとなれば、それに全力を傾注する。

テムジンは敵をいち早く発見するために哨戒《しょうかい》の兵を周囲に派遣しつつ、マウが丘の北の麓《ふもと》に沿って移動した。この時、殿軍《でんぐん》（全軍の最後尾、敵の追撃を最初に受ける危険な軍）を引き受けたのは四狗の一人、ジェルメである。「ブイル・ナウルの戦い」で首に矢を受けたテムジンを献身的に看病した男だ。余談だが、マウが丘の「マウ」はモンゴル語で「悪い」という意味である。

全軍は休むことなく移動し、翌日の夕暮れ近くにはカラ・カルジトの砂漠に到着した。おそらく一〇〇キロ前後は移動したのではないだろうか。彼らはそこで一休みすることにして、下馬した。

この時、馬たちに草を食ませていた二人の放牧係が、背後のマウが丘の南に敵軍の到来を告げる砂塵を目にした。

彼らはただちに馬を集め、テムジンのところに行き、ケレイトの軍が近づきつつあると知らせた。

軍を指揮しているのはセングンではなくオン・カンだった。最初は息子の行動を黙認する立場であったオン・カンであったが、今や自ら大軍を率いてテムジンを攻めるに至ったのだった。そしてその陣営にはジャムカの姿もあった。

オン・カンの軍はテムジンの軍を兵の数でははるかに上回っていたが、テムジンたちは全員馬に乗り、迎撃態勢に入った。

両軍が対峙した時、オン・カンの陣営で奇妙なやりとりがあったことが『モンゴル秘史』に残されている。それはオン・カンとジャムカの会話である。

戦いに入る前に、オン・カンがジャムカに聞いた。

「テムジンのところにいる勇敢に戦う者は誰か？」

ジャムカは答えて言った。
「テムジンの陣にはウルウト氏族、マングト氏族という有名な民がいます。彼らは非常に勇敢に戦います」
そして韻文でこう言った。
「旋《めぐ》り来るごと　隊伍乱れず
進み退くごと　挙止あざやかに
小さきころより　槍・剱《かたな》
使い慣れたる民なるぞ」（村上正二訳）
そして「彼らこそ、用心すべき民です」と付け加えた。
ジャムカの言葉から、ウルウト、マングトの両氏族は、訓練の行き届いた戦闘能力の高い氏族であることがわかる。そんな両氏族が帰参するほど、テムジンに魅力があったということなのだろう。
ジャムカの言葉を聞いたオン・カンは言った。
「そうであれば、わが方はジルギン氏族の勇者たちを先鋒にぶつけよう。その後詰《ごづめ》としてトベゲン族をつけよう。彼らの後援としてドンガイト族の勇者をつけよう。その後援として、わしの親衛隊をつかせよう。そしてその後援として、われらが精鋭の大軍を置こう」
彼はその後で、ジャムカに向かってこう言った。
「ジャムカよ、わが軍の指揮を執ってくれ」

それを聞いてジャムカは大いに驚き、落胆したと『モンゴル秘史』は語る。

その理由は、ジャムカ自身がそれまで「十三翼の戦い」を除いて何度もテムジンに敗れていたからだった。ジャムカは、自分ではテムジンには勝てないと悟ったからこそ、オン・カン陣営にやってきたにもかかわらず、オン・カンがそんな自分に全軍の指揮を執れと言ったため、失望したのだった。あるいはジャムカは、オン・カンの自信のなさを見て取ったのかもしれない。

ジャムカはいったんオン・カンのもとを離れて部下のところに戻ると、

「オン・カンは自分よりも劣った男である」

と言った。彼はオン・カンではテムジンに勝てないと思ったようだ。

そして驚いたことに、ジャムカは、自分とオン・カンの会話と、自らの落胆をテムジンに告げるように部下に命じた。そしてその報告の最後に、ある言葉を伝えろと言った。

ジャムカの使者はテムジン陣営に辿り着くと、オン・カンとジャムカの会話をそっくりそのまま報告した上で、「オン・カンを恐れるな、しかし用心せよ」というジャムカの言葉を伝えた。

いったい『モンゴル秘史』におけるジャムカは非常に謎が多い人物であり、その行動はしばしば矛盾を抱えている。彼はテムジンを激しく妬み、敵視しているが、その行動と発言の裏には一種の敬意が潜んでいるようにも見える。結局、そのあたりの迷いと一貫性のなさが彼自身の悲劇へと繋がっていったのではないだろうか。

テムジンはジャムカの使者の言葉を聞くと、ただちに参謀たちと作戦を練った。

そしてウルウト氏族の族長ジュルチェデイに言った。

「わしは君を先鋒にしたいと思う」

言うまでもないが先鋒は最も危険な任務である。ジュルチェデイが口を開く前にマングト氏族の族長クイルダル・セチェンが言った。

「私が先鋒を務めましょう。もし、私が戦死したら、子供たちをよろしくお願いします」

それを聞いてジュルチェデイも「我らウルウト、マングト族が先鋒となって戦いましょう」と言った。

『集史』ではジュルチェデイはケヘテイ・ノヤンという名前になっている。またこの時の記述が少し変わっている。

軍議の場で、テムジンが「我らはどのように行動すべきか」と言った時、ケヘテイ・ノヤン（ジュルチェデイ）は馬のたてがみを撫でていたという。淡々とした記述の多い『集史』にしてはなかなかリアルだ。おそらく彼はしばし逡巡したのであろう。どう答えていいか迷いながら、馬のたてがみを撫でてしまったのかもしれない。しかし近い父系同族にあたるクイルダルが「先鋒を務める」と言ったので、慌てて「自分もいく」と言ったのだろう。

戦いの日々を過ごしているとはいえ、やはり誰でも命は惜しいし、死ぬのは怖い。まして今回の敵は、自分たちよりもはるかに多勢なのである。そんな戦いで先鋒を務めるとなると戦死の可能性が高いのは、歴戦の勇士にとっては自明のことである。『集史』におけるケヘテイ・

ノヤンの行動からは、そんな心理が垣間見られる。『モンゴル秘史』はジュルチェデイの名誉を守りたいと考えたのか、彼が口を開く前にクイルダルが発言したという記述になっているのが面白い。

しかしいざ戦うとなれば、死を恐れずに戦場に向かうのがモンゴル戦士である。二人はそれぞれウルウト氏族、マングト氏族を率いて、先鋒として、敵の先鋒のジルギン氏族を迎え撃った。

ウルウト、マングトの両氏族はジルギン氏族を圧倒して押し返したが、ケレイト軍は後詰の部隊のトベゲン族を繰り出してきた。この時、クイルダルは敵の槍を受けて馬から落ちた。マングト氏族の兵士はクイルダルを守るために陣容を立て直した。

ジュルチェデイはウルウトの兵を率いて敵陣の中で獅子奮迅の戦いを繰り広げ、トベゲン族を敗走させた。

そこでケレイト軍はあらたにドンガイト族を投入した。しかしジュルチェデイは怯《ひる》むことなく、ドンガイト軍を打ち破った。ケレイト軍はオン・カンの親衛隊の軍までも繰り出した。おそらくこの頃になると、ケレイト軍もテムジン軍もほとんど全軍を投入しての戦いであったことだろう。兵士の数ではオン・カン軍が圧倒的に優っていただけに、その戦いはテムジン軍に不利なものだったはずだ。多くの史書を読むと、実際にテムジン軍は相当に追い詰められていたようである。

この時、オン・カンの軍から、事前の作戦を無視してセングンの部隊が突入した。味方の軍が勝勢ということで参戦したのかもしれない。ところが皮肉なことに、これがテムジンたちを救った。というのは、セングンがテムジン軍の矢を顔に受けて倒れたからだ。王子が重傷を負ったことで、ケレイト軍は戦闘を中断し、彼を守るために周囲に集まった。このため、敗勢にあったテムジン軍は態勢を立て直すことができた。これがなければテムジン軍は総崩れになっていたかもしれなかった。

日は沈みつつあった。

双方ともに、戦場から軍を引き揚げた。マングト族も傷ついたクイルダルを自陣に連れ帰った。

テムジン軍は辛うじて危機的状況を脱したが、その損害は甚大であった。しかし戦いはまだ終わっていなかった。

テムジン、敗走

オン・カンとの戦いでかなりのダメージを受けたテムジン軍ではあったが、翌日の決戦に備えて、陣を固めたまま夜を過ごした。戦死者も少なくなかっただろうし、負傷者も数多く出ていたに違いない。無傷の兵たちも疲れ切っていただろう。

『モンゴル秘史』によると、夜が明けて、テムジンが生き残った兵士を点呼してみると、オゴデイ、ボロクル、ボオルチュの姿がなかった。オゴデイはテムジンの三男である。この頃は十代の後半と思われる。ボロクルはテムジンがジュルキン氏族を滅ぼした折にホエルンに与えられたフウシン氏族の幼児で、「四駿」の一人である（ただしホエルンに与えられた時期については疑問）。

ボオルチュは言うまでもなくテムジンの側近中の側近である。かつてテムジンが十代の少年であった頃、馬を盗まれたテムジンのために一肌脱いだ義侠心に富む少年であった。それからまもなくテムジン一家に加わり、以来二十年以上にわたって苦楽を共にしてきた。テムジンにとっては単なる部下ではなく、血を分けた弟以上の存在でもあった。そんなボオルチュの姿がなかったのだから、テムジンの受けた衝撃は並大抵のものではなかっただろう。

テムジンは深く憂えて言った。

「ボオルチュとボロクルは生きる時も死ぬ時も一緒のはずだったのに、離れ離れになるはずがあろうか」

しかし悲しみに浸っているわけにはいかなかった。いまだテムジンたちは戦場の中にあり、ケレイト軍と対峙しているのだ。

テムジンは部下の者たちに言った。

「今この時も、我らの背後から敵は襲ってくるかもしれぬ。それゆえ、いかなる時も戦いに備えよ」

テムジン軍の兵士はいつでも戦えるように全員が自分の馬に轡《くつわ》を着けたままだった。

太陽がさらに昇り、周囲が明るくなると、彼方から馬に乗った一人の男がやってくるのが見えた。それはボオルチュだった。

ボオルチュが帰還したと知ったテムジンは自らの胸を叩いて言った。

「永劫《とこよ》の天つ神よ。〔われらが感謝のほど〕思《おぼ》し召しあれ」（村上正二訳）

テムジンが部下の生還をこれほど喜んだ記述は他にない。彼にとってボオルチュがいかに大切な存在であったのかがわかる。

ボオルチュはテムジンに言った。

「戦場で馬を射られ、やむなく徒歩《かち》となって走っていましたが、ちょうどセングンを守るために敵の陣が退却しようとしていたところに出くわしました。見ると荷を積んだ馬がいたので、その荷を断ち切り、裸鞍に跨って、今、ようやく戻りました」

裸鞍とは荷物を運ぶために被いをつけていない木の鞍であると村上正二は書いている。つまりこの時のボオルチュは運搬用の馬に乗って戦場から離脱してきたのだった。

しばらくすると、また一頭の馬がやってくるのが見えた。近づくと、馬には二人の男が乗っていた。

前に乗っていたのはオゴデイで、首から血を流していた。そしてその後ろにオゴデイを介抱しながらボロクルが乗っていた。

テムジンはその様子を見て、涙を流した。急いで火を起こさせ、オゴデイに「飲み物はいらぬか」と訊ねた。

そして興奮して叫んだ。

「敵が来るとあらば、いつでも戦うぞ！」

しかしボロクルはテムジンをなだめるように言った。

「ケレイト軍はマウが丘の南を通って、赤き楡林《にればやし》のほうへ立ち去りました」

ボロクルは負傷したオゴデイを連れて帰還する時も、沈着冷静にオン・カン軍の動きを見ていたのだった。彼の言葉を聞いて、テムジンは安堵の胸を撫でおろし、戦闘態勢を解いた。

一方、オン・カンは、息子セングンが重傷を負ったことを知って激怒し、復讐心に燃えた。そして息子の死と引き換えにしても、テムジンたちを葬り去ろうと決意した。

しかしトベゲン族のアチク・シルンが感情的になることを諫めた。彼は、今は戦いよりも、まず王子セングンの傷を癒すことを考えるようにと進言した。そしてこう言った。

「我らケレイトの軍にはジャムカをはじめ、アルタン、クチャルといったキヤト氏の領袖とともに多数のモンゴル族がいます。仲間を失ったテムジンなど恐れるものではありません」

なお、この時のオン・カンの陣営にはテムジンの弟のカサルの妻子もいた。カサル一家はオン・カン軍に急襲され、カサル自身はかろうじて脱出できたが、妻子は虜囚《りょしゅう》となっていたのだ（その記述は『モンゴル秘史』にはないが、『集史』に書かれている）。

アチク・シルンはさらに言った。

「それでも奴らが降伏しないなら、こちらから攻めて、奴らの死体を馬の糞のように着物の裾でつまんで捨ててやろうではありませんか」

遊牧民の間では牛の糞は燃料になるが、馬の糞は何の役にも立たない。つまりこの言葉はモンゴル族たちを完全に用のないものとして捨ててしまおうということを意味している。

オン・カンはそれを聞き、焦ることはないと判断し、傷ついたセングンの治療のために、いったん交戦地から退却した。

もしこの時、オン・カンが一気に進撃していたなら、テムジン軍は総崩れとなっていた可能性が高いと思われる。彼我《ひが》の戦力差が大きく開いていた上に、前日の戦闘ではオン・カン軍がテムジン軍を圧倒していたからだ。

危地を脱したテムジンはダラン・ネムルゲスの湿地からカルカ河を下って退却した。そこで陣を立て直し、自分たちの軍勢を数えてみた。すると、わずかに二千六百人であった。うち千三百人はテムジンが自ら率いていた軍勢で、残りの千三百人はウルウト氏族とマングト氏族だった。ただ、『集史』と『聖武親征録』では、テムジン勢二千三百人、ウルウト、マングト両氏族二千三百人の合計四千六百人となっている。いずれにせよ、かなり少ない数であるのは間違いない。

テムジンたちは戦場から退却しつつ、食料を得るために、途中で巻狩りを行なった。戦場で傷ついたマングト氏族の領袖クイルダルはテムジンが止めるのも聞かずに巻狩りに参加し、それがもとで傷が悪化して死んだ。テムジンは大いに悲しみ、クイルダルをオルヌウ山の崖に丁重に葬った。彼は後の功臣表の第二十一位にランクされ、息子たちは大いに出世することになる。テムジンはクイルダルとの約束を守ったのだった。

カルカ河がブユル湖に注ぎ入る地域に、テルゲ・アメル率いるコンギラト族がいるのを知ったテムジンは、ウルウト氏族の族長ジュルチェデイを派遣して、自分たちに降伏するようにと伝えさせた。

コンギラト氏族はテムジンの一族と通婚関係を持つ氏族である。ホエルンやボルテ、それにモンゴルの初代カンであるカブルの妻もまたコンギラト氏族の支族出身である。

コンギラト氏族は一二〇〇年の「ダラン・ネムルゲスの戦い」の折、テムジンに帰順しようとしたものの、カサルたちに攻撃されて、敵対関係になっていた。

ジュルチェデイはテルゲ・アメルにテムジンの言葉を伝えた。

「汝らコンギラト氏族の女性は美しく、昔からモンゴルの妻となっていた。そういう関係であるから、我らに下ってほしい。しかしあくまで敵対するなら、戦うまで」

それを聞いてコンギラト氏族はテムジンに投降した。テムジンは彼らからは何も奪わなかった。

「チンギス・カンの問責の辞」

テムジンはトンゲ小河の東に宿営すると、アルカイ・カサルとスゲゲイ・ジュウンの二人を使者としてオン・カンに差し向けた。アルカイ・カサルはかつてテムジンがキヤト一族のカンになった時、ジャムカにそれを知らせる使者となった男である。当時、文字を持たなかったモンゴル族にあっては、使者の役目は非常に重要である。彼らは主君の言葉を正確に伝えなければならないからだ。アルカイ・カサルは後に千戸長となっていることから、文武両道に秀でた男だと思われる。

『モンゴル秘史』には、この時、使者が述べた長い言葉が韻文詩とともに書かれている。これは「チンギス・カンの問責の辞」として知られているが、ここにその全文を紹介するのはやや煩雑になるので、要旨だけをかいつまんで記すことにする。

まずはオン・カンに対しての言葉であるが、なぜ自分をこのような境遇に陥れるのかと問うている。それは彼に対する非難というよりは、目を覚ましてほしいという懇願に近いものである。かつての二人の親交を訴え、これまで自分がいかにオン・カンに尽くしてきたかを、一つ一つ事例を挙げて切々と述べている。また父のイェスゲイが彼を救った話までして、オン・カンの心に訴えかけている。そして最後にこう結んでいる。

「いま、わが父なるカンはどうしたご不満でわたくしを［かくまで］憎まれる［こととなっ

た」のでしょうか。ご不満の理由〔を説明し〕に、使者をお寄こしなさい」（村上正二訳）

テムジンの使者からこれらの言葉を聞いたオン・カンは、悔恨《かいこん》の情に苦しめられる。彼はこう言った。

「嗚呼《ああ》、息苦しい。わが子〔のテムジン〕から離れるべきものだろうか。〔いや〕それは〔世の〕法《のり》から離れることだ。別れるべきものだろうか。〔いや〕それでは物の理《ことわり》から別れることになるわい」（村上正二訳）

こうして彼は大いに悩んだ。

史書から読み取れるオン・カンという人物は根っからの策略家には見えない。若い頃はケレイトの王座を手にするために多くの兄弟を殺戮した野心家であったが、老境にさしかかった彼からは、そうした果断さは見えず、しばしば優柔不断な決断力不足が窺える。特にテムジンに対する態度には終始一貫しないものがある。

彼がテムジンを裏切る時は、いずれもジャムカや息子のセングンに唆《そそのか》された時である。実際にオン・カンはテムジンに対して、内心は息子のように思っていたのかもしれない。もしかしたら、ケレイトをテムジンに譲ってもいいと考えていたふしさえ見られる。しかしそうなると息子セングンの立場が微妙なものとなる。結局、彼がテムジンを攻めたのも、セングンのためだったと言える。

オン・カンは使者の前で、

「自分はテムジンを悪く思ってはない」

と言って、その証拠に自分の小指を小刀で刺し、そこから流れる血を小さな樺皮《かげかわ》の容器に入れ、

「これを我が子テムジンに与えよ」

と言って渡した。互いの血を飲むというのはアンダ（義兄弟）や義理の父子関係の契りを為す時に行なう儀式の一つである。つまりオン・カンはあらためてテムジンを義埋の息子と認めたということになる。

テムジンの使者は次にオン・カン陣営にいるジャムカに向かって伝言を述べた。

ジャムカが自分とオン・カンの仲を裂いたことを指摘し、それはジャムカの嫉妬心からきていると非難する内容だった。

次に使者は、テムジンを裏切ってオン・カンについたアルタンとクチャルに向かって伝言を述べた。

それは、なぜ自分を騙すようなことをしたのかという非難と、かつて自分はお前たちをカンに推したのにお前たちはカンにならずに、自分をカンにしたではないかという非難である。

しかし最後に、二人に次のような言葉を贈った。

「オン・カンの麾下《きか》に移ったからには、しっかりと彼に仕えよ。かつてはテムジンの一味であったと言われないようにしろ」

このセリフはいかにもテムジンらしいと言える。いったん主君として仕えたからには、彼を裏切ることなく、役目を全うせよと言っているのだ。

次に使者はセングンに対して伝言を述べた。

それはオン・カンがテムジンを可愛がったことに対するセングンの嫉妬をなじるものだった。しかし最後に、オン・カンが生きているうちは、彼に代わってカンになろうとするなと、テムジンは忠告した。

使者は、ジャムカ、アルタン、クチャル、セングンに対しても、テムジンに言いたいことがあるなら使者を寄こせという言葉を伝えた。

しかしそれに対してセングンはこう言った。

「テムジンはいつオン・カンに対して『父なるカン』などと言っていたのか。あいつは父のことを『殺し屋の老いぼれ』と言っていたのではなかったのか。わしのこともいつアンダなどと言っていたのか。今回の使者の言葉でテムジンの底意は見えたぞ。これは戦闘開始の言葉なのだ」

そして部下に向かって、「戦闘の旌旗《はた》を掲げよ。軍馬どもを肥やせ」と命じた。

このあたりのセングンの言葉を見ると、オン・カンの軍はもはやセングンが実権を握っている感じがする。

オン・カン陣営から戻ってきたアルカイ・カサル（もう一人の使者のスゲゲイ・ジェウンは妻子をオン・カンに人質に取られていたため、戻るのが遅れた）は、一部始終をテムジンに報告した。

この「チンギス・カンの問責の辞」は『集史』にも書かれている。同書ではオン・カンとアルタンとクチャルに対してで、内容も若干異なるが、大意は同じである。そしてオン・カンは「真実はテムジンの側にあるのに、彼の方に不公平が集中してしまった」と、反省の言葉を述べている。

しかしここでも、センゲンは父の意向にもかかわらず、テムジンを攻めることを部下に命じたとある。

ところで、これはアカデミックな考証の話になるが、「チンギス・カンの問責の辞」で述べられている様々な事績の話の時系列を見ると、『集史』や『聖武親征録』における一連の記述が『モンゴル秘史』の時系列よりも正しいことがわかる。

さて、オン・カンのところから戻ってきたアルカイ・カサルがテムジンにどのような報告をしたのかは史書には書かれていない。しかし和平交渉が上手くいかなかったことはテムジンにもわかったのだろう。オン・カンがテムジンを義理の息子とあらためて認めたとはいえ、もはや血気にはやるセングンを抑えることはできないと判断したと思われる。

しかし、この時のテムジン軍は最悪の状態であった。オン・カンとの戦闘で受けたダメージから回復できていなかったからだ。三男のオゴデイをはじめ傷を負った者も多数いた。

とはいえ、のんびりと休んでいる余裕はなかった。ぐずぐずしていると、センゲンの軍が再び襲ってくるかもしれないからだ。そのためには可能な限り早く、彼らから離れなくてはならなかった。

もしこの時、オン・カン軍が総力を挙げてテムジンを追撃していたら、テムジンたちは全滅していたかもしれないと私は見ている。

しかし運命の女神がテムジンに微笑んだ。

バルジュナの誓い

『集史』によると、テムジンたちを退けたオン・カンは、クルカト・エレトという地に陣を張ったが、この時、彼らの陣営に事件が起きた。

テムジンを裏切ってオン・カン側についていたダリタイ・オッチギン、アルタン、クチャル、それにジャムカらが、「オン・カンを急襲して、自力で君主となろう」という策謀を練ったのだ。

彼らはもともとテムジン憎しでオン・カンについただけで、オン・カンに対する忠誠心などない。テムジンを駆逐した後は、オン・カンを倒せばカンになれると考えたのだろう。もしかしたらジャムカが入れ知恵したのかもしれないが、このあたりは日本の戦国時代の下剋上を彷《ほう》彿《ふつ》とさせる。この計画に、多くの部族も参加した。

しかしこのクーデターは成功しなかった。計画が事前に露見し、オン・カンの耳に入ったからだ。おそらく密告者がいたのだろう。

激怒したオン・カンは機先を制する形で裏切り者たちを襲い、多くの家財や馬などを掠奪した。これによって、ダリタイ・オッチギンを始めとする何人かは再びテムジンのもとに走り、残りの者たちはナイマンのタヤン・カンのところへ逃げた。

この内紛がなければ、オン・カンおよびセングンの軍がテムジンたちを追っていた可能性は高い。そうなれば歴史は大きく変わっていただろう。


オン・カン陣営の内紛をテムジンたちは知らなかった。彼らはひたすら退却を急ぎ、何日か後に、ようやくバルジュナ湖に辿り着いた。

バルジュナというのはよくある地名で、この地がどこかは諸説あるが、現在では内モンゴル自治区のフルン湖の南西という説が有力である。

『集史』によると、バルジュナ湖は湖という名前が付くものの、ほとんど水の涸《か》れた泉で、テムジン軍の全員と家畜の喉を潤す水はなかったとある。そのためテムジンたちは泥から水を搾り出して飲んだ。この時がおそらく成人して以降、テムジンの生涯最大の危機と言えた。『集史』「チンギス紀」では、テムジンはオン・カンとの戦闘直後にバルジュナ湖に辿り着き、その後、オン・カン陣営の内紛の後、再びバルジュナ湖に移ったと記述されているが、その移動は不自然で、私は、テムジンらはこの時初めてバルジュナ湖に辿り着いたと考えている。

この地で、オン・カンの襲撃から逃げのびた弟のカサルがテムジンのもとに合流した。カサルは妻子をオン・カンのところに置いたまま、幾人かの部下だけを連れて命からがら脱出してきたのだった。もしかしたら内紛のどさくさに紛れて脱出したのかもしれない。ただ、その際にほとんど食料を準備することができなかった彼らは道中に食べるものがなくなり、動物の死体や袋に使っていた革などで食いつなぎながら、やっとの思いでテムジンたちのところに辿り着いたのだった。

テムジンは弟との再会を大いに喜んだが、飢えたカサルたちに食料どころか水さえ提供することができない状態だった。

『元史』には次のようなエピソードが書かれている。

カサルは野生の馬を射て（彼は弓の達人として知られている）、その皮を剝いで釜がわりにし、バルジュナの泥水を煮て肉を茹でて飢えをしのいだ。これは袋の中に泥水を入れ、そこに焼けた石を放り込んで鍋代わりにするというもので、モンゴル人が緊急時に肉などを煮るのに用いる方法である。

この時、テムジンは天に誓ってこう言った。

「大業をなすために、皆と苦楽を共にする。この言葉を破るなら、我はバルジュナの水になる」

その言葉を聞いた全員が泣いたという。

彼らはその地で再起を誓ったが、これは後年「バルジュナの誓い」として知られる。この時、テムジンに付き従っていた者たちは後に「バルジュナト」（バルジュナの人々）と呼ばれ、モンゴル帝国創建の功臣として重んじられた。

「バルジュナの誓い」の話は、細部は異なるものの『集史』『聖武親征録』『元史』のいずれにおいても共通している。しかし、なぜか『モンゴル秘史』にはその記述がない。もしかしたら同書の編者はバルジュナトの一族ではなかった可能性も考えられる。

『元史』にはバルジュナトは十九人という記述があるが、実際のところはよくわからない。同書に名前が確認できるのは、ジャアファルホージャ、ジュルチェデイ、チンカイ、スベエデイ、フスン、アジュル、サウグル、カイドゥ、トガイ・バアトル、シルゲイ、ブトゥ・グレゲン、耶律阿《やりつあ》海《かい》、耶律禿花《トガン》の十三人である。ここに初めて登場する名前もあるが、お馴染みの名前もある。スベエデイは「四狗」の一人で、ジュルチェデイはウルウト氏族の首領である。ブトゥ・グレゲンはテムジンの娘婿である。

興味深いのはモンゴル部族以外の人間がいることだ。ジャアファルホージャはイスラム教徒で、後にモンゴル軍のホラズム・シャー朝遠征でも名前が出てくる。耶律阿海、耶律禿花は契丹人の兄弟である。この二人は金朝の使者としてオン・カンに遣わされた時、テムジンと面識を持ったといわれる。二人はテムジンという人物に魅了されたのか、金朝には戻らずに彼に仕えることになった。後にモンゴル軍による金朝攻撃に大いに活躍する。

チンカイは『集史』によるとウイグル人となっている（『元史』ではケレイト族出身となっ

ているが、村上正二はケレイト部族にいたウイグル商人ではないかと推測している）。チンギス・カン以降のモンゴル帝国史に何度も登場する有名なチンカイ・バルガスン（鎮海城）を築いた人物である。彼は二代目のハーンとなったオゴデイ治下において、文書行政機構の最高責任者となっている。おそらくかなりのインテリだったのだろう。

さて、テムジンはこの絶体絶命の状況から奇跡のような復活を遂げる。ところが、それがどのようになされたのかについては、実はどの史書にも書かれていない。

ただ、『モンゴル秘史』には奇妙な記述がある。それはテムジンたちがいるバルジュナ湖に、オングト部族長のアラクシ・ディギト・クリのところからアサンというサルタク人が白いラクダに乗って、千頭の羊とともにやってきたというものだ。不思議なことに、同書にはこの人物のことはそれ以外何も書かれていない。

村上正二は、原典から大きな欠落があったのではないかと想像している。というのは、最悪の状態にあったテムジンが、この人物がやってきた直後から息を吹き返すからだ。

サルタク人というのは中央アジア系の商人のことで、アサンという名前は、イスラム系の「ハサン」という名前の転訛《てんか》（H.が抜け落ちた）であると考えられる。彼はオングト族と取り引きをしていたホラズム・シャー朝のイスラム系商人だったと思われる。

これは後の話になるが、テムジンがホラズム・シャー朝を攻めた時、商人の資格でテムジンの側近として仕えたハサン・ハーッジーという人物が登場するが、中央アジア史の権威バルトリドは、ハサン・ハーッジーはアサンであると推定している（ハサン・ハーッジーはジュワイニーの『世界征服者の歴史』の中に出てくる）。だとすると、アサンはバルジュナ湖でテムジンと出会ったことが縁で、彼に仕えたと考えられる。そのためアサンも「バルジュナト」の一員と考えられている。

話をテムジンに戻すと、食料も尽きかかっていたテムジンと彼らの兵が一気に態勢を立て直すことができたのは、アサンの援助のお陰であると考えられる。ただ、アサンにしても、まったくの善意からテムジンを助けたとは思えず、両者の間には何らかの取引があったか、あるいはオングト部族長アラクシ・ディギト・クリとテムジンの間に盟約のようなものがあった可能性がある。村上正二が底本に何らかの欠落があるのではないかと推察する部分は、そのあたりの出来事である。

この後、『モンゴル秘史』によると、テムジンはオン・カンを倒すための策略をカサルと練ったと書かれている。こうした作戦会議が行なわれたということは、テムジンたちに戦う準備が整ったということであり、それにはやはりアサンなる人物の援助があったと考えるのが妥当である。

テムジン、反撃に出る

テムジンはジェウレイト氏族のカリウダルとウリャンカイ氏族のチャウルカンの二人を、カサルの使者としてオン・カンへ差し向けることにした。チャウルカンは以前、テムジンがキャト氏一族のカンになった時、そのことをジャムカに報告するために遣わされた男である。おそらく使節としての能力を買われていたのだろう。

二人はオン・カンのところへ赴くと、カサルの言葉として次のように伝えた。

「あなたのもとから逃れ、兄のテムジンを捜したけれども、彼は行方が知れなくなっています。どこを捜してもまったく消息が途絶えています。私の妻子はあなたのもとにいます。もしも信頼に足る人物を寄こしてくれたなら、あなたのもとに参上したいと思います」

この時、オン・カンは黄金の天幕を張って酒盛りを催していた。テムジンを駆逐した祝いの宴会でもしていたのかもしれない。

オン・カンはカリウダルとチャウルカンの言葉を聞くと、

「そういうことなら、カサルを招こう」

と言って、カサルのところに戻る二人の使者にイトルゲンという使者を同行させた。

これはすべてテムジンとカサルが仕組んだ罠だった。カリウダルとチャウルカンがオン・カンのもとへ向かっている時、後方では、テムジンの軍が隠密裏《おんみつり》に前進していたのだ。

使者の言葉を聞いたオン・カンは、テムジンははるか彼方へと遁走《とんそう》したと考え、自分たちに接近しているとは思わないだろうというのがテムジンの読みだった。カリウダルとチャウルカンのもう一つの使命はオン・カンの陣営の様子を探って、それをテムジンたちに伝えるというものだった。

二人はオン・カンのもとを辞した後、ケルレン河の下流のアルカル・ゲウギという場所で、テムジンの軍と落ち合うことになっていた。

しかし二人にはオン・カンの使者イトルゲンが同行していた。イトルゲンがもしテムジンの軍を見つければ、ただちにオン・カンの陣営に戻ってそれを知らせるだろう。そうなれば計画は完全に潰える。

カリウダルたちがアルカル・ゲウギに到着すると、危惧していた通り、イトルゲンはテムジン軍の陣営を見つけてしまった。

すべてを察したイトルゲンはすぐさま馬を駆って逃走したが、カリウダルが彼を追った。

カリウダルの馬は速く、イトルゲンの馬の前に飛び出したが、彼を捕らえることはできなかった。その時、遅れて追いついたチャウルカンが背後からイトルゲンの馬を射た。

馬は倒れ、イトルゲンは地面に投げ出された。カリウダルとチャウルカンはイトルゲンを捕らえた。

『集史』はそのあたりの記述が少し異なっている。

カリウダルとチャウルカンはイトルゲンと共に馬で進んでいたが、イトルゲンよりも先に、前方にテムジンの纛《とく》（旗印）を発見した。イトルゲンがこれを見れば、策略に気付いてただちにオン・カンのもとに走り去るだろうと考えたカリウダルは、一計を案じた。

彼は馬の蹄に石が挟まったと嘘をつき、馬から降りた。

そしてイトルゲンに、

「馬の前足を持ってくれ。私はこの馬の蹄を掃除する」

と言って馬の脚を持たせ、テムジンの纛から目を逸らさせた。そして自分は蹄を直すふりをして、隙を見てイトルゲンを捕らえた。

二つの史書ともに、イトルゲンは捕縛されてテムジンのところに連れて行かれたと書かれている。

テムジンは「カサルのところへ連れて行け」とだけ言った。カサルはその場でイトルゲンを斬り殺した。

カリウダルとチャウルカンは陣営に戻ると、あらためてオン・カンの陣営の様子をテムジンに報告した。

「オン・カンは無防備です。黄金の天幕の下で酒盛りをしています。今から急いで、夜襲をかけましょう」

テムジンは襲撃を決断すると、ジュルチェデイとアルカイ・カサルの二人を先鋒として、夜の間に素早く軍を移動させ、ジェジェエル丘の狭間の入り口に陣を張っていたオン・カン軍を急襲した。

この奇襲により、テムジン軍はオン・カン軍を包囲することに成功した。

オン・カン軍よりも圧倒的に少ないはずの軍勢で包囲網を敷けたということは、テムジンが地形をうまく利用したものと思われる。オン・カン軍はジェジェエル丘の狭間の奥に閉じ込められた形となったのであろう。

もっとも、オン・カン軍は前述の内紛で造反者が出たことにより、兵の数を減らしていた。またテムジンとの戦いが一段落ついたということで、召集していた多くの部族が離れていた可能性もある。当時の遊牧民の部族は戦いが終わると、それぞれ自らの土地に戻ることが多かったからだ。実際にはテムジンがバルジュナ湖に落ち延びてから、この戦いまでは少し間があったものとも思われる。

また史書には言及されていないが、カリウダルとチャウルカンがもたらしたオン・カン軍の陣容や兵力の情報はかなり正確なものだったのではないだろうか。テムジンが夜襲をかけたのも、十分に敵情を把握し、「勝算あり」と見込んでのことだったに違いない。

ちなみに敵を包囲して殲滅《せんめつ》するというのは、テムジンたちが巻狩りをして獣たちを狩るやり方と同じだった。そしてこれは戦場でも最も有効な戦術である。古くはローマ帝国をあわやのところまで追いつめたカルタゴの名将ハンニバルも、この包囲殲滅戦を得意とした。

多くの兵隊がいても包囲されて一塊《ひとかたまり》にされてしまうと、かたまりの中央部分にいる兵たちは戦いに参加できず、前線にいる兵が各個撃破されていくことになる。

『モンゴル秘史』によれば、戦いは三日三晩続いた。そして三日目、オン・カン軍はついに投降した。

テムジンは絶体絶命の土壇場から、策略と奇襲攻撃で、ケレイト軍を打ち破ったのだ。

ただ、オン・カンとセングンの二人は夜の闇に紛れて密かに包囲網から脱出することに成功した。

テムジンはケレイト部族を降伏させると、その妻子、家財、民たちを分け合った。

捕虜の中に、ジルギン族とその長であるカダク・バアトルがいた。バアトルとは勇者という意味であるから、カダクもケレイト軍を代表する将軍であったのだろう。またジルギン族はケレイト国の中で最強と謳われた氏族である。オン・カンとテムジンが最初に戦った時、カダクに率いられて先陣を務めるほどの力があった。

カダクはテムジンの前でこう言った。

「三日三晩防戦したのは、主君を見捨てることができなかったためです。主君を敵の手に渡してなるものかと、そして何とか逃げ延びてくれるようにと、撤退しつつも防戦を続けました。私を処刑するならば、それを受け入れましょう。しかし、もしご慈悲を賜《たまわ》るならば、今後はテムジン様のために戦いましょう」

　テムジンはその言葉に感動して言った。

「主君を見捨てることなく、また主君が逃げおおせるように防戦に努めたる者こそ、まさに男である。君こそ僚臣とすべき人物である」

　そして彼を処刑することなく、彼に従った多くのジルギン族の兵とともに、クイルダルの妻子のために尽くすようにと命じた。

　クイルダルはオン・カンとの戦いで先鋒を務めたマングト族の長である。前述したように彼は大軍相手に奮戦したが、その時の戦いで受けた傷がもとで死んだ。テムジンは彼の遺族に対し、「子々孫々にいたるまで」恩給を与えることを決定したが、これは戦場に赴く前のクイルダルと交わした約束であった。

　史書にはわざわざ記されていないが、オン・カンの一族に連なる親族の多くは処刑されたものと思われる。こうしてモンゴル高原で隆盛を誇ったケレイト族は滅んだ。

　ケレイト族はモンゴル高原に割拠した遊牧民の中では高度な文化を持っていた。ネストリウス派のキリスト教徒であり、文字を持っていたと言われる。にもかかわらず、文化的には大いに劣る、文字さえ持たない少数のモンゴル族に滅ぼされた。

　ケレイト族の崩壊はオン・カンの優柔不断さに原因があると私には思える。せっかくテムジンと義父子の契りを結んで勇壮なモンゴル兵を配下にしながら、甘言を弄するジャムカに惑わされたり、息子のセングンに唆されたりして、むざむざとテムジンを敵に回してしまったことがこのような結末を招いたと言える。

もしオン・カンがテムジンと姻戚関係を結び、彼に厚い信頼を寄せていたなら、義に篤《あつ》いテムジンはオン・カンに反旗を翻すことはなかったのではないだろうか。そうなればモンゴル族はケレイト族の臣下になったかもしれないし、そのケレイト族はモンゴル高原の一部を支配しただけの小王国で終わったかもしれない。

しかし現実には、ケレイト族は滅び、テムジンとその子供たちが大帝国を築いた。この大帝国がなければ、東アジアと西ヨーロッパが互いのことを知るのはもっと後になっただろうし、世界の歴史は私たちが知るものと大きく違っていただろう。


歴史には大きな必然があるとはよく言われる。しかしモンゴル帝国の歴史を追いかけると、そこには必然などではなく、まるで先の読めない小説やドラマのように、運命の糸が交錯しているのを感じる。もしその糸が少しでも撚《よ》れていたなら、その先の未来がすべて変わってしまうような危うさと不確実さに満ちている。オン・カンの優柔不断さと人間不信もその一つだ。

テムジンの生涯には、「もしも、この時――」という瞬間が何度もある。運命の針がわずかに角度を変えていたら、世界が変わっていたのだ。たった一人の男の肩に、世界の未来がかかっているなどということが考えられるだろうか。しかし信じられないことに、現実はそうであった。

ただ、テムジン個人の生涯として見てみると、彼の成功はある意味で必然ともいえた。彼には何度も危機が訪れるが、そのたびに救いの手が現れた。それは決して偶然ではない。テムジンには、「彼のためなら、一肌脱いでやろう」「彼のためなら、命を懸けてもいい」と思わせる何かがあった。それがテムジンの持つ最大の武器だったのかもしれない。

かつてバヤウト族のある老人が予言したように、テムジンに備わっていたその能力こそ、オン・カンにもジャムカにも、また彼の弟であるカサルにもないものだった。


ところでテムジンがケレイト族を攻略したこの戦いにおいて、私は非常に注目していることがある。それはテムジンが策略を用いたことだ。

これまでのテムジンの戦い方は常に正攻法であった。ジャムカのように権謀術数を用いたり、セングンのような騙し討ちをしたりということは一度もなかった。しかしこの時は、カサルの伝言として「テムジンは行方不明だ」という虚偽の情報をオン・カンに与えて彼を油断させ、密かに彼の陣営に近づいて、奇襲攻撃を行なった。

これはたまたまと見るか、何らかの意味があると見るか——私は後者である。テムジンはオン・カンに絶体絶命のところまで追い詰められたことで、怒りの炎を燃やし、どんな手段を使ってでもオン・カンを仕留めてやるという思いに至ったのだろう。

テムジンの怒りのすさまじさは、オン・カンの使者であるイトルゲンをあっさりと始末させたことからも読み取れる。本来、モンゴル高原の遊牧民の間では、使者は特別な存在であり、たとえ敵方の使者であっても命を奪うことはしないというのが不文律だった。それをテムジンは躊躇なく破ったのだ。史書には淡々と書かれているが、そこにはテムジンの断固とした意志が窺える。

ただ私は、テムジンの行動は怒りからだけではないと見ている。孫子《そんし》の兵法に「兵は詭道《きどう》である」という言葉がある。これは敢えて乱暴に言えば、「戦いにおいては、どんな手を使ってもいい」という意味だ。そこには卑怯も汚いもない、どんな手を使っても、ただ勝てばいいということである。テムジンが孫子を知っていたとは思えないが、彼がこの戦いで、それまでの堂々とした正攻法の戦い方を捨てたのはたしかである。

それは、この戦いに勝利し、モンゴル高原の真の覇者になるという強い意志の表れではないだろうか。そのためならば、卑劣な手段さえ用いる——。テムジンにはこの時、モンゴル高原を完全に支配し、そこから世界に打って出るという決意があったのではないだろうか。

『モンゴル秘史』にも『集史』にも、バルジュナ湖に落ち延びた時のテムジンの心の描写はない。しかし一時は父と慕い、彼のために尽くしてきたオン・カンに攻められ、悲惨な境遇に落とされたテムジンの絶望と将来に対する不安は尋常なものではなかったはずだ。泥を搾って水を飲まねばならなかった時の、テムジンの心中は誰にもわからないが、私は敢えて想像する。彼はこう考えたのではないだろうか。

「恒久的な安寧などない。一族の生存を誰かに委ねるようなことは、もう二度とすまい」

そしてこう決意したのではないだろうか。

「一族を守るために、全モンゴルを統一する。そしてその後は、モンゴルを脅かすかもしれない敵をすべて倒す」

実際、この後のテムジンの行動を見ていると、まさにその行動原理で動いているとしか思えないのだ。

その意味では、バルジュナ湖はテムジンを変えた場所であるといえるかもしれない。テムジンにとっても、この地で起きたことは生涯忘れられないものとなったはずである。だからこそ、この時に彼に付き従っていた臣下は、後年「バルジュナト」と呼ばれ、モンゴル帝国の創業の大功臣となったのではないだろうか。

オン・カンの最期

戦いが終わり、ケレイトの民や女性や子供の分配が済んだ後、テムジンは、オン・カンの弟のジャカ・ガンボの長女イバカ・ベキを娶ったと『モンゴル秘史』には書かれている。ジャカ・ガンボ自身はだいぶ前からオン・カンと訣別していたが、彼の娘や家族はオン・カンのもとにいたのかもしれない。

さらにテムジンは、ジャカ・ガンボの次女のソルカクタニ・ベキを末子トルイの妻（正妃）とした。この時、トルイはおそらく十代前半の年代で、ソルカクタニは同じくらいか少し上だったと思われる。

このソルカクタニはモンゴル帝国史を語る際には絶対に欠かすことのできない女性である。非常に聡明で教養があり、先を見通す力があった。彼女がテムジン亡き後のモンゴル帝国に与えた影響は計り知れないものがあるが、それは第二巻で詳しく語ることにしよう。ただ、ここでは後の元朝の創設者として有名なフビライの母が他ならぬソルカクタニであることだけを書いておく。つまり元朝にはケレイト族の血が入っていたということになる。

なお、ソルカクという言葉は「痣《あざ》」を意味していることから、彼女は「身体に痣がある女」であったと思われる。

ちなみにテムジンはジャカ・ガンボを隷民としては扱わなかった。彼に対しては、

「ジャカ・ガンボをも、彼に隷する私有の民をも、ひと纏めのままで〔われを支える〕第二の轅《ながえ》となれ」（村上正二訳）

と言って、彼からは何も奪わなかった。轅とは、馬車や牛車の前に突き出た二本の棒で、これに通した軛《くびき》で馬や牛を繋ぐ。つまりテムジンはジャカ・ガンボを非常に重要なパートナーと認識していたということがわかる。もしかしたらケレイトの民をまとめる役目を与えたのかもしれない。

この後、テムジンは、オン・カンとの戦いの発端となったセングンの急襲計画を知らせてくれたバダイとキシリクの二人を賞賛し、多くの褒美《ほうび》と共に高い位を与えた。この二人の報せがなければ、テムジンたちはセングンに襲われて全滅していた可能性もあっただけに、二人の行

動を高く評したのだろう。

テムジンはケレイト族、そしてケレイト族の氏族であるトベゲン族、ドンガイト族、ジルギン族の武器や防具を奪い取り、彼らをばらばらにして、一つの集団を作らせないようにした。反乱を起こさせないようにするためであるが、タタル族のように男たちを虐殺しはしなかった。おそらくいずれ兵として用いるつもりだったと思われる。

こうしてテムジンは東モンゴルと中央モンゴルに覇を唱えたケレイト族を滅ぼし、モンゴル高原を広く支配した。時に西暦一二〇三年、テムジンは四十一歳だった。

この時か少し後に、テムジンは再びカンに即位したのではないかと考えられている。前にも書いたが、テムジンはカンに複数回即位したという説が有力である。支配する集団が大きくなるたびに新たにカンとなったというものだ。『モンゴル秘史』の訳者である村上正二は、一一八九年、一二〇四年、一二〇六年の三回あったと見ることも可能ではないかと述べている。

村上によると二度目の即位は一二〇四年ということだが、テムジンはケレイト族を倒したことで、金朝からオン・カンに代わって「王」の位を授けられたのではないだろうか。ただし、このことは史書には記されていない。テムジンが金朝に従属していたということを各書の編者が歴史から消したかったからではないかと私は考えている。

さて、オン・カンと息子のセングンは命からがらテムジン軍の包囲網を脱出し、ケレイトとナイマンの国境近くまで逃げ延びた。二人に従う兵は少数だった。『モンゴル秘史』によると、二人はディディク・サカルという地に辿り着いた。ディディクは「泥」という意味であるから、湿地帯であったと思われる。

オン・カンはそこで水を飲もうとネクン河に近寄ったが、その辺りはナイマンの国境を哨戒しているコリ・スベチという隊長の守備地であった。コリ・スベチはオン・カンを捕らえた。

オン・カンは、

「我はケレイトのオン・カンであるぞ」

と言ったが、コリ・スベチは取り合うことなく、その場で彼を殺した。おそらくケレイト王を名乗る単なる不審者と見做したのだろう。

こうして一時はテムジンさえも従えた一代の英雄オン・カンはあっけない最期をとげた。

この時、セングンは父を見捨てて逃げるのに成功したようだ。しかし彼に従っていたのは、僚臣のココチュ（ホエルンが育てた孤児と同名だが別人）と彼の妻だけだった。

セングンはある荒野で水を飲もうとした時、野生の馬が馬虻《うまあぶ》に襲われて立ちすくんでいるのを見つけた。モンゴルの馬虻は馬にとって非常に厄介なもので、前足や腹の毛の中に産卵し、やがて幼虫は馬の口から体内に入り込み、胃や腸で育って糞とともに体外に出る。もちろん馬にとっては少なからぬダメージとなる。

セングンはこの馬を自分の予備の馬にしようと、乗っていた馬から降りて隙を窺った。

この時、セングンの馬の手綱を持っていたココチュは、主君の馬に乗って逃げようとした。

おそらくセングンに従っての逃避行に嫌気がさしていたのだろう。

それを見たココチュの妻が夫をなじった。

「セングン様は豪華な衣装を纏《まと》う時、また美味しい食事を前にした時、いつもココチュもどうかと言ってくれた。あなたはそんな主君を見捨てて逃げていくのか」

妻は夫についていこうとはせずに、その場に立ち停まったままだった。

ココチュは後ろを振り返って、からかうように言った。

「お前はセングンを夫にするつもりなのか」

それを聞いた妻は怒った。

「そんなことをする女は犬の面を持つ奴だと罵《のの》しられる」

そして夫に向かって言った。

「あなたが持っている黄金の酒盃を寄こせ。それでセングン様に水を汲んで飲ませて差し上げる」

ココチュは黄金の酒盃を妻に投げると、二人を置き去りにして、馬を駆って逃げていった。

ココチュはその後、テムジンのところに赴くと、彼の前で、セングンを荒野に置き去りにしてきたと告げた。そして妻とのやりとりの一部始終を語った。

テムジンはそれを聞くと言った。

「彼《か》の妻へは褒美を取らす。しかし主君を見捨ててくるココチュのような奴は、誰のもとで僚臣になろうとも信頼できない」

そしてその場でココチュを斬り殺した。

主君を置き去りにしてテムジンに帰順した話は第三章のナヤアの逸話と同じであるが、ナヤアは褒美を貰ったのに、ココチュは殺された。口が上手いナヤアに対して、ココチュは馬鹿正直だったのかもしれない。

『モンゴル秘史』には、その後のセングンとココチュの妻がどうなったかは書かれていない。ただ、『集史』と『聖武親征録』にはセングンのその後が書かれている。それによれば、セングンは一時チベットに入り、その地で掠奪行為を繰り返したが、チベットの諸部族と村人たちに包囲された。しかしそこも脱出し、タリム盆地のオアシス都市ホータンとカシュガルの境界あたりまで逃げたが、その地で土豪に捕らえられて殺された。オン・カンの跡を継いでケレイト王になるはずの男の惨めな最期であった。『集史』には、その後、この土豪は捕らえたセングンの妻と赤ん坊をテムジンのところへ送ったとある。また彼自身はテムジンに服属したという。

ナイマン王国のタヤン・カン

さて『モンゴル秘史』によると、コリ・スベチからオン・カンと名乗る男を殺したという報告を受けたナイマンの王タヤン・カンの母グルベスはこう言った。

「オン・カンはかつては長老の大カンであった。もし本当なら正式に弔《とむら》ってやりたい。すぐにその首を持ってくるように」

使者からその言葉を聞いたコリ・スベチはオン・カンの遺体から首を断ち切って、国境地区からグルベスのところに運んだ。

グルベスは『モンゴル秘史』ではタヤン・カンの母となっているが、実母ではない。『集史』ではタヤン・カンの父であるイナンチャ・ビルゲ・カンの愛妾であり、父が亡くなった後、タヤン・カンが娶ったとある。これは第二章で触れた通り、モンゴル高原の遊牧民の慣習の一つであった（レビラト婚の派生型）。

前に王の死後、兄のタヤン・カンと弟のブイルク・カンが父の愛妾を奪い合って、国が二つに分かれたと書いたが、その愛妾はおそらくグルベス妃だったと思われる。兄弟同士が争うほどであるから、相当美しい女だったのだろう。

さて、コリ・スベチから運ばれた首を見たグルベスは、それがオン・カンのものであることを認め、彼のために盛大な葬儀を執り行なった。

ところが、葬儀の途中に不気味なことが起こった。オン・カンの首が笑ったのだ。実際に死んだ首が笑うはずはない。もしかしたら、腐った首の肉がくずれて動いたのが笑ったように見えたのかもしれない。『集史』によると、オン・カンの首は口の中から舌を出したとある。

タヤン・カンはオン・カンの首が自分を嘲笑《あざわら》ったとして怒り、その首を踏みつけて潰してしまった。

それを見たナイマンの将軍コクセウ・サブラクは言った。

「偉大なカンであった男の首を断ち切って持ってこさせたうえに、それを踏みつけるとは。こんな行為をして、どんな良いことがあろうか」

コクセウ・サブラクはナイマン最強の将軍であり、前にオン・カンの軍を攻めて、あわやのところまで追い込んだこともある。長老格であり、王であるタヤン・カンに対しても堂々と厳しい意見を言うことができた。

彼はさらに続けた。

「あなたの父イナンチャ・ビルゲ・カンはかつてこう申されていた。『妻は年若いが、わしは老いた。息子のタヤンは意気地なしで、多くの下等で性悪の人民どもの面倒を見取って行けるのだろうか』と」

コクセウ・サブラクはタヤン・カンの軽率な振る舞いの裏にある、彼の怯懦《きょうだ》を見て取ったのかもしれない。発言の中にある「年若い妻」とはおそらくグルベスのことだろう。

コクセウ・サブラクは最後にこう言った。

「今や犬どもは凶を告げる啼《な》き声で吠えたてていますぞ。妃のグルベスの軍律は厳しくなってきたのに、あなたは鷹使いと巻狩りの二つ以外のことは心も技能も心得ていないのではないか」

コクセウ・サブラクはナイマンに迫る危機を案じているのだった。つまりオン・カンがテムジンによってケレイトから放逐されたということは、自分たちにも危難が迫っているのだと、この老将は伝えたかったのだ。

　ところで、コクセウ・サブラクの忠告の中で注目すべき言葉がある。それはグルベス妃の軍律が厳しくなっているというものだ。これは未亡人が軍を掌握していることを意味している。かつてイェスゲイが死んだ後、一族から離れようとする民を、未亡人のホエルンが自ら纛を持って連れ帰ったことがあった（『集史』では戦ったとある）。未亡人が大きな実権を握るというのもモンゴル高原における遊牧民社会の特徴の一つである。ただ、実際に前線で兵を指揮するのは王のタヤン・カンである。

　ナイマンはケレイトと同じ、ネストリウス派のキリスト教を信じる部族である。過去には何度か衝突があったが、一方では同じ宗教を信仰する者同士の親近感もあった。オン・カンから逃れたジャカ・ガンボを一時的に匿ったのもナイマンであった。つまりナイマンにとってテムジンは、同じ宗教を持つ部族の長であるオン・カンの仇ともいえた。

　コクセウ・サブラクは、ケレイトを滅ぼしたテムジンは次にナイマンを標的にしてくるだろうと警戒していた。そんな状況にもかかわらず「オン・カンの首に笑われた」という理由でその首を踏みつけるタヤン・カンの愚行を、諫めたのだ。

　旧臣に諭され、タヤン・カンもようやく気付いたようだった。

　彼は言った。

「ナイマンの東にはわずかばかりのモンゴル人がいるという噂だ。こいつらは年老いた偉大なオン・カンを靫《ゆぎ》（矢を入れる容器）で脅し、最後は殺してしまった。そして彼に代わってカンになろうとしている」

さらにこう続けた。

「天上には太陽と月の二つが輝く光としてあるが、地上には二人の皇帝はいらない。よし、我らの方から出向いて、わずかばかりのモンゴル人を狩ってしまおう」

それを聞いたグルベス妃は言った。

「やつらをどのように処置するか。モンゴルの民の体は臭く、衣服も襤褸《ぼろ》を纏っている。遠くの地に追い払ってしまうのがいいが、やつらの中の小綺麗な娘どもは手足をよく洗って乳牛や羊の乳搾りでもさせたらよい」

すさまじい罵倒の言葉だが、これはある意味で真実でもあった。というのもナイマンから見れば、当時のモンゴル族は未開の部族といえたからだ。衣服や日用品の質が悪く、文字も持たないモンゴル族を、ナイマンが見下していたのは当然であった。

またモンゴル族が多くの氏族同士で対立している時代、ナイマンは既に大きな王国であった。

グルベス妃の言葉に勇気を得たのか、タヤン・カンは言った。

「それではやつらのところへ行って、靫を奪い取ってこよう」

靫は遊牧民の兵士にとって非常に大切なものであり、「靫を奪う」ということは命を取ることを意味していた。

タヤン・カンの大言壮語を聞いたコクセウ・サブラクは呆れたように言った。

「嗚呼、お二人はそこまで壮大なお言葉を吐かれるのか。しかし、その言葉は、敵に知られぬように秘密にしておくのがよい」

コクセウ・サブラクは過去にテムジンと戦っており、その強さを充分に知っていた。彼はオン・カンの軍を打ち破り、多くの民と家財を奪い取り、さらに息子セングンの軍までも追い詰めながら、テムジンが派遣した「四駿」によって退けられたことがあった。それだけに、グルベス妃やタヤン・カンの言葉が現実を知らない傲慢な言葉と聞こえたのだろう。

しかしタヤン・カンはモンゴル軍を打ち破る気満々だった。彼はオングト族と連合してモンゴル族を攻めようと考え、使者を遣わした。モンゴル族を東西から挟撃するつもりだったと思われる。

オングト族はモンゴル高原の南東、金朝の国境の近く（現在の中華人民共和国の内モンゴル自治区の中央部あたり）に住む部族だったが、彼らもナイマン族と同じくネストリウス派を信じていたので、両者の間には以前から友好関係のようなものがあったのかもしれない。ナイマン族の住むモンゴル高原の北西地域とはかなり離れていたため、使者は何日もかかったと思われる。

タヤン・カンの使者は、オングト族の長のアラクシ・ディギト・クリに対して、次のように言った。

「東の方にわずかばかりのモンゴル人とかがいるという噂だが、彼らを叩くために、わが軍の右手になってくれないでしょうか」

これに対して、アラクシ・ディギト・クリはこう答えた。

「私にあなたの軍の右手になれということですが、残念ながらそれはできない」

彼がタヤン・カンの申し出を断った理由は史書には書かれていないが、私は金朝との関係があったのではないかと見ている。

オングト族は金朝との国境近くに住んでおり、以前から金朝の支配下にあった。そしてテムジンもまた金朝に従属していた。つまりモンゴル族とオングト族は同じ宗主国を戴く一種の同盟部族のような関係だったのだ。テムジンがケレイトを倒してからは、その関係が一層強くなっていたと考えられる。タヤン・カンがそのことに気付いていなかったとすれば、かなりの外交音痴である。

ところで、読者の皆さんはアラクシ・ディギト・クリの名前を覚えておられるだろうか。オン・カン軍との戦闘に敗れてバルジュナ湖に逃げ込んだテムジンたちを助けたアサンというイスラム商人は、アラクシ・ディギト・クリのところからやってきた男だった。『モンゴル秘史』ではアサンがたまたまやってきてテムジンと出会ったという記述になっているが、私は、アラクシ・ディギト・クリがテムジンたちを助けるためにアサンを遣わしたと考えている。つまりタヤン・カンが同盟を結ぼうと思っていたアラクシ・ディギト・クリは、既にテムジン側についていたのだ。

アラクシ・ディギト・クリは、タヤン・カンの申し出を断った直後に、テムジンに、ナイマンがモンゴル族を攻撃する意図を持っているということを告げる使者を送っている。

第六章

チンギス・カンの誕生

テムジン、ナイマンとの戦いを決意

アラクシ・ディギト・クリからの使者が来た時、テムジンたちはラクダが原で巻狩りをしている最中だった。一二〇四年の冬の終わりごろであると思われる。

使者はアラクシ・ディギト・クリの言葉をテムジンに伝えた。

「ナイマンのタヤン・カンがあなたの鞁を取るために、私に右手となれと言ってきたが、断った。そこであなたに忠告したい。油断して鞁を奪われないように」

使者の言葉を聞いたテムジンは動揺した。

「今の自分たちには戦う用意ができない」

つまり、この時のテムジンにはナイマン族と戦う意志はなかった。もしかしたらケレイト族を滅ぼしてモンゴル高原の東半分と中央部を支配下に置いた直後であり、ナイマン族と戦うことに消極的だったのかもしれない。

それを受けて部下の多くも、

「わが方の軍馬は冬の最中で飢えています。今すぐに動くことはできません」

とテムジンの意見に同意した。

しかし末弟のテムゲがそれらの意見に憤然と反論した。

「軍馬が痩せているから戦いができないなどと敵に言い逃れができますか。我らの軍馬は充分に肥えています。ナイマンが攻めてくるという話を聞いて、どうして坐視していられるでしょうか」

さらに異母弟のベルグテイもそれに賛意を示した。

「生命《いのち》あるうちに、敵人に己が靫を奪い取られるならば、生きている意味があるのか。この世に生まれた男子が死ぬときは、弓や靫は死体とともにあるべきではないか」

彼はさらにこう続けた。

「たしかにナイマンは大きく、兵も多いが、大言を吐いているだけである。むしろ奴らの大言に乗じて我らが出陣し、逆に奴らの靫を奪い取ることは決して難しくはない。我らがひとたび決意して出陣すれば、奴らの馬群は一頭も残らないでしょう。奴らの宮殿も残らないでしょう。多くの民も消え失せるでしょう。奴らの大言を聞き逃すことはできません。テムジンよ、出陣しようではありませんか」

これらの話は、若干の言葉の違いはあるが、『集史』にも書かれている。

テムジンはテムゲとベルグテイの言葉を聞いて、ナイマン族と戦う決意をした。ただ、それはモンゴル高原全体の覇権を巡っての大戦争となることを意味していた。

『モンゴル秘史』によれば、テムジンはただちに巻狩りを中止し、カルカ河のオルヌウ山麓の半崖に移営した。

テムジンは陣営の兵の数を確認したが、同書にはこの場面で非常に注目すべきことが書かれている。

それはテムジンが軍を千人単位で一つの集団として組織したことだ。その千人の兵をさらに十分割し、百人の集団を作り、それをまた十分割して十人の集団にした。そしてそれぞれの集団の長を任命した。

つまり千人隊長は十人の百人隊長を指揮し、十人の百人隊長はそれぞれ十人の十人隊長を指揮するという軍事システムをこしらえたのだ。それぞれの長の名前は「千戸長」「百戸長」「十戸長」と呼ばれている。ほとんど近代的な軍系統に近い。

もっとも、これはテムジンの独創というわけではなく、十世紀前半から十二世紀前半にかけて中国北部を支配した遼（契丹人の建てた国）の軍事システムがこれに近いものだったといわれる。また十進法の軍事行政制度はかつての匈奴もとっていた。もちろん中華帝国はそのはるか前に、そうしたシステムをとっていたと思われる。

ただテムジンのすごいところは、これらの部隊が氏族や部族ごとに集まったものではなく、氏部族間の枠を超えて組織を築いたところにあった。さらに優秀な者は血統に関係なく出世した。モンゴル高原に割拠した遊牧民たちの中でこのような軍を作り上げた男はテムジンが初めてであった。

それぞれの氏部族の兵がてんでばらばらに戦う集団と、組織化されて厳しい軍律の下で戦う集団とでは、兵の数が同じでもその力はまったく違ってくる。テムジンがモンゴル高原に割拠していた他の遊牧民たちを次々に打ち破っていったのは当然であるともいえた。

テムジンが千戸長システムを採用したという話が史書に初めて登場するのは、一二〇四年のナイマンとの戦いの直前のこのタイミングだが、おそらくそれ以前からこれに近いシステムを作っていたと思われる。一二〇二年にタタル族を再起不能の状態にまで撃破した「ウルクイ・シルゲルジトの戦い」の際にも、テムジンは厳しい軍律を定めているが、その基本的な考えは指揮系統の徹底化にあっただけに、その時点で部隊をいくつかにわけていた可能性は高い。

なおこのシステムは後にさらに巨大化し、千戸長十人を指揮する万戸長が生まれた。

またテムジンは一般の兵とは別に自らを護衛する親衛隊のような軍も作った。それは特に勇敢で武術に優れた者から選ばれた。彼らには、主君の命を守るための日頃からの行動を細かく定める聖旨が下された。

テムジンが敷いたこれらの軍事行政システムを見ると、テムジンはこの頃からモンゴル高原の遊牧民全体を治める国家体制のようなものを構想し始めているのだと窺える。

こうして体制を整えた後、一二〇四年の夏、テムジンはナイマンに向かって出陣した。『モンゴル秘史』によると、モンゴル軍が出陣したのは、夏の十六日の望月だという。つまり満月の夜である。

彼らは出陣の前に纛《とく》に馬乳酒を注いだ。これはモンゴル軍の儀式である。『集史』の編者ラシード・アッディーンによると、纛にバターを塗るということもあったようだ。

テムジン軍はケルレン河を遡り、まずは「四狗」のジェベとクビライを先鋒隊としてサアリが原へと向かわせた。二人はおそらく千戸長であったと思われる。ジェベは後に金朝遠征やルーシ（ロシア）遠征でも大活躍することになるが、この時には既にモンゴル軍最強の司令官であったようだ。

二人に率いられた部隊がサアリが原に着くと、カンカル・カン山の頂にナイマンの哨戒兵の姿をみとめた。

ちなみに『集史』によると、テムジン軍は夏に一度出陣したものの、ナイマン軍と会戦する機会は訪れず、その秋にジェベとクビライを先鋒隊として差し向けたとある。いずれにしても、この時、双方の哨戒兵が接触し、武力衝突があった。

この戦闘で、ナイマン軍はテムジン側の馬を一頭奪った。その馬は粗末な鞍を付けて、しかも痩せていた。ナイマン軍はそれを見て、「モンゴル軍の馬は痩せ弱っている」と判断した。『集史』には、テムジン軍の陣営から一頭の馬が逃げ出してナイマン陣営に駆け込んだとある。

テムジン軍の主力は少し遅れてサアリが原に到着した。テムジンは哨戒の兵からナイマン軍の兵力はかなりのものであると聞き、いったんそれ以上の進軍を控えた。

モンゴル対ナイマン

『集史』によると、この時、ナイマン軍にはメルキト族のトクトア・ベキ、ケレイトの残党であるアリン・タイシ、クドカ・ベキ率いるオイラト族もいた。さらにモンゴルのドルベン氏族、カタギン氏族、サルジュート氏族の残党も加わっていた。タタルの残党もいた。驚くべきはテムジンの宿命のライバルともいえるジャムカの姿もあった。彼らは皆かつてテムジンにやられた氏族や部族で、テムジンに対する復讐心からナイマン軍に加わったものとみられる。それらの情報はおそらくテムジン側にも伝わっていただろう。

ただでさえ大軍のナイマン軍に反テムジン勢が加わっているとなれば、テムジンとしてもうかつには動けなかった。

読者の皆さんには想像がつきにくいと思うが、両軍は容易に目視できる距離で向かい合っているわけではない。広大なモンゴル高原のはるかかなたに敵の姿をぼんやりと捉えているくらいの距離だ。その距離は優に二、三〇キロ、あるいは数十キロはあったと思われる。このあたりの感覚は日本の戦国時代の戦いとはまるで違う。進軍から会戦までの移動距離にしても数百キロは当たり前の世界なのだ。

テムジンは作戦を立てるために軍議を開いた。この時、ドダイという侍従がこう言った。

「わが軍は敵に比べて兵が少ない上に、長い遠征で疲れています。戦闘を急ぐことなく、しばらくこの地に留まり、馬たちに草を食ませて肥やしましょう」

そして次のような提案をした。

「このサアリが原に兵を広げて陣取らせ、兵一人一人が五ヵ所に篝火《かがりび》を焚いて、火の数で敵方を欺きましょう。ナイマンはたしかに兵は多いが、彼らの主君は家から出たこともないような甘やかされた男だという噂です。篝火の数で牽制《けんせい》している間に、わが方の馬は活力を取り戻すことができるでしょう」

テムジンはその案を採用した。

兵たちはサアリが原いっぱいに広がると、各所で篝火を焚いた。

夜、ナイマンの哨戒兵たちは平原に広がる夥しい篝火を見て、多数のモンゴル兵がいると思い込んだ。

この時の月齢は不明だが、もし月が出ていなかったら、夜の平原の篝火は何十キロも離れても見ることができただろう（現代でも遊牧しているモンゴル人の視力は抜群にいいが、当時ならなおのこと驚異的に遠くが見えたと思われる）。

前線の哨戒兵からその情報を聞いたタヤン・カンは言った。

「モンゴル軍の馬は痩せ弱っていたはずが、今では星の数よりも多い篝火が焚かれているというではないか。彼らはいつの間に軍勢を増やしたのか。今、戦えば、中断することは難しいのではないか」

タヤン・カンはそこで噂に聞くモンゴル兵の強さを称える韻文詩を引用する。それは次のようなものである。

「〔大敵に〕取り組もうとも
黒き目をまじろぎもせず
己が頬《ほお》をうち抜かるるも
黒き血の流れ出ずるも
〔毫末も〕逃げたじろがざる
剛の者」（村上正二訳）

この言葉から、当時の遊牧民たちの間で、いかにモンゴルの兵士が恐れられていたかがわかる。相手が大軍でも怯まず、顔を矢で射ぬかれ、どれだけ血が流れようと、一歩も退かない男たちだというのだ。

タヤン・カンは「そんな噂のあるモンゴル軍とまともにぶつかっていいものだろうか」と言った。騎虎《きこ》の勢いで出陣したものの、早くも弱気の心が生じているのが見える。

そこでタヤン・カンは一計を案じた。

「モンゴル軍の馬は痩せさらばえているということだ。そこで我らはいったん退却と見せかけ、アルタイ山を越える。モンゴル兵が追いかけてくるのを誘い込み、奴らの馬をくたくたに疲れさせ、そこで狗《いぬ》の戦いをやれば勝てる」

ここで彼が言った「狗の戦い」の意味するところについては諸説あるが、「退却に退却を重ねて最後に嚙みつく」という、遊牧民が昔から得意とする戦法のことではないかという説が有力である。その昔、匈奴を討とうとした漢の劉邦が冒頓単于にこの戦法をとられて大敗を喫したことがあった。

「退却と見せかけて狗の戦いをやる」というタヤン・カンの言葉を使者から伝えられた、前線に陣取っていた息子のグチュルク・カンは言った。

「またもや父は女のように怯えているのだな。いったいモンゴル兵はどこから俄《にわ》かに現れたというのか」

そしてグチュルク・カンは父の怯懦をなじる言葉を韻文で語ると、父を罵倒する言葉を託してタヤン・カンに使者を遣わした。ちなみにグチュルクというのはテュルク語で「力ある者」という意味である。その名の通りグチュルク・カンは勇猛な男だった。しかも権謀術数にも優れていた。

息子から「女のようだ」とまで罵倒されたタヤン・カンはさすがに怒って、息子に伝えるようにと使者に言った。

「力あり、勇気もあるわが息子グチュルクよ。モンゴル軍とぶつかり合い、殺し合う日にも、その勇気を失うまいぞ。いったんぶつかり合い、組み合ってしまえば、もはや戦をやめることは難しくなるであろうからな」

そのやりとりを見ていたナイマンの部将の一人コリ・スベチは言った。彼はオン・カンを殺害した国境警備隊の隊長でもある。

「あなたの父イナンチャ・ビルゲ・カンは、同等の勢力の敵には決して背中を見せることはありませんでした。なぜ、あなたはかように心臆しているのか。そこまで怯えているとなれば、グルベス妃を連れてきて、彼女に軍の指揮を執らすべきだと考えます」

コリ・スベチはここで「嗚呼、残念なのはナイマン一の勇将コクセウ・サブラクが年老いてしまったことだ」と嘆《たん》じている。おそらくコクセウ・サブラクは老齢のために戦いに参加できなかったのであろう。コリ・スベチはそう言うと、馬を駆ってその場を立ち去った。このやりとりは細部は異なるが『集史』にも書かれている。

部下にそこまで言われて、タヤン・カンも覚悟を決めた。そしてこう言った。

「死ぬ生命も苦しむ身体も一つだ。そうであれば、戦うしかない」

ナイマン軍は駐営していたカチル水という場所から移動を開始し、タミル河を下ってオルホン河を渡り、ナクゥの崖の東寄りの麓を経てチャキルマウドの地に着いた。おそらく一〇〇キロ前後の移動だと思われる。

ナイマン軍の接近をモンゴル軍の哨戒兵が発見し、これをテムジンに報せた。

テムジンはナイマン軍を邀撃《ようげき》すべく作戦を練った。

『モンゴル秘史』には、テムジンがナイマン軍を迎え撃つ時に、彼が語った言葉が載っている。

「草叢行《くさむらゆき》を行き、海陣立《うみじんだて》を陣立てて、鑿《のみ》戦法にて戦い合わんぞ」（村上正二訳）

一見、何を言っているか意味がわからないが、実はこれは当時のモンゴル軍の独自の戦法を述べたと思しき興味深い言葉である。村上正二は、「草叢行」とは、互いに緊密な連絡を取り合って密集部隊で敵陣をじわじわと圧迫することではないかと推測している。また「海陣立」は、大海原の如き草原に部隊を広く展開させて敵に包囲攻撃をかけることではないかと書いている。

村上の推論の根拠となっているのは『黒韃事略《こくたつじりゃく》』（中国の歴史書）で、その中に漢人から見たモンゴル軍の戦法について書かれた部分があり、那《な》珂《か》通世《みちよ》（明治時代の東洋史学者で、世界で初めて『モンゴル秘史』をモンゴル語の原文から全訳した人物）がこれを引きながら該当箇所を説明した文章を、村上は『モンゴル秘史』の訳注の中に引用している。なお、「鑿戦法」とは、文字通り敵陣に鋭い鑿を打ちこむような激しい攻撃の喩えであろう。

軍議を終えたテムジンは、自ら先鋒を務めることに決めた。弟のカサルには中軍を指揮させ、末弟のテムゲには補充の軍馬を統括させた。注目すべきはテムジン自らが最前線に立ったことである。それだけ、この戦いに懸けるものがあったのだろう。

ナイマン潰滅

『集史』にはこの戦いに関してはさほど詳しく書かれていないが、『モンゴル秘史』には不思議なエピソードが書かれている。それは「四狗」やウルウト氏族とマングト氏族についての話で、彼らがいかに恐れられた者たちであったかということが述べられているのだ。奇妙なのは、それを語るのがジャムカということになっている点だ。したがってこの話は後世の捏造である可能性が高いと私は考えている。

しかしエピソードそのものは実に魅力的で、軍記物語として見事な話となっている。こういうところが『モンゴル秘史』ならではだ。同書に書かれている話を私の感想を加えて以下に記す。

テムジン軍はナイマンの哨戒兵をタヤン・カンの陣営近くまで追い詰めていった。その様子を見ていたタヤン・カンは、傍らにいたジャムカに尋ねた。

「やつらは如何なる者たちだ。多くの羊の群れを狼が追って、わが軍の囲いに至るまでやってくるとは」

ジャムカはそれに答えて言った。

「わが軍の哨戒の兵を追い詰めているのは四狗です。テムジンは日頃より彼らを人肉で養い、鎖で繫いでいます」

そして四狗がいかに恐ろしい者たちであるかを説明する。『モンゴル秘史』にはその言葉が韻文で書かれている。

彼ら四つの狗どもは

「銅《あかがね》の額あり
鑿の嘴あり
錐の舌あり
鉄《くろがね》の心あり
環刀の鞭あり
露を飲みて　風に乗りて行く　彼ら
殺し合う日には　人の肉を喫《く》う　彼ら
ぶつかり合う日には　人の肉を糧《かれい》とする　彼ら
鎖解かれて　いま繋がれずにあるを喜びて
かく涎垂らしつつ来るぞ　彼らは」（村上正二訳）
何とも凄まじい表現である。まるでモンスターだ。
タヤン・カンは再び尋ねた。
「四つの狗どもとは誰か」
ジャムカは答えた。
「ジェベ、クビライ、ジェルメ、スベエデイの四人です」
タヤン・カンはそれを聞き、明らかに怖気《おじけ》づいた。
「では、そのような下等な奴らからは離れて、遠くに陣を構えよう」
そして軍を後退させ、山に登って陣を張った。

しかしモンゴル軍はなおもナイマン軍を執拗に追ってきた。

タヤン・カンはジャムカに、

「朝に母親の乳を吸って走り回る馬のような奴らは何者たちだ」

と尋ねた。

ジャムカは答えた。

「彼らこそは、槍を持った男に追いつけば、血まみれの武具を剝ぎ取り、環刀を持った男に追いつけば、打ち倒して殺し、財物や獲物を奪い取るというウルウト族とマングト族です。彼らもまた鎖から解き放たれて、勇んでやってきます」

それを聞いたタヤン・カンはますます怯えた。

「そうであれば、そのような下等な奴らからは、さらに遠のいて陣を布《し》こう」

ナイマン軍はさらに山を登って陣を張った。

しかしテムジン軍の追跡は止まらなかった。

タヤン・カンは軍の後方にいる人物に目を留めた。そしてジャムカに尋ねた。

「モンゴル軍の背後から寄せ来たる、餓えたる鷹の如く、涎を垂らして衝き進み来る男は誰だ」

ジャムカは答えた。

「その男こそ、テムジンです。彼の総身は銅にて鍛え上げられたるもの、錐を刺そうとしても隙間もなく、鉄に畳み上げられたるもの、大針にて刺すにも隙間もない」

そしてジャムカはこう続けた。

「テムジンが餓えたる鷹のように涎を垂らしてやってくるのを見ましたね。ナイマンの部将たちは『モンゴル人と戦えば、子山羊《こやぎ》の蹄の皮さえ残さない』と言っていたはずではなかったのですか。今一度、あの凄まじい姿をよく御覧なさい」

いったい、ジャムカは何が言いたいのだろう。この時の彼は、タヤン・カンにひたすらテムジンたちの恐ろしさを伝えている。まるでタヤン・カンを怯えさせるようだ。そして事実、彼は怯えた。

タヤン・カンは言った。

「あな、恐ろしや。では、さらに山の上に登って陣を構えよう」

そしてさらに山を登って陣を張った。

しかし下から攻め上がってくる軍の中に恐ろしい男がいるのを見つけて、ジャムカに「あれは誰か」と尋ねた。

ジャムカは答えた。

「あれはグレルグゥ山の蟒蛇《うわばみ》に生まれたるジョチ・カサルです」

『モンゴル秘史』では、ジャムカはカサルに関して非常に長い言葉を発しているが、全文を引用するのは煩雑になるので、一部を紹介すると、

「〔ひとたび〕怒りて
アンクアの矢を引きて放たば

山の彼方にある十人《とたり》　二十人《ふたたり》の軍士《いくさびと》を
一束ねに射殺すものぞ」
「大きく〔弓を〕引きて放たば
九百尋《ひろ》の地をも射通し
小さく〔弓〕引きて放つも
五百尋の地は射通すものぞ」（いずれも村上正二訳）

カサルの弓の腕前が強調されているが、その内容は荒唐無稽である。現実に一本の矢で二十人の兵を射殺したり、一・六キロ以上も矢を飛ばすことができるはずもない（一尋は、成人男性が両手を広げた時の指先から指先までの長さ）。さらにカサルは「三尋《みひろ》の身長《たけ》あり」と書かれている。これは非現実的である。

ただ、カサルが異様に筋骨隆々の大男であったということは『集史』にも書かれている。それによれば、巨大な上半身を持ちながら腹（ウエスト）はぎゅっと締まっていて、彼が横向きに寝そべると、ウエストの隙間を犬が通れたという。

ジャムカはさらに末弟のテムゲについても言及している。

「末っ子の甘えん坊で、早く寝て、遅く起きる怠け者ですが、戦とあればどんなに遠くからでもやってきて、遅れてきたことがありません」

これらの言葉を聞いたタヤン・カンは怯えきって、ついに山の頂《いただき》まで退いた。

ジャムカはすっかり言い尽くすと、ナイマンの陣営を飛び出した。

そして、テムジンに使者を送って次のように言わせた。

「タヤン・カンは私の言葉に怯えて山の頂まで逃げた。彼らはモンゴル軍を迎え撃つ気力もなくなっている」

使者に預けた言葉の最後はこう締めくくられていた。

「自分は既にナイマン軍から離れた」

以上が、ジャムカがタヤン・カンを怯えさせた有名な話だが、『モンゴル秘史』の内容を尊重する私でも、ジャムカがそんなことを語ったとは信じられない。ちなみにこの話は他の史料には一切出てこない。

もしこれが事実であれば、ジャムカはテムジンの工作員ということになるが、仮にそうであっても、ナイマン軍を率いるタヤン・カンがジャムカ一人の言葉に怯えて、戦いもせずにひたすら山の上に逃げるとは思えない。

おそらく『モンゴル秘史』の編者は「四狗」、ウルウト氏族、マングト氏族、テムジン、カサル、テムゲの勇猛さを書きたいと考え、ナイマンとの戦いの中にそうした描写を挿入したのだと思われる。そのためにジャムカが都合よく使われたのだろう。

ジャムカがタヤン・カンに語ったとされる一連の話は、淡々としたリアルな描写が続く『モンゴル秘史』には珍しく一種のファンタジーとなっている。別の言い方をすれば、この部分だけ全体のスタイル（文体）とは異質なのである。前述したように、原典の成立後、後世のどこかで挿入されたものではないかと私は考えている。

さて、『モンゴル秘史』によると、ナイマン軍は先を争って逃げようとして、次々と崖の上から谷底に転落し、死体の山を築いていったことになっているが、おそらくこれも事実を大幅に誇張しているものと思われる。

『集史』には、テムジン軍とナイマン軍は「激しく戦った」とある。同書には戦いの詳細は書かれていないが、凄絶な戦闘が繰り広げられたはずである。しかし、わずか一日でナイマン軍は敗れ、山の上に追い立てられるように敗走した。タヤン・カンは全身に深い傷を負った。

コリ・スベチと幾人かの部将がタヤン・カンに付き従っていたが、彼は傷のためにもはや起き上がることができなかった。

部将たちは言った。

「タヤン・カン、我々は山の斜面を登るために山の前に立った。我々が戦えるように立ち上がれ」

しかしそれでもタヤン・カンは立ち上がれなかった。おそらく瀕死の重傷を負っていたものと思われる。

部将たちは重ねて言った。

「タヤン・カンよ、汝の妻たち、また汝の愛するグルベス妃は着飾って、汝の帰りを待っている。さあ、立ち上がれ」

それでもタヤン・カンは立ち上がることができなかった。

それを見てコリ・スベチは部将たちに言った。

「タヤン・カンにわずかでも力が残っていれば、彼は動くなり答えるなりしただろう。しかしもはやそれが叶わないとなれば、我々が彼の最期を見る前に、彼が我々の最期を見届けられるように、彼の目の前で戦おうではないか」

玉砕覚悟で戦おうというのだった。

ナイマン軍の兵たちは斜面を下りると、モンゴル軍に激しく襲いかかった。

テムジンはその勇敢な戦いぶりに感心し、彼らを生きたまま捕らえようとしたが、ナイマンの勇敢な兵たちは捕虜になることを拒否して抵抗した。

戦いは夜のうちにほぼ終わり、敗走したナイマン兵はテムジン軍に追われ、通り抜けることが難しい山の中に飛び込んだ。そして夜間に、彼らの多くが険しい山の崖から転落して死んだ。『集史』「チンギス紀」には、「この出来事は、モンゴル諸部族の間で極めて広く知られ、有名である」（金山あゆみ訳・未刊）と書かれている。『モンゴル秘史』に、ナイマン兵が崖の上から次々に谷底に転落して死体の山を築いたとあるのは、そうした言い伝えに基づいた描写であろう。

『集史』はタヤン・カンがその後どうなったかは書いていないが、『モンゴル秘史』では、テムジンが彼を捕らえたとある。息子のグチュルク・カンはわずかばかりのナイマン兵とともに遠くへ立ち去った（『集史』には、叔父のブイルク・カンのもとへ逃げたとある）。

この戦いでナイマン国は滅んだ。テムジンはナイマン部族の土地と民を吸収した。タヤン・カンはおそらく処刑されたのであろう。

ジャムカとともにあったジャダラン氏族、それにカタギン氏族、サルジュート氏族、ドルベン氏族も投降した。さらにタイチウト氏族とコンギラト氏族の残党もテムジンのもとに下った。

テムジンはタヤン・カンの義母であり妻のグルベス妃を捕らえて連れてこさせると、彼女に言った。

「汝はモンゴル人は臭いと言って笑っていたらしいな。それなのに、我が軍の捕虜となってやってきたのはなぜか」

そしてテムジンはグルベスを娶った。史書には彼女が何番目の妻であるかは書かれていない。あるいは妾であった可能性もある。

テムジンとアレクサンドロス三世

こうして一二〇三年から一二〇四年にかけてケレイトとナイマンを滅ぼしたテムジンは、モンゴル高原のほぼ全体を手中に収めた。これにより、テムジンの権力は一挙に膨れ上がった。

おそらくテムジンは自らの責任と使命を一層強く嚙みしめたことだろう。かつては自らの家族やキヤト氏一族の安全を守るために戦っていた身が、今やモンゴル高原全域の遊牧民を従えることとなったのであるから、その重圧は大変なものだったに違いない。

モンゴル高原が統一されたのは、回鶻可汗国《ウイグル・カガン》（七四四〜八四〇年）以来、約三百六十年ぶりだった。八四〇年にキルギス族の侵攻を受けて回鶻が滅んだ後は、モンゴル高原は三世紀半以上に亘って、多くの遊牧民が互いに争う地となっていた。その状態を望んでいたのは中華帝国であった。

これまでも書いてきたように、歴代の中華帝国は遊牧民たちの戦闘能力の恐ろしさを充分に知っていた。何度も中華の地を蹂躙《じゅうりん》され、時には国をも滅ぼされた。それればかりか彼らは中華の地に国を建てもした。隋や唐の創始者は鮮卑族の流れを汲む男だったし、宋の創始者も沙陀突厥の流れを汲む男であった。

歴史上、何度も彼らに痛い目に遭わされてきた中華帝国は、遊牧民たちの寇掠《こうりゃく》を防ぐために何百キロにもわたる壁（長城）を築きもした。現在、最も有名な長城は明代に作られた一六〇〇年代以降のものだが、長城はそのはるか以前から歴代王朝が何度も築いてきた（その総延長距離は数千キロを超える）。深い山間に巨大な壁を作るのは想像を絶する規模の大工事だが、それをしなければならないほど、遊牧民の侵攻の被害が甚大だったということだ。

そして歴代の中華帝国が採ったもう一つの防衛策は、「夷を以て夷を制す」というもので、遊牧民同士を互いに争わせて、自国の安全保障を図るという政策だ。金朝もそれに倣い、長年に亘ってタタル族、ケレイト族、モンゴル族たちの間に緊張状態を作り上げてきた。

しかし今、テムジンという一代の傑物がついにモンゴル高原の遊牧民たちを一つに束ねてしまったのだ。つまり、この時点で、歴史が大きく動き出すことが約束されたともいえる。

ただ、これは前述したように、決して歴史の必然などではない。テムジンという男の個性によって成し遂げられたことだ。もし彼がいなければ、モンゴル高原の弱小遊牧民のモンゴル族が他の有力な諸民族を屈服させ、広大な地域を支配することはなかっただろう。その意味でも、序章で述べたように、テムジンという存在は、紀元前、ギリシャ辺境の小国マケドニアに誕生し、世界征服を成し遂げようとしたアレクサンドロス三世（アレクサンダー大王）と似ている。彼もまた歴史の必然というよりも、ある種の奇形のように生まれた突然変異である。

一方で、アレクサンドロス三世とテムジンには大きな違いがいくつもある。まず二人が育った環境の違いである。ギリシャ辺境の地にあったとはいえマケドニアは高度なギリシャ文明の一翼を担っていた。アレクサンドロス三世はギリシャ最大の哲学者アリストテレスにあらゆる学問を教わった超インテリである。一方、モンゴル族は文字さえ持たない部族であり、テムジンはまったくの無学文盲の人であった。テムジンはその後、彼の帝国内においてウイグル文字を普及させるが、彼自身はおそらく死ぬまで文字を読めなかった。

もう一つの大きな違いは戦いの動機である。アレクサンドロス三世は青年の野心と理想の実現のために、二十一歳の時に世界征服の旅に出た。そして三十二歳で死んだ。

一方、若きテムジンにとって戦いとは自分の家族や仲間を守るためのものに他ならなかった。

彼の初めての戦いは、『モンゴル秘史』によると、奪われた妻を取り返すためだったし、その後の戦いの多くは、一族の安全保障をたしかなものにする戦いだった。そのために彼は多くの部族と連合したり、協定を結んだりもした。そして苦労の末にモンゴル高原を統一した時には、四十歳を大きく過ぎていた。当時のモンゴル高原では既に初老と呼べる年齢に差し掛かっていたのだ。つまり人生の大部分を費やして、彼は一族の安寧を確保したといえる。そして彼が死んだ後は、子や孫がさらにその帝国を発展させた。

二人を起業家に喩えると、アレクサンドロス三世は一代限りの個人事業主、一方、テムジンは巨大なコンツェルンを作り上げた経営者と見ることができる。

面白いのは、アレクサンドロス三世がヨーロッパから東に進み、西アジアの地を飲み込み、東西の文化を融合させたのに対し、テムジンは東に現れ、彼とその子らは西へと進み、これまた東西の文化を融合させたことだ。その間の千年以上、ヨーロッパと東アジアは混ざることがなく、互いに影響し合うことはなかった。実はアレクサンドロス三世の東進はインドまでで、彼は中華帝国の存在を知ることなく死んだ。

しかしモンゴル人の出現以降、東西は互いの存在を意識するようになった。東洋史学者の岡田英弘は「モンゴル帝国の誕生によって世界史が始まった」と言っている。つまりそれ以前は東アジアとヨーロッパはまったく干渉し合うことのない独立した歴史だったのが、モンゴル帝国の誕生以降、互いに影響を与え合う「世界史」になったということだ。

ドレゲネとクラン

モンゴル高原の支配者となったテムジンだったが、敵を完全に葬り去ったわけではなかった。高原のあちこちに、彼がかつて破った部族の残党が生き残っていたからだ。彼らをそのままにしておけば、いつか大きな禍を生ずる恐れもある。

中でも最も厄介な部族の一つがメルキト族だった。

テムジンとメルキト族の因縁は深い。テムジンを生んだホエルンは、その昔、テムジンの父のイェスゲイ・バアトルがメルキト族の若者から奪った女である。それから約二十年後、今度はメルキト族がテムジンの妻ボルテを奪った。それ以来、テムジンはメルキト族と幾度も戦った。メルキト族はテムジンを敵対視し、タヤン・カンの陣に入ってテムジンと戦ったこともあった。しかしテムジンに何度も打ち破られ、一二〇四年の頃には、かつての勢力を失っていた。

ただ、テムジンは彼らの残党をそのままにしておくつもりはなかった。

『モンゴル秘史』によると、ナイマンを征服した年の秋、テムジンはカラ河とダル河の水源で、トクトア・ベキ率いるメルキト族と戦ったとある。しかし『聖武親征録』では季節は冬となっている。村上正二は、テムジンがナイマンを破ったのは一二〇四年の夏の終わりから秋にかけてのことであるから、再び軍を組織してメルキト族討伐のために移動できたのは晩秋から冬にかけてのことであったと推察し、『聖武親征録』が正しいとしている。

この戦いでテムジンはメルキト族を打ち破った。トクトア・ベキは息子らとともに逃げたものの、メルキト族はほとんど潰滅し、テムジンはメルキト族の民や国土や家財を奪い取った。

この時、テムジンはトクトア・ベキの息子クドゥの后ドレゲネを奪い取り、彼女を自分の三男オゴデイに妻として与えている。『元史』によれば、彼女はオゴデイの六番目の妻となっている。ちなみに彼女はモンゴル帝国史においては非常に重要な人物となる。というのは、モンゴル帝国の三代目の大カンであるグユクの母になるからだ。本来ならオゴデイの第六夫人の子が大カンになるのは相当に難しいことだったが、ドレゲネの政治力がそれを可能にした。そのことは第三巻以降に語ることにする。

ただ『集史』では、ドレゲネはクドゥの后ではなく、メルキト族の支族であるウアズ・メルキトの族長であるダイル・ウスンの妻と書かれている。どちらが正しいのかはわからないが、『元史』『集史』ともドレゲネの出身はナイマン族となっている。つまり三代目の大カンにはナイマンの血が入ったということである。

ところでこの時、ダイル・ウスンは、自分の娘のクランをテムジンに捧げたという話が伝わっている。『集史』「チンギス紀」には、その事実が簡単に記されているだけだが、『モンゴル秘史』には非常に面白い逸話が書き残されている。それは次のような話である。

降伏したダイル・ウスンはクランをテムジンに献上しようとやってきたが、途中、兵たちに行く手を阻まれた。その中にたまたまナヤアがいた。読者の皆様はナヤアの名前を覚えておられるだろうか。もとはタイチウト氏族のタルグタイ・キリルトクに仕えていたが、主人を捕えてテムジンのところに運ぶ途中に、このままテムジンのもとへ行けば、褒められるどころか逆に殺されるかもしれないと思い直し、タルグタイを逃し、テムジンには「主君を殺すことはできませんでした」と語って恩賞を貰った人物である。

ナヤアはダイル・ウスンがテムジンのところへ娘を連れて行こうとしているのを知って、言った。

「汝一人で行ったりすれば、道中、兵たちに見つかったら、汝は殺されて、娘は犯されてしまうだろう」

この言葉から、当時のモンゴル高原において、戦争の混乱の中では女性の身の安全はまったく保障されていないことがわかる。メルキト族の兵が敗走した後も、戦場となった地域では秩序は回復していなかったのだろう。

ナヤアはそのまま三日三晩、クランを手元に置き、四日目にダイル・ウスンとクランを連れて、テムジンのところに向かった。

テムジンはナヤアに言った。

「どうしてお前は三日三晩もの長い間、この娘を自分のもとに置いていたのか」

『モンゴル秘史』には、この時、テムジンは激しく興奮して問い詰めたとある。彼がそこまで激昂したということは、クランはかなり美しい娘だったのではないだろうか。北方のメルキト族の女性は美しいことで知られていたが、クランもその例に違わなかったのだろう。

つまりテムジンはナヤアがクランを自分に献上する前に犯したのではないかと疑ったのだ。

テムジンはナヤアに言った。

「軍律に充《あ》てようぞ」

主君に献上すべき女を、その前に犯したとあらば、死罪に相当する。

ナヤアは必死で自らの潔白を訴えた。

「敵国の美しい娘を見つけたなら、それはテムジン様のものであると、私はずっと言ってきましたし、そうしてきました。もし私がクランを犯していたなら、命を絶たれてもかまいませぬ」

しかしテムジンのナヤアに対する疑いは晴れなかったようだ。

テムジンがナヤアを詰問していると聞いたクランは、人を介してテムジンに言葉を伝えた。

「ナヤア様は私たちにこう言われました。『わしはテムジン様の大ノヤン（領主）である。我らとともに汝の娘をカンにお見せしようぞ。ただ、今はまだ戦乱の最中で、途中に兵たちに見つかれば犯されるかもしれぬ』と注意してくれました。もし、私たちがナヤア様以外の人と出会っていたならば、この乱戦の最中、絶望的な境涯に陥っていたでしょう。ナヤア様に出会ったことは幸運でした。今、ナヤア様を審問なさる前に、カンには忝《かたじけな》くも天つ神の御恵《みめぐ》みによって、わが父母のこの世に生み給える私の処女の肌をお調べなさいましては」

それを聞いたテムジンはその日のうちにクランの肌を調べた。

するとクランの言うように、彼女はまぎれもない処女だった。

『モンゴル秘史』にはテムジンがどのようにクランの身体を調べたのかは書かれていないが、おそらく処女膜の有無を調べたのだろう。同書には「処女」あるいは「処女性」について言及した箇所は他にない。またこれ以外にテムジンが女性の貞操に関してこだわった記述もないことから、この逸話は読者に不思議な印象を与える。

テムジンはクランを第二のオルド（宮廷）の主とした。彼には既に多くの妻や妾がいたが、彼女たちを差し置いて、いきなりボルテに次ぐ第二夫人という高い地位に置いたのは異例である。

テムジンはその後もクランを寵愛したようで、後年の西アジア遠征中も常に彼女を侍らせていた。また彼女が生んだゴレゲンという男子は正妻ボルテが生んだ四人の息子たちとほぼ同等の扱いを受けた。テムジンの子を生んだ女性は少なくないが、こんな待遇を受けた女性は他にいない。

『モンゴル秘史』はテムジンがなぜクランをそこまで愛したのかという理由については何も語っていない。クランは美しい娘ということだが、テムジンなら美貌の女性をいくらでも手に入れることができたはずだ。これは私の想像だが、クランがテムジンを恐れることなく、純潔の証を見せるために自分の肌を調べよと堂々と述べた、その勝気な性格を愛したのではないだろうか。正妻ボルテもそうだが、テムジンは自分に対してはっきりとものを言う女性に惹かれるところがあったように思う。

テムジンはナヤアに対しても、「真実の言葉のある男であった」と称賛し、「大いなる職務を委ねるであろう」と言って恩賞を与えた。ナヤアは後に功臣表の第三十二位に名を連ね、万戸長にまで出世するが、この時、テムジンの寵姫を守ったという行為が高く評価されたのかもしれない。もっとも前述したように、『集史』では、仲間内での彼の評判は高くなく、「処世術に長けた誠実味のない男」と見られていたようで、「偽善者のナヤア」「おしゃべりのナヤア」という渾名があったと書かれている。もしかしたら女で出世した男という蔑視かやっかみのようなものがあったのかもしれない。村上正二は、『モンゴル秘史』にクランの逸話が残っているのは、同書の編者はナヤアの縁者だったからではないかと推論しているが、私もその見方はなかなか穿《うが》ったものではないかと思う。というのは、テムジンがクランの処女性にこだわった話そのものがやや異質な感じがするからだ。

ジャムカの死

ところで、『モンゴル秘史』ではナイマンとの戦いの場において、狂言回しの役割を与えられていたジャムカだが、実際のところは、ナイマン軍とともにテムジンと戦ったとみられる。しかしナイマン軍の崩壊と同時にジャムカもまた多くの兵を失った。そしてわずか五人の部下を連れて、逃亡生活に陥った。

『モンゴル秘史』によれば、ジャムカと部下たちは盗賊をしながら放浪生活を続けたとある。ある時、彼らはタンルウ山に登って、盤羊（山に棲《す》む大型の羊）を殺して食べた。ジャムカはその肉を食べながら、自らの境遇を自虐的に語った。

「誰が子らか、この日、盤羊を殺して、かように〔むさぼり〕喰っているとは」（村上正二訳）

この時、五人の部下は隙を見て主君であるジャムカを捕縛した。おそらくこれ以上ジャムカに付き従っていても未来はないと思ったのだろう。

彼らはテムジンのところまでジャムカを連行した。彼を引き渡せば褒賞にありつけると考えたのだろう。しかしそれはテムジンの性格を見誤った致命的な判断ミスだった。

テムジンは五人を前にして言った。

「主君に手をかけるような者はどうして生かしておくことができようか。このような者たちは、誰のもとでも良き部下になることがない。ただちに斬れ」

五人の男たちはジャムカの目の前で斬られて死んだ。

それからテムジンは宿命のライバルに向かって予期せぬことを言った。

「今、我ら二人は再び巡り合った。かつてのようにノコル（僚友）となろうではないか」

この言葉にはジャムカも驚いたのではないか。

テムジンは続けた。

「我らは互いに轅《ながえ》（荷車を牛に繋ぐ二本の棒）となって共に過ごしてきたではないか」

次にテムジンは韻文で、かつて二人が過ごした良き日のことを語った。そしてジャムカが「オン・カンに注意せよ」と忠告してくれたことに感謝する言葉を述べた。

『モンゴル秘史』を読む限り、テムジンにはジャムカを殺す意思はまるでなく、むしろ再び友情を復活させたいと願っているように見える。

かつてボルテを奪い返すためにメルキト族と戦った後で二人がアンダの誓いを交わした時、同じ床で寝たという記述があったが、もしかしたらテムジンはジャムカに対して友情を超えた特別な感情を抱いていたのかもしれない。

テムジンの温情溢れる言葉に対して、ジャムカは答えた。

「昔、二人が幼かった頃、ゴルゴナク河原でアンダの誓いを交わした。また同じ寝床で寝たこともあった。しかし、傍らの人に動かされ、邪《よこしま》な人に唆され、二人は別れてしまった。お前とのアンダの誓いを俺は破ってしまった」

ジャムカは続けた。

「それなのに、そんな俺に、お前はノコルになろうと言ってくれるのか。しかし俺はノコルになるべき時になろうとしなかった」

ジャムカの言葉には深い悔恨が見える。彼はさらに言った。

「今、お前は大きな国を平定した。多くの他の部族を呑みこんだ。カンの位はお前に決まったのだ。今となって、俺がお前のノコルになったとて、何の助けになろうか。もしノコルになれば、かえってお前の禍となりかねない」

ジャムカにはテムジンの情けにすがるつもりはなかったようだ。既に死を覚悟していたと思われる彼は、素直な心情をかつてのアンダに吐露《とろ》する。

「俺には多くの策があった。しかしお前には勝てなかった。お前には聡明な母がいて、生まれながらの俊傑であり、才能ある弟たちがいて、忠実で勇敢な部下たちがいる。そんなお前に俺はついに打ち負かされた。俺は父母から幼くして取り残され、弟もなく、妻はおしゃべりなだけの女で、信頼できる部下たちもいなかった。俺がお前に負けたのは当然だろう。お前に慈悲の心があるなら、俺を殺してくれ」

この場面は『モンゴル秘史』の中でも特に感動的なところである。ジャムカの言葉にはもはやテムジンに対する恨みや怒りなどは微塵《みじん》も感じられない。テムジンの偉大さを認め、彼に及ばなかった自分を認めている。

ところで、ジャムカの「俺には多くの策があった」という言葉の「策」は、原文では「女」となっていて、古来、多くの学者や研究者を悩ませている。意訳として、「女の言葉に迷わされて、選択を過《あやま》ち、最終的にお前に負けることになった」という解釈も可能だが、それまでジャムカの女の話が出ていなかっただけに唐突にも思える。しかしオリジナルの原本が写本されるときに一文字が誤って付け加えられたことによって、「策謀ある」というモンゴル語が「女を持つ」という語に替わってしまったのではないかという説もあり、村上正二はそれを採用している。『元朝秘史』（『モンゴル秘史』と同じ）の訳者、小澤重男は「多くの」の部分を「役たたず」の誤りと考え、「（俺は）役たたずの家臣をもち」と意訳している。

この時、ジャムカはテムジンに処刑方法の願いを伝えている。それは「血を流させずに殺してくれ」というものだった。これは古いモンゴルのしきたりで、身分の高い者を処刑する時は皮袋に包んで体を振盪《しんとう》させて殺したり、あるいは溺死させたりする方法を採ったという。

ジャムカは最後にこう言った。

「俺の屍《しかばね》は高き地に埋葬してくれ。俺はそこから永遠に、お前の子や孫たち、その子孫にいたるまでを、鬼神《きじん》となって護ってやりたい。（……）俺の言葉を忘れずに、朝夕に思い出してくれ。さあ、テムジンよ、俺を殺してくれ」

この言葉にはジャムカのテムジンに対する深い敬意が読み取れる。

ジャムカとテムジンは、かつてはモンゴル族の覇権を争った関係だったが、今、テムジンはモンゴル高原のほとんどの遊牧民を支配する王となった。ジャムカがテムジンの子孫を護ってやりたいと言ったのは、同じモンゴル族の繁栄を願ってのことだったのかもしれない。『モンゴル秘史』には、この期に及んでもなお、テムジンがジャムカを殺すことに躊躇する様子が書かれている。

しかしジャムカを殺さねばならないことはテムジンにもわかっていた。そこでテムジンはジャムカを処刑する罪状を無理矢理に二つ作り上げた。一つはテムジンが初めてジャムカと戦った「十三翼の戦い」（ダラン・バルジュトの戦い）でテムジンを敗走させたこと、もう一つは

「もう一度、ノコルになれ」というテムジンの命令に背いたことであった。

そしてテムジンはジャムカの望み通りに、彼の血を流させずに殺し、その遺骸《いがい》を丁寧に埋葬した。この時、ジャムカがどんな方法で処刑されたのかは書かれていない。

以上が『モンゴル秘史』におけるジャムカの死の記述だが、『集史』ではいくぶん異なる。同書でも、ジャムカが部下に裏切られてテムジンのところに連行された記述は同じだが、彼を捕まえた男は三十人となっている。テムジンはその男たちを「信頼できない者たちだ」と処刑している。

同書には、死を望むジャムカとそれを押しとどめようとするテムジンの感動的な会話は一切ない。ただ、テムジンはジャムカを殺すことは欲せず、ジャムカの身柄を甥のエルチダイ（テムジンの弟のカチウンの息子）に委《ゆだ》ねている。エルチダイは何日か後にジャムカを殺したとある。

この時、エルチダイはジャムカの五体をばらばらにして処刑せよという命令を下した。

それに対してジャムカは言った。

「権利は君たちにある。もし私が勝利していたなら、君たちをばらばらに切り刻むつもりだった。今、天祐《てんゆう》が君たちについたのだから、速やかに私の五体を切断せよ」

そしてジャムカは自らの関節を示しながら「ここを斬れ」と言った。彼はまったく恐れなかった。

ところで、ジャムカの五体をばらばらにして処刑したという話は、『集史』の古い版にはなく、後から挿入された逸話であることがわかっている。なぜ、この話が挿入されたのかはよくわからない。ただ、ジャムカに関しては、語り手の愛憎《あいぞう》が相半《あいなか》ばする記述になっている『モンゴル秘史』に対して、『集史』は単にテムジンの敵として描いている。

いずれにしても、テムジンの宿命のライバルであり、一代の梟雄《きょうゆう》であったジャムカはここにその生涯を終えた。

『モンゴル秘史』には他の史書と時系列が大きく食い違う箇所がこのジャムカの話の直前にある。それは逃げたメルキト族の残党を掃討《そうとう》する出来事についての話だ。『モンゴル秘史』では一二〇四年から翌年にかけて、一気にメルキト族を潰滅させたことになっているが、『集史』や『聖武親征録』では、それはテムジンが一二〇六年にチンギス・カンに即位した後の出来事として書かれている。

どちらを信用すべきかだが、『モンゴル秘史』はこれまでも述べてきたように、一連の出来事をひとまとめにして記述する傾向があり、メルキト族掃討についてもそうされた可能性がある。したがって確信はないものの、ここでは『集史』の時系列に従って書くことにする。

『集史』によると、一二〇五年、テムジンはモンゴル高原の南に位置する西夏に軍を進めて掠奪行為を行なっている。これは彼がモンゴル高原の遊牧民以外と初めて戦った画期的な事件である。強大な軍を組織したテムジンが、自らの力がどれくらいのものであるかを見るための腕試し的なものであったのかもしれない。

もちろん掠奪が目的だっただけの可能性もある。モンゴル高原の遊牧民にとって掠奪行為は昔から重要な生活手段であるが、ほとんどの遊牧民を一つに束ねた今、仲間同士で掠奪行為を行なうわけにはいかない。となれば、モンゴル高原の外の国を寇掠する以外にないからだ。

西夏はチベット・ビルマ系のタングト族が一〇三八年に中華の西に建てた国で、初代皇帝の李《り》元昊《げんこう》の時代はしばしば宋に侵攻するほどの強大さを誇っていた。井上靖の名作『敦煌』はまさにこの時代の西夏が舞台の物語で、中央アジアに勃興する若き民族の息吹が生き生きと描写されている。李元昊もまたタングト族を率いる勇壮な英雄として描かれている。一一二七年に女真族の金が宋（北宋）を滅ぼすと、西夏はその機に乗じて広大な領土を獲得した。しかし、その後は政権争いなどもあって次第に衰退し、一一〇〇年代の前半からは金に臣従していた。テムジンはそんな弱体化した西夏に襲いかかった。モンゴル軍は西夏の地を思うがままに蹂躙した。迎撃の拠点であったリギリの砦はモンゴル軍の包囲を受けて陥落した。

もっともテムジンの目的は支配ではなく掠奪だった。モンゴル軍は西夏の中核都市の一つクリン・ロシの城を襲い、多数の民とラクダを奪った。こうしてテムジン率いる遊牧民軍の初めての対外戦争は成功裏に終わった。これは後に「第一次西夏遠征」といわれる。

世界史では、一見取るに足らないように見える出来事が実は大きなターニングポイントであることがしばしばある。私はテムジンによる一二〇五年の西夏侵攻はそうしたものではなかったかと考えている。

というのは、モンゴル高原以外の周辺国との戦いで勝利した（実際は掠奪行為であれ）ことで、テムジンはモンゴル軍の強さに大いなる自信を得たに違いなく、それは後のモンゴル帝国膨張の大きなきっかけになったのではないかと思うからだ。

逆に言えば、もしモンゴル軍が西夏軍に撃退されていたら、チンギス・カンがモンゴル高原から打って出るのは相当遅れたか、あるいは永久にその機会を失っていたかもしれない。

テムジンの心に、世界征服の野望が灯ったとすれば、まさにこの時ではなかったか。ただ、それは彼自身でさえ気づかないほどの小さな火であっただろう。

テムジン、「チンギス・カン」となる

一二〇六年の春、西夏遠征から戻ったテムジンは、部下たちに白い九脚の纛を立てるように命じ、大クリルタイを開催した。

クリルタイとはモンゴル族の有力者たちが集まる最高意思決定会議であるが、この時の議題は皇帝（大カン）の任命だった。

このクリルタイでは、おそらく満場一致で、テムジンが全モンゴル族及びモンゴル高原の諸部族の長となるカンに推戴《すいたい》されたものと思われる。

ちなみに大クリルタイは頻繁に開かれるものではなく、一説には一代の皇帝の治世でも二、三回くらいしか開かれなかったという。というのは、大カンの選定や諸外国への遠征計画など、国家の命運をかける重要なテーマがある時に開催されるものだったからだ。

この時、テムジンは大カンになると同時に、「チンギス・カン」という称号を受けている。『モンゴル秘史』では、テムジンがチンギス・カンとなったのは一一八九年ということになっているが、それはおそらく誤りである。一二〇三年から一二〇四年にかけてケレイト族とナイマン族を潰滅させ、翌一二〇五年にメルキト族の残党を駆逐してモンゴル高原全体の支配者になった後の一二〇六年に大カンに即位したとする『集史』の記述が正しいというのが定説となっている。

前に述べたように、テムジンにチンギスという名前を与えたのは、コンゴタン氏族のココチュというシャーマンだった。彼はテムジンのキヤト氏に長年仕えているモンリク・エチゲの息子である。『集史』によると、モンリクはテムジンの母であるホエルンと結婚している。

ココチュは「テブ・テングリ」と呼ばれていた。その意味は「天つ神巫《かんなぎ》」というものである。『集史』にはテブ・テングリの不思議な力が書かれている。それによると、彼は冬の最中に（モンゴルの冬は時として摂氏マイナス五〇度になることもある）オナン・ケルレンの地で、裸で氷の上に坐るのを習慣にしていた。すると彼の体の熱によって氷が溶け、水から湯気が立ち上ったという。単に伝説の類だと思うが、もし本当なら何らかのトリックのようなものを使ったのだろう。

いずれにしても、テブ・テングリはモンゴル族の民の間では特別な力を持つ人物と見られていた。前にも書いたが、モンゴルの遊牧民の間ではシャーマンの地位は非常に高く、時として将軍よりも強い権力を持っていた。このことが彼を傲慢にし、後に大きな問題を引き起こすことになる。その顚末については第二巻で述べる。

ところで、「チンギス」の意味は諸説ある。『集史』の編者ラシード・アッディーンは、チンギスとは「強大で堅固な」という言葉の複数形で、そこから「王者中の王者」という意味があるとしている。イスラム史家や一部のヨーロッパの学者はその説を採っているようだが、定説とまではなっていない。

他には、チンギスとはもともとはモンゴル語ではなくテュルク系の外来語で、「海」を意味する言葉に由来するという説や、「烈しい」という意味があるとする説もある。清朝の時代に編まれたモンゴル年代記『蒙古源流』には、五色の瑞鳥《ずいちょう》が毎朝テムジンの天幕の前の石の上に留まって「チンギス、チンギス」と鳴いたことから名付けられたという伝説が書かれている。この他にもさまざまな説があるが、現在に至るも決定的な説はない。

テムジンの大カンの即位式では多くの部族を集めた規模の大きい儀式や祭りのようなものが催されたと思うが、残念ながら史書にはその描写はない。

いずれにしても、一二〇六年の春、「チンギス・カン」の即位と同時に、世界史に燦然《さんぜん》と輝く「モンゴル帝国」が誕生したのである。したがって本書でもこれ以降は、テムジンと彼の治めた集団を「チンギス・カン」ならびに「モンゴル帝国」と呼称する。

時に、テムジン四十四歳であった。

『モンゴル秘史』によれば、この時、チンギス・カンはこれまでに自分に尽くした功臣とその順位を発表し、彼らを千戸長に任命した。これが後に「チンギス・カンの功臣表」と呼ばれるものである。そこには八十八人の名前が書かれている。オン・カン軍との戦いの傷がもとで死んだクイルダルの名前もあるが、おそらく千戸長には彼の息子が任命されたことと思われる。ここでその全員の名前を記すのは煩雑になるので、とりあえず上位の十名だけを紹介することにしよう。

功臣表一位はモンリク・エチゲである。ただ、功臣表の最上位にあるものの、『モンゴル秘史』には彼の記述は多くない。イェスゲイの死後、多くの民がホエルン一家を見捨ててタイチウトに従ったが、この時、モンリクがどういう行動を取ったのか、なぜか史書には書かれていない。『集史』ではホエルンの夫ということになっているが、『モンゴル秘史』はそのことにも特に触れていない。ただ前述したように、同書にある「エチゲ」という言葉は「父」という意味なので、チンギス・カンの義理の父と読めないことはない。同書がモンリクの記述を避けているのは、もしかしたら後に起こったある事件のせいかもしれない。それは第二巻で書くことにする。

功臣表の二位は若き日のテムジンを助けて盗人から馬を取り返してくれたボオルチュである。名高い「四駿」の一人であり、チンギス・カンの最も古い部下でもあるが、彼は部下というよりも、チンギス・カンの最側近で相談相手のような存在だった。また後にアルタイ方面のモンゴル族の多くの千戸長を統べる右翼の万戸長（一万人の兵を率いる大司令官）となった。まさにモンゴル帝国の大勲臣である。

三位はジュルキン氏族を滅ぼした時にジャライル族から差し出されて部下となったムカリである。ここまで高く評価されたということは、以降の戦いで目覚ましい活躍ぶりを見せたと思われる。彼も「四駿」の一人である。後に万戸長にもなっている。

四位は、いずれテムジンは国の王になると予言したシャーマンのコルチ・ウスンである。まだキヤト氏一族のリーダーともなっていない若きテムジンに帰順して右の予言を与えたことが高く評価されたのだろう。もしかしたら、その言葉がチンギス・カンに「神に選ばれし男」という自己暗示を与えた可能性もある。当時のモンゴルではシャーマンの言葉は「神の言葉」と思われていたからだ。

五位はチンギス・カンの三男オゴデイの教育係をしたというイルゲイだが、この人物に関してはあまり詳しいことはわかっていない。『モンゴル秘史』でも、これまで一度も登場していない。もしかしたらオゴデイの時代に編纂された版に挿入された人物かもしれない。

六位はオン・カン軍との戦いで獅子奮迅の働きをしたジュルチェデイである。モンゴル族の中でも最強と謳われたウルウト族の長でもある。

七位はゲニゲス氏族の族長であるクナンという人物だが、彼に関してもイルゲイと同様詳しいことはよくわかっていない。こうしたことから『モンゴル秘史』や『集史』からも抜け落ちた逸話が相当にあると思われる。ただ『モンゴル秘史』には、チンギス・カンがクナンに対して言った言葉が書かれている。そこには「闇夜には〔敵もとに忍びよる〕雄の狼」となり、「白昼には〔敵がたをめぐりさぐる〕黒き鴉」となってとあり、チンギス・カンが深い信頼を置いていた将軍であることが窺える。

八位は「四狗」の一人としても名高いバルラス氏族出身のクビライである。その勇名は天下に轟き、初期のモンゴル帝国を代表する将軍の一人である。

九位はジェルメ・ウヘである。テムジンがボルテと結婚した時に、ジャルチウダイが「傍においてやってくれ」と連れて来た男である。一二〇〇年の「ブイル・ナウルの戦い」の時に、毒矢で傷ついたテムジンの血を一晩中吸い続け、喉の渇きを訴える彼のために単身、敵陣に乗り込み、乳酪を持ち帰った功がある。彼もまた「四狗」の一人である。

十位はトゲという人物だ。この人物もムカリと同様、ジュルキン氏族を滅ぼした時に得た男であるが、史書には詳しい話は残されていない。

十一位以下には、「四駿」のボロクル（十五位）、「四狗」のジェベ（四十七位）、同じく「四狗」のスベエデイ（五十一位）などがいる。

不思議なのは功臣表の中に「四駿」のチラウンの名前がないことだ。チラウンはかつてテムジンが少年時代にタイチウト氏族に囚われの身となった折、隙を見て逃げ出してソルカン・シラの家に逃げ込んだ時、「助けてやるべきだ」と父のソルカン・シラに助言した少年である。チンギス・カンはその恩を忘れずに、後にチラウンを自らの側近に置いた。そのチラウンの名が功臣表にないのは謎である。ちなみにチラウンの兄のチンバイの名前もない。敢えて可能性を考えれば、この二人は兄弟同然の扱いだったのかもしれない。

功臣表に挙げられた八十八人の男たちのうち八十五人は、千人の兵を率いる千戸長に任命された。残りの三人のうち、コンギラト氏族長のアルチ・グレゲンは三つの千戸長を任された。アルチ・グレゲンはチンギス・カンの妻であるボルテの弟であり、チンギス・カンにとっては重要な親戚である。またチンギス・カンの娘婿であるイキレス氏族の族長ブトゥ・グレゲン（彼の妻はチンギス・カンの長女コジン・ベキ）は二つの千戸長を任され、オングト部族を率いるアラクシ・ディギト・クリは五つの千戸長を任された。

以上、八十五人の千戸長、および複数の千戸長となった三人を合わせると、この時点でチンギス・カンは九万五千人の兵を擁していたことになる。

この時、チンギス・カンは千戸長の中でも特に勲功が大きい者に恩賞を与えたが、『モンゴル秘史』にはそれに関して微笑ましい逸話が残されている。

チンギス・カンが褒美を与えるためにボオルチュやムカリらに参上するように伝えることを部下に命じた時、たまたまその部屋にいたシギ・クトゥクが不機嫌になって言った。

「ボオルチュやムカリらは誰よりも多くの勲功を立てたのでしょうか。私は恩賞を賜るような活躍をしなかったのでしょうか」

シギ・クトゥクは一一八〇年頃にタタルの宿営の道ばたから発見されてボルテに育てられたタタル族の孤児である。『モンゴル秘史』では、彼を育てたのはホエルンとなっているが、様々な史料からボルテが育ての母のようである。

そんな関係から、シギ・クトゥクは拗《す》ねるような言い方をしたのだろう。普通の部下なら、チンギス・カンに向かってそんなことはとても口にできなかったはずだ。

チンギス・カンはシギ・クトゥクに諭すように言った。

「汝はわしの六番目の弟ではなかったのか。わしの末の義弟たる汝には、恩賞として、実の弟らに対するのと同じように財産を分け与えるつもりだ。また、これまでの勲功により、九回罪を犯しても免除する」

そしてこう続けた。

「汝こそは、昼は見る眼になり、夜は聴く耳になって、すべての民を管理せよ。何人といえども、汝の命令に背くことはないようにせよ」

これはシギ・クトゥクに警察のような権力を与えたということである。

チンギス・カンはさらに言った。

「汝は盗人を懲らしめて、嘘偽りを言う者には本当のことを言わせ、処刑すべき者は処刑せよ」

これは裁判官の役目をも与えたということである。

ここでチンギス・カンは興味深いことを言っている。シギ・クトゥクに、裁決したことを文書にして残せと命じているのだ。そして規則を定めて、それも文書にせよと命じている。

文字を持たなかったモンゴル族の中で育ったチンギス・カンは当然文字が読めなかった。おそらく彼の弟たちや妻のボルテも文字を読めなかっただろう。

一方、同じ遊牧民のケレイトはウイグル文字を使っていたといわれる。チンギス・カンは彼らと行動を共にしていた時代に、文字の重要性に気付いたに違いない。自らは文字が読めなくとも、息子たちには文字を読めるように教育したことは十分に考えられる。

彼がシギ・クトゥクに「文書にして残せ」と命じたということはシギ・クトゥクが文字を書けたことを意味している。おそらくチンギス・カンの息子や部下たちはかなり前から文字を使っていたのだろう。八十八人の功臣表を発表するためには詳細なメモがなくては難しい。もっとも、文字が読めない者は記憶力が優れているという説もあり、チンギス・カンはすべてを覚えていた可能性もある。

チンギス・カンの言葉に対し、シギ・クトゥクは答えた。

「私のような末の弟が、チンギス・カン様の実の弟君と同じような身分でいるのは畏れ多いことです。もし恩賞をいただくことができるなら、都の民を賜りたく思います」

チンギス・カンはシギ・クトゥクの謙譲の言葉に感銘を受けて、

「汝は己の身のほどをよく心得ている」

と言った。

この後、チンギス・カンは勲功のあった者たちを一人ずつ呼び、その功を述べている。『モンゴル秘史』に書かれているチンギス・カンの言葉は、これまで彼らが主君のために行なってきた献身的な行動の述懐で、それらを紹介するのは重複になるので避ける。ただ、ここで初めて出てくるボオルチュの逸話がある。それは一二〇〇年のタタル族との「ダラン・ネムルゲスの戦い」の折、昼夜わかたず降り注いだ雨の中、夜半に疲れ切ったチンギス・カンを眠らせようと、ボオルチュがチンギス・カンの上でフェルトの毛布をかざして一晩中立っていたという話だ。

それともう一つ、クビライに対してチンギス・カンが述べた言葉は注目すべきものなので、紹介する。彼はここで四狗と四駿について最大級の賛辞を与えている。『モンゴル秘史』の中で、チンギス・カン自身が四狗と四駿について言及した唯一の箇所である。

彼は四狗について韻文でこう言っている。

「行けと言いたるところには
〔堅き〕岩をもつぶさんばかり
近づけと言いたるところには
〔高き〕崖をもつんざかんばかり
白き石をも砕かんばかり
深き水をも断たんばかり
にてありしぞ」（村上正二訳）

そして彼は更にこう言っている。

「クビライ、ジェルメ、ジェベ、スベエデイら、四つの狗たちを名指したる地にやり、ボオルチュ、ムカリ、ボロクル、チラウン、これら四つの駿馬たちを我が傍に侍らせれば、わしの心は安らぐぞ」

いかにチンギス・カンが四狗と四駿を頼りにしているかがわかる言葉である。

チンギス・カンは千戸長にモンゴル高原のそれぞれの土地と民を与えている。この後、『モンゴル秘史』には行政上の細かい指示などが延々と書かれているが、それらはおそらくこの時に決められたものではなく、徐々に定められていったものをまとめて記述したのだと思われる。

こうして一二〇六年に四十四歳でモンゴル高原の覇者となったチンギス・カンだが、もしそれで終わっていたなら、彼の名前は世界史の中で太字で記されるものにはならなかったであろう。チンギス・カンが今日、世界的な巨人として描かれるのは、ここからの二十年余りの業績ゆえである。

ただ、それは人類史上最大の征服戦だった。

チンギス・カンの功臣表（『モンゴル秘史』を参考に作成）

位	名前	出身部族・氏族	備考
1	モンリク・エチゲ	コンゴタン	イェスゲイの死に立ち会った臣、のちにテムジンの継父
2	ボオルチュ	アルラト	四駿／幼いテムジンを助けノコルとなる
3	ムカリ	ジャライル	四駿／ジャライルの氏族であるチャアト氏族の首長の孫
4	コルチ・ウスン	バアリン	族長、大シャーマン
5	イルゲイ	ジャライル	オゴデイの教育係
6	ジュルチェデイ（ケヘテイ・ノヤン）	ウルウト	族長
7	クナン	ゲニゲス	族長
8	クビライ	バルラス	四狗／バルラス族の将軍
9	ジェルメ（・ウヘ）	ウリャンカイ	四狗／ウリャンカイ族の老人ジャルチウダイの息子
10	トゲ	ジャライル	
11	デゲイ	ベスト	
12	トルン	コンゴタン	
13	オングル	バヤウト	
14	チュルゲテイ	スルドス	
15	ボロクル	フウシン	四駿／ホエルンに育てられる
16	シギ・クトゥク（シキケン・クドクゥ）	タタル	孤児、ボルテに育てられる
17	クチュ	メルキト	孤児、ホエルンに育てられる
18	ココチュ	ベスト	同右

19	コルコスン	未詳	
20	フスン	未詳	
21	クイルダル・セチェン	マングト	族長
22	シルゲイ	ジェウレイト	
23	ジェデイ	マングト	
24	タガイ	スルドス	
25	チャカアン・コア	ネグス（またはチノス）	
26	アラク	バアリン	ナヤアの兄
27	ソルカン・シラ	スルドス	テムジンを助ける
28	ブルガン	バルラス	
29	カラチャル	オロナウル	
30	ココチュス	バアリン	
31	スイケトゥ	コンゴタン	
32	ナヤア	バアリン	タルグタイ・キリルトクに仕えたシルグエトゥの息子
33	ジュスク	ノヤキン	
34	グチュグル	ベスト	
35	バラ・オロナウルタイ	オロナウル	
36	ダイル	コンゴタン	
37	ムゲ	コンギラト	
38	ブジル	ウルウト（またはオロナウル）	
39	モングウル	シジウト	
40	ドロアダイ	ジャライル	
41	ボゲン	オロナウル？	

42	クドス	バルラス	
43	マラル	未詳	
44	ジェブケ	ジャライル	
45	ユルカン	ジャライル	
46	ココ	未詳	
47	ジェベ（ジルゴアダイ）	ベスト	四狗／捕虜から登用される
48	ウドタイ	未詳	
49	バラ・チェルビ	ジャライル	
50	ケテ	フウシン？	
51	スベエデイ	ウリャンカイ	四狗／ジェルメの弟（又は従兄弟）
52	モンコ・カルジャ	マングト	
53	クルチャクス	未詳	
54	ゲウギ	キヤト	
55	バダイ	ケルギーヌード	テムジンに急襲計画を知らせた馬飼い
56	キシリク	ケルギーヌード	同右
57	ケテイ	ウルウト	
58	チャウルカイ	ウリャンカイ	
59	オンギラン	未詳	
60	トゴン	未詳	
61	テムル	スニト？	
62	メゲトゥ	未詳	
63	カダアン	タルグト	
64	モロカ	未詳	
65	ドリ・ブカ	未詳	

66	イドカダイ	未詳	
67	シラクル	ケレイト	
68	ダウン	未詳	
69	タマチ	未詳	
70	カウラン	アダルギン	
71	アルチ	未詳	
72	ト(ブ)サカ	未詳	
73	トンクイダイ	未詳	
74	トブカ	ケレイト	
75	アジナイ	未詳	
76	トイデゲル	未詳	
77	セチェウル	コルラス	
78	ジェデル	キヤト・ジュルキン?	
79	オラル・グレゲン	オルクヌウト	ホエルンの弟
80	キンギヤダイ(・グレゲン)	オルクヌウト	
81	ブカ・グレゲン	ジェデイ・バヤウト	
82	クリル・グレゲン	未詳	
83	アシク・グレゲン	未詳	
84	カダイ・グレゲン	未詳	
85	チグゥ・グレゲン	コンギラト	
86	アルチ・グレゲン	コンギラト	ボルテの弟
87	ブトゥ・グレゲン	イキレス	族長／チンギス・カンの長女コジン・ベキの夫
88	アラクシ・ディギト・クリ	オングト	族長

参考文献

刊行史料

『モンゴル秘史1　チンギス・カン物語』村上正二訳注（東洋文庫／平凡社、一九七〇年）
『モンゴル秘史2　チンギス・カン物語』村上正二訳注（東洋文庫／平凡社、一九七二年）
『モンゴル秘史3　チンギス・カン物語』村上正二訳注（東洋文庫／平凡社、一九七六年）
『元朝秘史　上・下』小澤重男訳（岩波文庫、一九九七年）
『ラシード＝アッディーン『集史』「モンゴル史」部族篇　訳注』赤坂恒明監訳、金山あゆみ訳注（風間書房、二〇二二年）
『蒙古源流』岡田英弘訳注（刀水書房、二〇〇四年）
小林高四郎『元史（中国古典新書）』（明徳出版社、一九七二年）
マルコ・ポーロ『［完訳］東方見聞録1』愛宕松男訳注（平凡社ライブラリー、二〇〇〇年）
『カーシャーニー　オルジェイトゥ史　イランのモンゴル政権イル・ハン国の宮廷年代記』（名古屋大学出版会、二〇二二年）

研究書、資料等

伊藤敏樹『モンゴルvs.西欧vs.イスラム　13世紀の世界大戦』（講談社選書メチエ、二〇〇四年）
岩村忍責任編集『世界の歴史5　西域とイスラム』（中公文庫、一九七五年）
ＮＨＫ取材班編『大モンゴル1〜4』（角川書店、一九九二年）
ＮＨＫ「文明の道」プロジェクト他『ＮＨＫスペシャル　文明の道5　モンゴル帝国』（ＮＨＫ出版、二〇

〇四年）
太田博樹『遺伝人類学入門　チンギス・ハンのDNAは何を語るか』（ちくま新書、二〇一八年）
岡田英弘『チンギス・ハーン』（朝日文庫、一九九四年）
岡田英弘『岡田英弘著作集1〜8』（藤原書店、二〇一三〜一六年）
岡本隆司『世界史とつなげて学ぶ中国全史』（東洋経済新報社、二〇一九年）
勝藤猛『新・人と歴史　拡大版08　草原の覇者　成吉思汗［新訂版］』（清水書院、二〇一七年）
川崎淳之助『ジンギス・カンの謎』（講談社現代新書、一九八八年）
川本正知『モンゴル帝国の軍隊と戦争』（山川出版社、二〇一三年）
木村毅『モンゴルの歴史　テムジンの風』（中西出版、二〇〇一年）
小松久男編著『エリア・スタディーズ148　テュルクを知るための61章』（明石書店、二〇一六年）
堺屋太一『堺屋太一が解く　チンギス・ハンの世界』（講談社、二〇〇六年）
堺屋太一『世界を創った男　チンギス・ハン　1〜4』（日本経済新聞出版、二〇〇七年）
佐藤正衞『チンギス・カンの源流』（明石書店、二〇〇六年）
澤田典子『世界史リブレット人5　アレクサンドロス大王　今に生きつづける「偉大なる王」』（山川出版社、二〇一三年）
志茂碩敏『モンゴル帝国史研究序説　イル汗国の中核部族』（東京大学出版会、一九九五年）
白石典之『チンギス・カン　〝蒼き狼〟の実像』（中公新書、二〇〇六年）
白石典之編『チンギス・カンとその時代』（勉誠出版、二〇一五年）
白石典之『モンゴル帝国誕生　チンギス・カンの都を掘る』（講談社選書メチエ、二〇一七年）
白石典之『モンゴル考古学概説』（同成社、二〇二二年）
白石典之『元朝秘史　チンギス・カンの一級史料』（中公新書、二〇二四年）
白石典之『遊牧王朝興亡史　モンゴル高原の５０００年』（講談社選書メチエ、二〇二五年）

ジャック・ウェザーフォード『フェニックスシリーズ92　チンギス・ハンとモンゴル帝国の歩み　ユーラシア大陸の革新』星川淳監訳、横堀冨佐子訳（パンローリング、二〇一九年）
杉山正明『モンゴル帝国の興亡　上・下』（講談社現代新書、一九九六年）
杉山正明『遊牧民から見た世界史　増補版』（日経ビジネス人文庫、二〇一一年）
杉山正明、北川誠一『世界の歴史9　大モンゴルの時代』（中央公論社、一九九七年）
デイヴィド・モーガン『モンゴル帝国の歴史』杉山正明、大島淳子訳（角川選書、一九九三年）
ドーソン『モンゴル帝国史1〜6』佐口透訳注（東洋文庫／平凡社、一九六八〜七九年）
長沢孝司、尾崎孝宏『モンゴル遊牧社会と馬文化』（日本経済評論社、二〇〇八年）
野沢延行『モンゴルの馬と遊牧民　大草原の生活誌』（原書房、一九九一年）
蓮見節『チンギス・ハーンの世界　日本とモンゴルの封建性社会の類似性』（デザインエッグ、二〇一八年）
蓮見治雄『チンギス・ハーンの伝説　モンゴル口承文芸』（角川選書、一九九三年）
蓮見治雄（著）、杉山晃造（写真）『図説　モンゴルの遊牧民』（新人物往来社、一九九三年）
林俊雄『世界史リブレット98　遊牧国家の誕生』（山川出版社、二〇〇九年）
林俊雄『興亡の世界史　スキタイと匈奴　遊牧の文明』（講談社学術文庫、二〇一七年）
古松崇志『草原の制覇　大モンゴルまで（シリーズ中国の歴史③）』（岩波新書、二〇二〇年）
宮脇淳子『モンゴルの歴史　遊牧民の誕生からモンゴル国まで』（刀水歴史全書、二〇〇二年）
森川哲雄『白帝社アジア史選書9　モンゴル年代記』（白帝社、二〇〇七年）
安田公男『チンギス・カンの駆けた道』（文芸社、二〇二二年）
楊海英『モンゴル帝国　草原のダイナミズムと女たち』（講談社現代新書、二〇二四年）
吉田順一『モンゴルの歴史と社会』（風間書房、二〇一九年）
吉田順一監修、早稲田大学モンゴル研究所編『モンゴル史研究　現状と展望』（明石書店、二〇一一年）
ルネ・グルセ『アジア遊牧民族史　上・下（ユーラシア叢書）』後藤富男訳（原書房、一九七九年）

ロバート・マーシャル『図説　モンゴル帝国の戦い　騎馬民族の世界制覇』遠藤利国訳（東洋書林、二〇〇一年）
『歴史群像シリーズ25　チンギス・ハーン上巻　草原の英雄〝蒼き狼〟の覇業』（学習研究社、一九九九年）
『歴史群像シリーズ26　チンギス・ハーン下巻　狼たちの戦いと元朝の成立』（学習研究社、一九九九年）
『岩波講座　世界歴史10　モンゴル帝国と海域世界　一二～一四世紀』（岩波書店、二〇二三年）
白石典之「斡里札河の戦いにおける金軍の経路」『内陸アジア史研究31』、二〇一六年

文芸書

井上靖『蒼き狼』（新潮文庫、一九六四年）
井上靖『敦煌』（新潮文庫、一九六五年）
Ｓｈ．ナツァグドルジ『チンギス・ハーン（モンゴル文庫1）』Ｔ．ムンフツェツェグ監修、吉本るり子訳（アルド書店、二〇一六年）

初出　「週刊新潮」二〇二三年五月四・十一日号～十二月二十八日号
なお書籍化にあたり加筆修正を施しています。

地図製作　アトリエ・プラン

この本の執筆に際しては、モンゴル帝国史研究者の赤坂恒明氏（元・内モンゴル大学教授）に監修をお願いしました。

また日本未刊行の『集史』「チンギス紀」の翻訳は金山あゆみ氏にお願いしました。

お二人の御助力なくしては生まれなかった本です。心より御礼申し上げるとともに、本作の記述は著者の責任に帰することをお断りしておきます。

著者

モンゴル人《じん》の物語《ものがたり》　第一巻《だいいっかん》
チンギス・カン

発　行　2025年4月25日
2　刷　2025年5月25日

著　者　百田《ひゃくた》尚樹《なおき》

発行者　佐藤隆信
発行所　株式会社新潮社
〒162-8711　東京都新宿区矢来町71
電話　編集部　03-3266-5411
読者係　03-3266-5111
https://www.shinchosha.co.jp

装　幀　新潮社装幀室

印刷所　大日本印刷株式会社
製本所　大口製本印刷株式会社

ISBN978-4-10-336417-7 C0095